国别和区域研究译丛／常晨光　陈杰　主编

墨西哥记忆：
一个拉美国家的前世今生

TIEMPOS DE MÉXICO
PASADO Y PRESENTE DE UNA NACIÓN LATINOAMERICANA

（墨）路易斯·阿方索·拉米莱斯　著
(Luis Alfonso Ramírez Carrillo)

张钟黎　廖悦　译

·广州·

版权所有　翻印必究

图书在版编目（CIP）数据

墨西哥记忆：一个拉美国家的前世今生：西班牙文、汉文/（墨）路易斯·阿方索·拉米莱斯著；张钟黎，廖悦译．—广州：中山大学出版社，2020.11

（国别和区域研究译丛/常晨光、陈杰主编）

ISBN 978-7-306-06909-2

Ⅰ.①墨…　Ⅱ.①路…②张…③廖…　Ⅲ.①墨西哥—历史—西、汉　Ⅳ.①K731.0

中国版本图书馆 CIP 数据核字（2020）第 131458 号

出 版 人：	王天琪
策划编辑：	熊锡源
责任编辑：	熊锡源
封面设计：	林绵华
责任校对：	赵　冉
责任技编：	何雅涛
出版发行：	中山大学出版社
电　　话：	编辑部 020-84111996，84113349，84111997，84110779
	发行部 020-84111998，84111981，84111160
地　　址：	广州市新港西路 135 号
邮　　编：	510275　传　真：020-84036565
网　　址：	http://www.zsup.com.cn　E-mail: zdcbs@mail.sysu.edu.cn
印 刷 者：	广州一龙印刷有限公司
规　　格：	787mm×1092mm　1/32　13 印张　338 千字
版次印次：	2020 年 11 月第 1 版　2020 年 11 月第 1 次印刷
定　　价：	68.00 元

如发现本书因印装质量影响阅读，请与出版社发行部联系调换

序　言

中国与墨西哥：五个世纪的深厚情谊

墨西哥和中国两国都有着悠久的历史文化，几千年积淀下来的智慧流传至今，融入民众生活的方方面面。两国人民经过历史的考验，融合多种文化，产生与中西方文化生活密切相关的智慧财富。尽管古时候的中墨关系对于许多人来说都像一个谜，实际上我们两国之间的交流在发现美洲之后不久便开始了。总而言之，两国文化财富蔚为大观，都为人类历史做出了巨大的贡献。

自从第一批来自中国的船队不远万里乘风破浪抵达墨西哥的码头开始，中国就年复一年地不断将各种商品、文化习俗传到墨西哥，见证了其三个世纪的殖民历史及其民族身份的形成过程——东方的食材加入墨西哥最典型的菜式中；丝绸以及中国的颜料融入墨西哥本土服饰设计当中；土著学习东方给木头上漆的技术，以改良其手工工艺；土著、阿拉伯和中国传统文化完美融合，在各式瓷器上呈现极美的巴洛克式设计；烟花、剪纸、甜点以及由远东传来的游戏成为墨西哥庆祝活动必不可少的一部分。当然，我们也不能忘记墨西哥也给亚洲送来了各式各样的银器、植物以及其他商品。

自从中华人民共和国和墨西哥合众国正式建交开始，双方对彼此的信任以及各个领域的沟通交流都在不断加强，特别是在过去的十年里，两国的联系愈发紧密。可以肯定的是，在短短的十年内，两国人民的贸易活动更加活跃，旅游来往更加频繁，对彼此的认识更加深入,不得不说这是过去两个世纪都无法比拟的成就。众所周知,友谊和理解都建立在相互了解之上。我们深信两国的友谊日后将会更加深厚,如今喜人的景象不过是一段长久的国际友谊的开端。由此,我们想向诸位读者推荐这本《墨西哥记忆:一个拉美国家的前世今生》,希望它能为中国读者了解墨西哥的古今历程出一分力。

译者

2019 年 12 月

MESOAMERICA

MEXICO COLONIAL

MEXICO ACTUAL

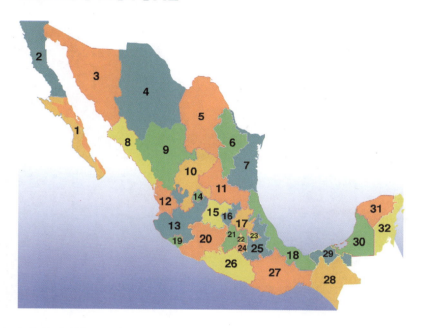

1 Baja California Sur
2 Baja California Norte
3 Sonora
4 Chihuahua
5 Coahuila
6 Nuevo León
7 Tamaulipas
8 Sinaloa
9 Durango
10 San Luis Potosí
11 Zacatecas
12 Nayarit
13 Jalisco
14 Aguascalientes
15 Guanajuato
16 Querétaro
17 Hidalgo
18 Veracruz
19 Colima
20 Michoacán
21 Estado de México
22 Ciudad de México
23 Tlaxcala
24 Morelos
25 Puebla
26 Guerrero
27 Oaxaca
28 Chiapas
29 Tabasco
30 Campeche
31 Yucatán
32 Quintana Roo

ÍNDICE

CAPÍTULO 1 MÉXICO EN POCAS PALABRAS:
ESPACIO, GEOGRAFÍA POLÍTICA Y
POBLACIÓN
.... (1)
CAPÍTULO 2 LOS ORÍGENES: POBLAMIENTO Y
NACIÓN .... (7)
México Prehispánico y Precolombino .... (8)
CONQUISTA Y COLONIA: 1521 – 1810 .... (18)
INDEPENDENCIA Y CREACIÓN DE MÉXICO: 1810 – 1821
.... (28)
MÉXICO INDEPENDIENTE: 1821 – 1876 .... (31)
CAPÍTULO 3 LA MODERNIDAD: DEL PORFIRIATO
AL FIN DE UN PROYECTO
NACIONALISTA .... (39)
EL PORFIRIATO: 1876 – 1911 .... (39)
LA REVOLUCIÓN MEXICANA: 1911 – 1928 .... (45)
EL MAXIMATO: 1928 – 1934 .... (53)
EL CARDENISMO: 1934 – 1946 .... (55)
EL MILAGRO MEXICANO Y EL DESARROLLO
ESTABILIZADOR: 1946 – 1970 .... (60)
EL DESARROLLO COMPARTIDO: 1970 – 1982 .... (69)
El gobierno de Luis Echeverría Álvarez: 1970 – 1976
.... (69)

El gobierno de José López Portillo 1976 – 1982 ······ (73)
CAPÍTULO 4   LA CONSTRUCCIÓN DEL NEOLIBERALISMO MEXICANO ········ (79)
Los Cimientos Neoliberales: El Sexenio de Miguel de la
Madrid 1982 – 1988 ································ (79)
    La Vida política ····························· (81)
    La Vida Económica ························· (85)
    La Vida Social ······························ (87)
    La Vida Cultural ···························· (88)
El Edificio Neoliberal: El Sexenio de Carlos Salinas
1988 – 1994 ······································· (91)
    La Vida Política ···························· (92)
    La Vida Económica ························· (94)
    El Tratado de Libre Comercio y la OCDE ············ (97)
    La Vida Social ······························ (98)
    La Vida Cultural ··························· (101)
    La Crisis del Último Año ···················· (103)
La Crisis del Neoliberalismo: El Gobierno de Ernesto
Zedillo 1994 – 2000 ······························ (106)
    La Vida Económica ························ (106)
    La Vida Política ··························· (110)
    La Vida Social ····························· (113)
    La Vida Cultural ··························· (115)
CAPÍTULO 5   NEOLIBERALISMO Y GLOBALIZACIÓN
·· (121)
La Transición Política del siglo XXI: El Sexenio Panista
de Vicente Fox 2000 – 2006 ···················· (121)
    La Vida Política ··························· (122)

La Vida Económica .... (126)
La Vida Social .... (127)
La Vida Cultural .... (131)
La Segunda Presidencia Panista: El Sexenio de Felipe
Calderón: 2006 – 2012 .... (135)
La Vida Política .... (136)
La Vida Económica .... (139)
La Vida Social .... (145)
La Vida Cultural .... (148)
CAPÍTULO 6 NEOLIBERALISMO Y ALTERNANCIA: EL RETORNO AL PODER DEL PRI Y EL GOBIERNO DE ENRIQUE PEÑA NIETO 2016 – 2018 .... (152)
El Retorno al Poder del PRI .... (152)
El Pacto por México .... (153)
Reformas Políticas .... (154)
Reformas Estructurales .... (158)
Reforma Energética .... (159)
Reforma Financiera .... (162)
Reforma de las Telecomunicaciones .... (163)
Reformas Laborales .... (166)
Reformas Fiscales .... (173)
Las Empresas Mexicanas .... (175)
Reforma Educativa .... (178)
CAPÍTULO 7 EL MÉXICO CONTEMPORÁNEO Y LOS RETOS DEL FUTURO .... (182)
La Población .... (182)
La Juventud Mexicana .... (183)

Los Jóvenes Mexicanos y la Política ············· (185)
Mujer y Familia ······························· (187)
Mujer y Trabajo ······························· (188)
Mujer, Violencia y Equidad de Género ············ (189)
Los Adultos Mayores ··························· (190)
Combate a la Pobreza y la Desigualdad en México ····· (192)
La Identidad étnica de los Mexicanos en el Siglo XXI ··· (200)
Migrantes y Remesas ···························· (203)
Nueva Odisea Nacional: la Lucha Contra la Violencia y el Crimen Organizado ···························· (207)

CAPÍTULO 8 PERSPECTIVAS DE MÉXICO: UNA ÚLTIMA MIRADA A LA NACIÓN ····· (211)
Crecimiento Económico ························· (211)
Competitividad de México ······················ (214)
Retos del Desarrollo Social ······················ (215)
Un Siglo de Cultura Mexicana ··················· (219)
   La Cultura Popular ························· (219)
   La Literatura Mexicana ····················· (221)
   La Plástica Mexicana ······················· (226)

CAPÍTULO 9 RELACIONES MÉXICO-CHINA: 16 COSAS QUE HAY QUE SABER ············· (230)
FUENTES UTILIZADAS ························· (241)
BIBLIOGRAFÍA MÍNIMA SUGERIDA ················ (247)

目 录

第一章　墨西哥简介：地域、地缘政治以及人口 …………（249）
第二章　人种起源：迁徙新大陆与国家的形成 …………（254）
　前哥伦布和前西班牙统治时期 ……………………（254）
　西班牙统治与殖民时期（1521—1810）……………（260）
　墨西哥独立和建国（1810—1821）…………………（266）
　独立的墨西哥（1821—1876）………………………（268）
第三章　近代墨西哥：从波菲里奥统治时期至民族主义
　　　　运动结束 …………………………………（273）
　波菲里奥统治时期（1876—1911）…………………（273）
　墨西哥革命（1911—1928）…………………………（276）
　卡列斯时期（Maximato：1928—1934）……………（279）
　卡德纳斯时期（1934—1946）………………………（281）
　"墨西哥奇迹"和稳定发展期（1946—1970）………（284）
　共同发展时期（1970—1982）………………………（288）
　　埃切维里亚·阿尔瓦雷斯执政时期（1970—1976）
　　……………………………………………………（288）
　　何塞·洛佩斯·波蒂略执政时期（1976—1982）
　　……………………………………………………（291）
第四章　墨西哥新自由主义的构建 ……………………（294）
　新自由主义的基石：米格尔·德拉马德里的六年任期
　（1982—1988）………………………………………（294）
　　政治生活 …………………………………………（295）
　　经济生活 …………………………………………（297）

1

社会生活 ………………………………………… （298）
　　　文化生活 ………………………………………… （299）
　　新自由主义的建设：卡洛斯·萨利纳斯统治的六年
　　（1988—1994） ……………………………………… （301）
　　　政治生活 ………………………………………… （301）
　　　经济生活 ………………………………………… （303）
　　　　自由贸易协定与经合组织 ………………… （304）
　　　社会生活 ………………………………………… （305）
　　　文化生活 ………………………………………… （306）
　　　　最后一年的危机 …………………………… （307）
　　新自由主义的危机：埃内斯托·塞迪略政府（1994—2000）
　　………………………………………………………… （309）
　　　经济生活 ………………………………………… （309）
　　　政治生活 ………………………………………… （312）
　　　社会生活 ………………………………………… （313）
　　　文化生活 ………………………………………… （314）

第五章　新自由主义与全球化 ………………………… （318）
　　21 世纪的政治转型：比森特·福克斯·克萨达统治时期
　　（2000—2006） ……………………………………… （318）
　　　政治生活 ………………………………………… （318）
　　　经济生活 ………………………………………… （321）
　　　社会生活 ………………………………………… （322）
　　　文化生活 ………………………………………… （324）
　　第二个国家行动党的主席：费利佩·卡尔德龙统治下的
　　六年（2006—2012） ………………………………… （326）
　　　政治生活 ………………………………………… （326）
　　　经济生活 ………………………………………… （329）
　　　社会生活 ………………………………………… （332）

文化生活 …………………………………………（333）
第六章　新自由主义与政权更替：革命制度党回归和恩里
　　　克·培尼亚·涅托政府（2016—2018）……（336）
　　革命制度党重夺政权 …………………………………（336）
　　《墨西哥协定》…………………………………………（337）
　　　政治改革 …………………………………………（337）
　　　结构改革 …………………………………………（339）
　　　能源改革 …………………………………………（340）
　　　金融改革 …………………………………………（341）
　　　通信改革 …………………………………………（342）
　　　劳工改革 …………………………………………（344）
　　　财政改革 …………………………………………（348）
　　　墨西哥企业 ………………………………………（349）
　　　教育改革 …………………………………………（351）

第七章　近代墨西哥以及未来的挑战 ……………………（353）
　　人口 ……………………………………………………（353）
　　墨西哥青年 ……………………………………………（353）
　　墨西哥年轻人与政治 …………………………………（355）
　　女人与家庭 ……………………………………………（356）
　　女性就业 ………………………………………………（356）
　　性暴力和性别平等 ……………………………………（357）
　　老年人 …………………………………………………（358）
　　与贫穷和不平等现象作抗争 …………………………（359）
　　21世纪墨西哥人的民族身份认同 ……………………（364）
　　移民与跨境汇款 ………………………………………（366）
　　一次新的艰难旅程：打击暴力与有组织犯罪 ………（368）

第八章　当代墨西哥：展望未来 …………………………（370）
　　经济增长 ………………………………………………（370）

墨西哥的竞争力 …………………………………… （371）
社会发展所面临的挑战 …………………………… （372）
墨西哥文化的鼎盛世纪 …………………………… （375）
　流行文化 ………………………………………… （375）
　墨西哥文学 ……………………………………… （376）
　墨西哥艺术 ……………………………………… （380）
第九章　中墨关系：你需要知道的 16 件事 …………… （383）
20 世纪以来的墨西哥大事记 ………………………… （391）
建议阅读书目 ………………………………………… （398）

CAPÍTULO 1

MÉXICO EN POCAS PALABRAS: ESPACIO, GEOGRAFÍA POLÍTICA Y POBLACIÓN

El orden del discurso obliga a presentar a la nación de la que hablamos refiriéndonos primero a su espacio físico y geográfico. 《Qué es México》 Un país que se encuentra en el norte del continente americano, cuya superficie es de casi dos millones de km^2 (un millón 964 mil 375 km^2 para ser precisos). Es el catorceavo país más grande a nivel mundial y el quinto en extensión de América, siendo mayores Canadá, Estados Unidos, Brasil y la República Argentina. Entre sus dos puntos terrestres más lejanos, que corren de norte a sur, mide 3,200 km de largo. Hacia el norte guarda frontera con los Estados Unidos de América, que mide 3326 km lineales y es la décima frontera más larga del mundo. Hacia el sur tiene fronteras con dos países de América Central; Guatemala con 871 km, y Belice con 251 km. La frontera norte está señalada por el curso del Río Bravo y marcas artificiales y naturales. Las fronteras del sur están formadas, la de Guatemala por los ríos Suchiate y Usumacinta; y la de Belice por el Río Hondo, además de las marcas artificiales y naturales.

México está cruzado por dos cadenas montañosas, la Sierra Madre

Oriental y la Sierra Madre Occidental. Su elevación más alta mide 5715 metros sobre el nivel del mar y se llama *El Pico de Orizaba*, y la más baja está a 5 metros por debajo del nivel del mar y se llama *La Laguna Salada*. México destaca por su privilegiada ubicación geográfica teniendo a los lados los océanos Atlántico y Pacífico. Sobre el Pacífico tiene un litoral de 7828 km, y once de las 32 entidades en que se divide el país tienen allí sus playas. Sobre el Atlántico corre un litoral de 3294 km y sus aguas bañan seis entidades, por lo que 15 entidades mexicanas carecen de playas. En total tiene 11,122 km de litoral, lo que lo hace el segundo país con más litorales de América, pues el primero es Canadá. Le siguen Chile, Estados Unidos y Brasil. Cuenta con dos penínsulas; sobre el Pacífico está la de Baja California que mira al sur, y sobre el Atlántico la de Yucatán, que mira al norte.

El agua está muy desigualmente distribuida en todo el territorio nacional. Por los niveles de escurrimiento de sus montañas y ríos posee 37 zonas hidrológicas y 718 cuencas hidrográficas. Los ríos más caudalosos son el Usumacinta y el Grijalva, ambos desembocan en el Golfo de México. Está ubicado en el Trópico de Cáncer y presenta 17 tipos de climas en sus distintas regiones y a lo largo del año. Posee tres tipos de climas tropicales, cuatro tipos de climas secos, ocho tipos de climas templados y dos tipos de climas fríos. Variedad es la palabra para comprender la geografía mexicana. Esta variedad de alturas, climas, disponibilidad de agua y cercanía con dos océanos diferentes ha generado a su vez una gran variedad biológica. La enorme diversidad de sus organismos vivos y su gran disponibilidad de flora y fauna han llevado a clasificar a México entre los 17 países con megadiversidad del mundo. Ocupa el quinto lugar, después de países como Brasil,

CAPÍTULO 1   MÉXICO EN POCAS PALABRAS: ESPACIO, GEOGRAFÍA POLÍTICA Y POBLACIÓN

Colombia, China e Indonesia, pero antes que países como Venezuela, Ecuador y Australia. En países como México se concentra el 70% de la variedad biológica y de organismos vivos del mundo.

Su geografía política le da el nombre oficial de Estados Unidos Mexicanos, también conocido por su sistema político republicano como República de México y más comúnmente México. Su Constitución vigente fue elaborada en 1917 aunque ha sufrido numerosas transformaciones. Según su Constitución México es una República Federal; lo cual significa que está constituida por 32 *entidades federativas*, llamadas de manera común *estados*. Son libres y soberanos con derecho a dotarse de sus propias Constituciones y cuerpos de gobierno propios, incluido su propio *Gobernador*, y están unidos entre sí como una República Federal. La república está gobernada por un presidente elegido cada seis años por voto directo de todos los ciudadanos del país mayores de 18 años. El Presidente y su equipo de gobierno integran el *Poder Ejecutivo*.

La Constitución establece también un *Poder Legislativo* integrado por dos Cámaras. La *Cámara de Senadores*, que son 128 personas. 64 son electas estatalmente por voto directo (2 por estado), otras 32 se otorgan a los partidos que son la primera minoría electoral de cada estado, y otras 32 se nombran por el principio de representación plurinominal. Son electas y designadas cada seis años al mismo tiempo que el Presidente. Al Senado también se le llama la *Cámara Alta del Honorable Congreso de la Unión*. El otro órgano del *Poder Legislativo* es la *Cámara de Diputados*. Se integra por 500 personas y representan también a los 32 estados. 300 son elegidas por mayoría de voto directo y otras 200 por representación proporcional, dependiendo del porcentaje de los votos que obtengan sus partidos. A la *Cámara de Diputados* también se le llama la *Cámara Baja del Honorable Congreso de la Unión*. Los Diputados son electos cada tres años. El Presidente de *México no se puede reelegir*, en cambio a partir del 2018 los Senadores pueden hacerlo por un solo período más de seis años y los Diputados por hasta cuatro períodos de tres años, pudiendo completar tanto Senadores como Diputados hasta un período de doce años. La Constitución establece también un tercer poder en México que es el *Poder Judicial*, integrado por todo un sistema de Magistrados, Jueces, Cortes y diversos cuerpos de policía encargados de aplicar las leyes.

Las 32 entidades federativas son las siguientes en orden alfabético y con las abreviaturas de sus nombres: Aguascalientes (Ags.), Baja California (B. C.), Baja California Sur (B. C. S.), Campeche (Camp.), Chiapas (Chis.), Chihuahua (Chih.), Coahuila de Zaragoza (Coah.), Colima (Col.),

Durango (Dgo.), Guanajuato (Gto.), Guerrero (Gro.) Hidalgo (Hgo.), Jalisco (Jal.) México (Mex.), Michoacán de Ocampo (Mich.), Morelos (Mor.), Nayarit (Nay.), Nuevo León (N. L.), Oaxáca (Oax.), Puebla (Pue.), Querétaro de Arteaga (Qro.), Quintana Roo (Q. R.), San Luís Potosí (S. L. P.), Sinaloa (Sin.), Sonora (Son.), Tabasco (Tab.), Tamaulipas (Tamps.), Tlaxcala (Tlax.), Veracruz (Ver.), Yucatán (Yuc.), Zacatecas (Zac.). El estado número 32 es el de la Ciudad de México (CDMX). Hasta enero de 2016 se denominaba Distrito Federal y a partir de entonces es una entidad federativa independiente. Es la sede oficial de los tres poderes y capital de México.

Cada uno de los estados de México se constituye a su vez por entidades federativas más pequeñas llamadas *municipios*. La Ciudad de México se compone por su parte de 16 *demarcaciones* territoriales

CAPÍTULO 1   MÉXICO EN POCAS PALABRAS: ESPACIO, GEOGRAFÍA
POLÍTICA Y POBLACIÓN

llamadas también *delegaciones*. La entidad federativa con más municipios de México es Oaxaca, con 570 y las que menos tienen son Baja California y Baja California Sur, con 5 cada una. En total México tiene 2,456 municipios (incluyendo las 16 delegaciones de la Ciudad de México). Las autoridades de cada municipio se integran por un *Cabildo*, que está representado por el primer regidor, llamado *Presidente Municipal*, un *Síndico*, y un número variable de *Regidores*. Los *Cabildos* con sus *Presidentes Municipales* son electos cada tres años a través de voto directo por los habitantes de cada municipio mayores de 18 años. A partir de 2018 también pueden reelegirse por un período consecutivo más de tres años.

La población nacional de México al 06 de septiembre de 2017 era de 123' 364,426 personas, con una tasa de crecimiento anual del 1.37% (proyección de Conapo, 2017). Los estados de México ordenados de mayor a menor por el tamaño de su población en enero de 2017 según el Censo de 2015 (Inegi, 2015) y las proyecciones de crecimiento (Conapo, 2017) son los siguientes:

Estado de México: 17 363 387
Ciudad de México: 8 811 266
Veracruz de Ignacio de la Llave: 8 163 963
Jalisco: 8 110 943
Puebla: 6 313 789
Guanajuato: 5 908 845
Chiapas: 5 382 083
Nuevo León: 5 229 492
Michoacán de Ocampo: 4 658 159
Oaxaca: 4 061 497
Chihuahua: 3 782 018

5

Guerrero：3 607 210

Tamaulipas：3 622 605

Baja California：3 584 605

Sinaloa：3 034 942

Coahuila de Zaragoza：3 029 740

Sonora：3 011 810

Hidalgo：2 947 206

San Luis Potosí：2 801 839

Tabasco：2 431 339

Yucatán：2 172 839

Querétaro：2 063 148

Morelos：1 965 487

Durango：1 799 320

Quintana Roo：1 664 667

Zacatecas：1 600 412

Aguascalientes：1 321 453

Tlaxcala：1 313 067

Nayarit：1 268 460

Campeche：935 047

Baja California Sur：809 833

Colima：747 801

CAPÍTULO 2

LOS ORÍGENES: POBLAMIENTO Y NACIÓN

Estrecho de Bering. El camino de los primeros americanos

México Prehispánico y Precolombino

El termino precolombino se refiere al territorio y los habitantes de México antes de la llegada de Cristóbal Colón a América en 1492 y el prehispánico antes de la llegada de los primeros españoles en 1504 o, con más exactitud, de la conquista de la ciudad de Tenochtitlán en el valle de México realizada por el español Hernán Cortés en 1521. Los primeros habitantes de México eran una población nómada de origen asiático que llegó a través del estrecho de Bering, pasando de Siberia a Alaska en varios grupos, huyendo de las glaciaciones propias de la edad de hielo hace 30000 o 40000 años. Se trataba de *homo sapiens* que marcharon hacia el sur muy probablemente siguiendo los animales que cazaban, y poblaron todo el continente americano desde Canadá hasta la Patagonia. Los primeros trazos del hombre en México se pueden remontar a 22000 años. Se trataba todavía de grupos nómadas cazadores-recolectores que utilizaban utensilios de piedra, conocían el fuego y se vestían con las pieles de los animales que cazaban. Algunos de ellos se quedaron en México y otros continuaron hacia el sur, rumbo a América Central y las cordilleras de los Andes. Un ejemplo de estos habitantes es el llamado "hombre de Tepexpan", que vivió hace unos 10000 años y cuyos restos óseos fueron encontrados en el Estado de México. En realidad, el hombre de Tepexpan era una mujer de 1.68 mts de altura con cráneos de rasgos primitivos.

El hombre empezó a volverse cada vez más sedentario a partir de esos momentos, hace 10000 años. Coincidió con los orígenes y perfeccionamiento de la agricultura y la cría de animales. Desarrolló entonces un complejo de siembras de diversas plantas, en especial la

CAPÍTULO 2 LOS ORÍGENES: POBLAMIENTO Y NACIÓN

combinación de tres de ellas; el maíz, el frijol y la calabaza. La domesticación del principal cereal, el maíz, se remonta a un período que puede fluctuar entre 7000 y 10000 años. Su siembra anual en uno o varios períodos le permitió a los primeros mexicanos obtener los excedentes de alimentos suficientes para mantener a una población sedentaria cada vez más numerosa. A partir de ese momento empiezan a desarrollarse las primeras civilizaciones y culturas complejas en México y en toda la región que es conocida como Mesoamérica, o América media, que incluye además de México a América Central y parte del sur de los Estados Unidos, hasta donde Mesoamérica se transformaba en Aridoamérica. Las llamadas culturas mesoamericanas comparten una serie de rasgos civilizatorios en aspectos como las herramientas utilizadas, la alimentación, las armas y utensilios, el lenguaje y la religión que se remontan a esos años, aunque desde entonces empiezan a diferenciarse con rapidez.

La sedentarización y la agricultura dieron origen a la aparición de centros urbanos cada vez más grandes e importantes, y al desarrollo de sociedades complejas. Los líderes iniciales basados en las destrezas físicas e intelectuales dieron paso a una élite gobernante de sacerdotes y guerreros, donde el conocimiento y la religión, cada vez más compleja y politeísta, fue un importante factor de control de las masas. La guerra constante, al igual que la religión, fueron los dos factores más importantes para mantener la unión de la sociedad en actos colectivos. Las sociedades mesoamericanas fueron por lo general teocracias, donde los gobernantes eran a la vez sacerdotes y líderes guerreros. Las primeras civilizaciones que es posible encontrar en territorio mexicano corresponden a los vestigios de las primeras grandes ciudades. Unos 3000 o 4000 años después de la domesticación del maíz en toda

Mesoamérica se observó el desarrollo de aldeas y luego de pequeñas ciudades con materiales pétreos cada vez más sofisticadas. Pero una de las civilizaciones más antiguas de América no se encuentra en Mesoamérica, sino en Perú, es la cultura *Caral o Caral-Supe*, en Perú, que se desarrolló entre el 3000 y el 1800 a. C. (antes de Cristo).

El proceso de urbanización coincidió con el crecimiento demográfico de la población y con el desarrollo de rasgos culturales cada vez más sofisticados que se fueron particularizando en las distintas regiones de México. A este período se le conoce como Preclásico y se extendió entre el 2500 o 2000 a. C hasta el principio de la era cristiana hace 2000 años. Algunas culturas maduraron antes que otras e influyeron posteriormente en las demás. Entre las más antiguas se encuentran la olmeca y la maya. La civilización olmeca, que ha sido llamada la madre de las culturas mesoamericanas, se empieza a desarrollar desde el preclásico y entra a una madurez temprana hacia el año 1200 a. C., y para el año 300 a. C. decae y casi desaparece. La cultura olmeca floreció en los hoy estados de Veracruz y Tabasco, en fértiles regiones bañadas por ríos. Entre sus múltiples ciudades se

El maíz, base de la alimentación mesoamericana

CAPÍTULO 2 LOS ORÍGENES: POBLAMIENTO Y NACIÓN

puede mencionar San Lorenzo, Tres Zapotes y la Venta. Su principal característica fue el labrado de cabezas monumentales de varios metros de alto. Se puede rastrear su influencia cultural en las posteriores culturas mesoamericanas.

Después de los olmecas podemos ver que las grandes civilizaciones de México se desarrollan durante el llamado *período Clásico* que se extendió los primeros 1000 años d. C. (después de Cristo) en Mesoamérica. Usualmente se le considera desde el inicio del siglo I hasta fines del siglo IX d. C. En él se observan grandes logros en toda clase de artes y ciencias; con el crecimiento de grandes ciudades, incremento de la agricultura, en especial de riego, un intenso comercio y multiplicación de la población. En este período hay que mencionar a la civilización Teotihuacana, que se desenvolvió en torno a la ciudad de Teotihuacán, en el valle de México, ubicado en el centro del país. Hacia el siglo I d. C. Teotihuacán era ya una aldea de culto ubicada sobre grandes cuevas que se suponía conducían al inframundo. La ciudad creció de manera explosiva con una mezcla de población de varias culturas mesoamericanas como la maya, la zapoteca y la mixteca, entre otras, lo que le dio un fuerte acento cosmopolita. Su auge fue durante los siglos III al VII, en los que llegó a tener entre 100, 000 y 200, 000 habitantes ocupando unos 21 km^2.

Se construyeron grandes edificios como las pirámides del sol y de la luna. Su complejo desarrollo en ciencias y artes influyó después en todas las culturas que se desarrollaron en el centro del país y en el valle de México. Teotihuacán cayó en el siglo VII por una mezcla de conflictos políticos, rebeliones internas y cambios climatológicos. En cierta medida la caída de Teotihuacán marca el inicio del fin del período Clásico en el norte de Mesoamérica, porque en el sur, en especial en tierras mayas, se prolongaría casi tres siglos más. El período Clásico fue substituido por el *Posclásico* que se extendió de fines del siglo IX hasta el siglo XV, con la llegada de soldados españoles y el inicio de la Conquista de México. Durante el Posclásico decae la alta cultura de la mayor parte de las viejas civilizaciones mesoamericanas, en especial en lo que respecta a los conocimientos científicos y artísticos, y se detiene la construcción de grandes ciudades. Aunque hay que señalar que otras culturas empezaron a desarrollarse, como la de los aztecas que también retomaron la edificación urbana. En la actualidad la ciudad de Teotihuacán es la zona arqueológica más conocida y visitada de México, por ser contigua a la capital.

　　Otras culturas de pueblos que ocuparon durante miles de años los distintos territorios de México también florecieron durante el período Clásico. Entre ellas hay que mencionar la maya, la zapoteca, la mixteca, la purépecha, la huasteca, la totonaca, la chichimeca y la tlaxcalteca entre las más significativas. Pero en realidad México o más bien los que era el territorio mesoamericano, fue hogar de más de 140 lenguas indígenas originales (Swadesh, 1959a y 1959b), aunque no se sabe con certeza su número. Sobreviven sólo 65 y 364 variantes lingüísticas. Todas estas lenguas eran provenientes de ocho familias lingüísticas, de las que las más importantes son tres: las *utoaztecas*, las *mayenses* y las *otomangues*. No podemos establecer una correlación directa entre el número de lenguas con el de culturas pero los troncos familiares, las lenguas y las variantes nos dan una idea aproximada del número de culturas originales que florecieron y dieron origen a otras en todo el territorio mexicano.

　　La cultura maya se desarrolló en el sur y sureste de México, abarcando cinco de sus estados actuales que son Chiapas, Tabasco,

CAPÍTULO 2   LOS ORÍGENES: POBLAMIENTO Y NACIÓN

Cabeza Olmeca, una de las culturas más antiguas de México

Campeche, Yucatán y Quintana Roo. Se extendió además por toda Centroamérica hasta Guatemala, Belice, Honduras y El Salvador. Este espacio ha tenido una ocupación humana de cuando menos 10000 años y una población sedentaria dedicada a la agricultura desde hace unos 7000 años. Hacia el 1000 a. C. empieza a encontrarse población asentada en pequeñas villas con características culturales muy definidas que permiten hablar del período preclásico maya, que se extendió del 1000 a. C. hasta el 250 a. C. Aunque hay que decir que los estudios arqueológicos más recientes consideran que los principios civilizatorios son mucho más antiguos y que el preclásico de la cultura maya se puede ubicar hasta el año 2700 a. C. lo que la volvería una de las culturas más antiguas de México y de América.

Durante los siglos del preclásico se desarrolló el urbanismo, una arquitectura monumental, los principios de la escritura jeroglífica, la matemática, la astronomía y las bellas artes. Todo esto floreció después en el período clásico maya, que se desarrolló desde el 250 a. C. hasta el 950 d. C. En estos años se consolidó una de las civilizaciones más complejas y sofisticadas no sólo de México sino también de América. En el clásico maya las ciudades crecieron, muchas podían albergar entre 10,000 y 20,000 habitantes y las ciudades grandes entre 50,000 y 100,000. Las mayores como Palenque en Chiapas pudieron llegar a tener hasta 90,000. Chichen Itzá en Yucatán y Calakmul en Campeche llegaron a contar con más de 50,000 personas. La escultura de bajo relieve en piedra, la edificación monumental de pirámides basada en el principio arquitectónico del arco falso, un sistema matemático vigesimal que conocía el uso del cero, una astronomía que podía establecer calendarios con precisión al igual que eclipses y el curso de los planetas, y una sofisticada escritura jeroglífica que aún no termina de descifrarse, estuvieron entre los logros de la cultura maya en estos siglos, en que sus conocimientos matemáticos y astronómicos eran superiores a lo que existían en las civilizaciones occidentales.

Se trataba de una organización de ciudades-Estado que controlaban un territorio circundante y eran relativamente autónomas. Todo su desarrollo cultural se dio entre continuas guerras y alianzas entre sí. Entre el 950 y el 1000 d. C., se detiene toda esta cultura por una combinación de rebeliones sociales, guerras excesivas y graves sequías. Disminuye la importancia de la construcción monumental de pirámides, al igual que el levantamiento de estelas y la inscripción de jeroglíficos. Al caer la clase gobernante que era una teocracia, mucho del conocimiento científico y cultural acumulado por siglos se perdió. Se entró entonces al período del Postclásico maya, que se extendió del año 1000 al descubrimiento de América por Cristóbal Colón en el año

CAPÍTULO 2   LOS ORÍGENES: POBLAMIENTO Y NACIÓN

de 1492, o un poco más, hasta la llegada de los primeros europeos a tierras mayas en 1511 con el naufragio de un barco español en la costa este de la península de Yucatán.

Volviendo al centro de México observamos que hacia el año 750 d. C. otra cultura, la de los toltecas, conquistó Teotihuacán e inició su propio desarrollo que se extendió del 900 d. C. hasta el 1200 d. C., su capital no fue Teotihuacán sino la ciudad de Tula. En el siglo XII Tula y los toltecas caen a su vez bajo el control de guerreros provenientes del norte, miembros de la cultura chichimeca.

Pirámide del sol, cultura Teotihuacana

La influencia cultural tolteca fue heredada a los chichimecas y también a otro grupo, el de los aztecas o nahuas, que a partir del siglo XII inician su propio auge en el valle de México y en la ciudad de Tenochtitlán, la que es hoy Ciudad de México y que llegó a ser la ciudad más grande de todo Mesoamérica en el período Posclásico. El auge de los aztecas también llamados nahuas porqué hablaban la lengua náhuatl, se extendió hasta el siglo XV, cuando se enfrentaron a la llegada de conquistadores españoles que los vencieron.

La cultura azteca tuvo un desarrollo extraordinario. Dado que de ella proviene gran parte de la simbología con la que se identifica a la cultura mexicana dominante hasta la actualidad, es interesante detenerse unos momentos a comentarla. El propio nombre de México se deriva de ellos pues también se llamaban aztecas o mexicas. Según su propio mito de origen ubicaban el principio de su cultura en el año 1111. Su mitología los identifica como nómadas cazadores y recolectores que provenían de un lugar del norte de México llamado Aztlán. Uno de sus principales dioses, Huitzilopochtli, les ordeno que dejaran de viajar y fundaran una ciudad sobre un lago donde vieran un águila posada sobre un nopal devorando una serpiente. Esta imagen es el escudo de la actual bandera nacional. Peregrinaron hasta llegar al valle de México, encontraron el símbolo y se asentaron allí fundando la ciudad de Tenochtitlán en 1325. Ese es el mito, pero la realidad es que las migraciones de hablantes de náhuatl como los aztecas se pueden ubicar desde el norte de México en los hoy estados de Sonora y Sinaloa, hacia el valle de México desde el siglo III hasta el XIII. Los nahuas estaban ya fuertemente asentados en el valle de México desde el siglo VIII, eran conocidos como mexicas y fueron muy influidos por la cultura tolteca.

A la caída de Tula comienzan una evolución cultural que se corona en los siglos XIII a XV, en especial con la creación de su principal ciudad Tenochtitlán (que no fue en 1325 como dice su mito sino en 1274 según la arqueología). A través de la guerra y las alianzas con pueblos vecinos, lograron desarrollar un extraordinario ejército y con-

CAPÍTULO 2   LOS ORÍGENES: POBLAMIENTO Y NACIÓN

trolaron y sojuzgaron por la fuerza a pueblos cada vez más lejanos. Tenochtitlán, en alianza los pueblos de Tlacopan y Texcoco, formó una confederación denominada La Triple Alianza. Esta confederación se fue alimentando de nuevas alianzas y pueblos vasallos y de allí se formó el imperio mexica, el más grande que se conociera en México y Mesoamérica. El único pueblo cercano que no controlaron fue el vecino reino de Tlaxcala. Este dato es importante pues los tlaxcaltecas, que también eran un grupo cultural nahua, se mantuvieron por siglos en guerra con los mexicas, por lo que fueron un importante aliado de los conquistadores españoles. Sin los tlaxcaltecas los españoles no hubieran podido conquistar el imperio azteca. El conquistador español Hernán Cortés llegó a Tenochtitlán en septiembre de 1519 y allegándose la ayuda de los tlaxcaltecas y numerosos pueblos que habían sido duramente sojuzgados por los aztecas, conquistó la ciudad en agosto de 1521 derrotando al imperio azteca e iniciando la conquista de México.

Cabeza del dios pájaro – serpiente, Teotihuacán

CONQUISTA Y COLONIA: 1521 – 1810

En 1492 el genovés Cristóbal Colón, navegando bajo la bandera de los reinos españoles de Castilla y Aragón descubre América encontrándose primero con las islas del Caribe. En ninguno de sus cuatro viajes Colón toco tierras mexicanas, siendo los españoles Jerónimo de Aguilar y Gonzalo Guerrero los primeros en vivir en tierras americanas al sobrevivir a un naufragio frente a la isla de Jamaica y llegar a costas yucatecas en 1511. Otras expediciones siguieron llegando a México, como la de Francisco Hernández de Córdoba en 1517, que tocó costas yucatecas en el puerto de Campeche y fue diezmado por los mayas, o Juan de Grijalva en 1518 que continuó hacia costas del Golfo de México. Pero se considera que la conquista de México se inició con una expedición de Hernán Cortés en febrero de 1518. Cortés tocó primero costas mexicanas en la isla de Cozumel, donde recogió al naufrago Jerónimo de Aguilar que le sirvió de interprete, y siguió viaje hacia costas del estado de Tabasco, donde tuvo sus primeros hechos de guerra.

Luego siguió navegando y desembarcó en lo que se llamó la Villa Rica de la Vera Cruz, hoy Veracruz, internándose en tierra firme rumbo a la capital de los aztecas, Tenochtitlán. En el camino tuvo diversos enfrentamientos, entre ellos con tlaxcaltecas que le hicieron numerosas bajas. Sin embargo Cortés y los tlaxcaltecas hicieron una alianza y en vez de pelear entre sí marcharon juntos para hacer la guerra a los aztecas, llegando a Tenochtitlán en noviembre de 1519. El emperador de los aztecas, Moctezuma, cometió el error de aceptarlo junto con sus tropas dentro del recinto de la ciudad, suponiendo que

CAPÍTULO 2   LOS ORÍGENES: POBLAMIENTO Y NACIÓN

podía dialogar y llegar a un acuerdo con el reducido pero muy bien armado grupo de españoles, que tenían armas de fuego desconocidas para ellos, al igual que espadas de metal, barcos y caballos; todo ello nuevo en América. Después de unas semanas sin llegar a ningún acuerdo, Cortés tomó por sorpresa como rehén al emperador Moctezuma e inició el sitio de Tenochtitlán, ciudad que finalmente cayó bajo el acero de los españoles en agosto de 1521. Esto no fue el final sino el principio de un largo proceso de conquista del territorio mexicano que llevaría a los españoles más de un siglo.

Tláloc, dios del agua. Teotihuacán

La caída del imperio azteca hizo derrumbarse a los reinos circundantes, aliados unos, sometidos otros, pero divididos todos y debilitados ya militarmente por los aztecas. Los españoles y sus aliados tlaxcaltecas tomaron control del valle de México y de los territorios controlados por los aztecas. Pero muchos otros pueblos se conservaron independientes en los cuatro puntos cardinales de México, como los chichimecas en el norte, los mayas en el sur, los purépechas en Michoacán y varias docenas de naciones indígenas más. La Corona española comenzó entonces una larga guerra para controlarlos que duró en algunos casos más de un siglo. Los mayas en el sur no fueron totalmente conquistados sino hasta 1697 con la caída de los últimos mayas itzáes en la laguna de Tayasal, en la región guatemalteca del Petén. En el norte los chichimecas, los tarahumaras, los yaquis y los apaches se mantuvieron en relativa independencia y aislamiento en sus desiertos y montañas hasta bien entrado el siglo XX. Lo mismo sucedió con los mayas de la península de Yucatán, que se refugiaron en las selvas de Quintana Roo y con los mayas lacandones, que lo hicieron en las selvas de Chiapas. Así muchas naciones originarias de México mantuvieron su cultura y organización social y política por siglos, de tal manera que la conquista dio origen a una sociedad multiétnica, multicultural y multilingüe.

La conquista se completó con rapidez en el valle de México, donde sobre la vieja Tenochtitlán se instaló la Ciudad de México, capital de lo que pronto se llamó el Virreinato de la Nueva España, la más grande y rica colonia de la Corona española en América. Si queremos poner una fecha para el fin de la conquista de México tenemos que aclarar que hablamos de la conquista de la ciudad de Tenochtitlán y del fin del Estado mexica en agosto de 1521. La conquista del país fue prácticamente un proceso largo y duró los tres siglos posteriores que son conocidos como el período colonial, pues fue el tiempo que España tardó en establecer su dominio sobre todos los territorios americanos conquistados. En este camino para establecer su dominio los europeos contaron con el más fuerte e inesperado de sus aliados, las enfermedades infecciosas. La viruela en especial, traída por los europeos, explica también la rapidez de la conquista.

Guerreros Atlantes. Ciudad de Tula

Esta enfermedad y otras varias a las que los europeos ya eran inmunes como el sarampión, la difteria, la rubeola y la gripa, arrasaron con la población mexicana en pocos años. Pueblos enteros quedaron vacíos con la muerte de todos sus habitantes. La viruela se introdujo en 1518 y la toma de Tenochtitlán fue posible también porque se dio en medio de una enorme epidemia de viruela en la ciudad, que mató más personas que los hechos de armas. Es un tema a debate pero se calcula que la población en los territorios de lo que después fue la Nueva España y hoy es México podía fluctuar entre 16 y 25 millones de habitantes en 1518 (Cook y Borah, 1977; Denevan, 1992). Por las guerras pero en especial por las enfermedades infecciosas se redujo a menos de 17 millones en 1528, a 3 millones en 1568 y a 1.6 millones en 1618. Es decir que el arma más fuerte para la conquista de América fue la biológica, que quizás hizo disminuir la población más de un 90% en tan sólo un siglo. Decimos quizás pues el mayor o menor impacto demográfico de las enfermedades aún se discute (Rosenblat, 1967; Sanders, 1976; Whitmore, 1992; McCaa, 1995).

La Ciudad de México fue sede de los poderes reales otorgados por los reyes de España a un gobernante llamado Virrey, acompañado de todo un aparato de gobierno formado por gobernadores, Capitanes Generales, jueces, magistrados y por supuesto toda la compleja jerarquía eclesiástica propia de la iglesia católica como obispos, arzobispos, clero regular, clero secular, curas y frailes. El papel de la iglesia católica durante la conquista y posterior colonización de la Nueva España fue fundamental. La religión católica generó el sustrato ideológico que justificó la conquista de los pueblos amerindios, al señalar su obligación de evangelizar, es decir llevar el evangelio o palabra de Dios a los para ellos idólatras y convertir al cristianismo a los que tenían otras religiones. Se inició y no se detuvo por siglos la construcción de iglesias y parroquias en todos los territorios que los ejércitos españoles iban conquistando. Junto con el avance del ejército sobre nuevos territorios y naciones amerindias, la iglesia católica también aumentaba la extensión de su evangelización en toda la Nueva España, fundando pueblos y construyendo templos.

Detrás de ellos llegaban también colonos europeos en números crecientes, que fueron poblando nuevos territorios e iniciando un creciente mestizaje al mezclarse con la población nativa. Junto con los europeos llegaron también esclavos africanos, lo que aumentó la riqueza genética del mestizaje mexicano. El territorio de la Nueva España

CAPÍTULO 2 LOS ORÍGENES: POBLAMIENTO Y NACIÓN

era muy amplio y aunque su jurisdicción fue moviéndose con el paso del tiempo en el siglo XVI ya estaba relativamente bien definido. Hacia el sur incluía los territorios de América Central hasta llegar a la frontera con Panamá, que ya era otro territorio. Hacia el este bordeaba el Golfo de México e incluía las islas del Caribe excepto las pequeñas y grandes Antillas, en especial las importantes islas de Cuba, Puerto Rico y Santo Domingo, que eran independientes. Hacia el norte incluía los territorios de California, Texas, Nuevo México, Arizona, Utah, Nevada y parte de Colorado. Hacia el oeste bordeaba el océano pacífico y a partir de 1565 se incorporaron también las islas de las Filipinas. Era en su conjunto la colonia más grande e importante de España.

El período conocido como *la Colonia*, comprende los tres siglos trascurridos entre la caída de Tenochtitlán y la independencia de México, iniciada en 1810 y culminada en 1821. Durante estos tres siglos hubo numerosos cambios políticos, culturales y económicos tanto en España como en la Nueva España. El proceso de colonización y dominio desarrollado por el Estado español fue creando distintas instituciones sociales con el paso de los años. A través de las *Congregaciones* se juntó a la diezmada población indígena en pueblos para poder explotar mejor su trabajo y también para que los sacerdotes católicos pudieran evangelizarla. Mediante la *Encomienda*, se otorgó el derecho de mandar sobre los indígenas y aprovechar su trabajo y producción para darla a un español, el *Encomendero*, que le pagaba impuestos a la Corona. De esa manera se controlaba políticamente y también se organizaba la economía. Replicó las jerarquías eclesiástica, militar y política de España al subdividir de nueva manera los viejos territorios de las naciones indígenas y crear nuevos límites y fronteras políticas.

Atlantes, ciudad de Tula

La Nueva España así se fue subdividiendo en territorios y aparecieron el Reino de México, el Reino de la Nueva Galicia, la Capitanía General de Yucatán, la de Guatemala, el Reino de la Nueva Vizcaya, el gobierno de Nuevo México, el gobierno de Coahuila, el Nuevo Reino de León, y por supuesto gobernados de una manera más autónoma y directamente por la Corona española, las Filipinas y las Antillas. Esta subdivisión política existió durante toda la Colonia, aunque la mayor o menor autonomía de las regiones cambiaba según el poder político y económico de sus élites. En las regiones montañosas de este vasto territorio se extraía plata y metales preciosos, que fue uno de los principales intereses durante la Colonia. En sus distintas regiones se producía una gran cantidad de cultivos agrícolas y pecuarios. Se extraían especias, colorantes, maderas preciosas y miles de distintos productos de orfebrería, barro, cerámica y textiles. Parte de la tierra se dejó en manos de las comunidades indígenas para que las explotaran y entregaran sus productos o ganancias a los encomenderos y a partir del siglo XVIII directamente a la Corona bajo la forma de impuestos.

CAPÍTULO 2 LOS ORÍGENES: POBLAMIENTO Y NACIÓN

Muchas otras tierras quedaron en manos de colonos españoles, que las dedicaron a cultivos comerciales con mayor valor que los productos indígenas. Estas propiedades se llamaron *Ranchos*, *Estancias* o *Haciendas*, dependiendo de su tamaño y producción. Pero la mayor riqueza durante la colonia fue la explotación del trabajo indígena, a través de los llamados *Servicios Personales*, que eran la obligación de toda la población indígena de entregar un determinado número de días a la semana, al mes o al año de trabajo gratuito a los encomenderos, a la iglesia y los curas, y al gobierno. El valor de este trabajo, además de los productos que se entregaban como tributos primero y como impuestos después al gobierno, fue la base de un enorme proceso de acumulación de riquezas de las que se beneficiaron las élites y el gobierno español, ya que gran parte de esta riqueza fluyó durante tres siglos a España y de allí circuló por todas las economías europeas.

La extracción continua de excedentes y hasta de lo necesario para sobrevivir durante generaciones, fue también el origen del ciclo continuo de reproducción histórica de la pobreza de los pueblos indígenas de México que continúa hasta el presente. A su vez en el movimiento de esta riqueza se puede encontrar parte de la explicación de la bonanza de los países europeos durante estos siglos. La riqueza de América también fue básica para dar los primeros pasos de la revolución industrial y está en los orígenes del capitalismo moderno, en especial en su dimensión bancaria y financiera, ya que en los bancos de Europa terminaron muchos de los metales preciosos y la riqueza acumulada.

Hacia el fin del período colonial la extensión de la Nueva España llegó a ser de 4 millones 146 mil 483 km^2. Eso la convirtió durante tres siglos en una de las regiones más grandes de América y del Imperio español. En 1810 La población de la Nueva España se calculaba en 6 millones 122 mil 354 personas (Humboldt 1966), en un cálculo que se ha considerado ligeramente elevado (Lerner, 2017). Su composición étnica era aproximadamente la siguiente: Los indígenas se habían repuesto de la tremenda baja demográfica y su número se fue recuperando poco a poco durante esos siglos. Eran 3 millones 676 mil 281. Los europeos o "blancos" eran una minoría pues apenas llegaban a 15 mil. Nacidos por lo general en España eran la élite que controlaba puestos y riquezas del virreinato. Los criollos, que eran los hijos de padres españoles pero nacidos en la Nueva España eran también muy numerosos, pues llegaban a 1 millón 092 mil 367. Estaban luego precisamente los mestizos, que eran los hijos de blanco con indígena, que eran 1 millón 328 mil 706.

Piedra del sol, calendario de la cultura Azteca

Si consideramos la escasez de mujeres españolas o europeas, un porcentaje de los que se consideraban criollos eran en realidad también

CAPÍTULO 2   LOS ORÍGENES: POBLAMIENTO Y NACIÓN

mestizos, hijos de padre europeo y madre indígena, pero eran considerados criollos si los padres los reconocían y se encontraban en buena posición económica. Por último estaba la población proveniente de áfrica, que en 1810 ya eran sólo entre 6,000 y 10,000 personas. Eran los descendientes de esclavos traídos para suplir el trabajo indígena, que llegaron a ser unos 35,000, pues la mayor parte del tráfico de esclavos se hizo hacia las islas del Caribe y América del Sur. Se trataba de una sociedad colonial racista y muy estratificada, con una pirámide social que hacía casi imposible la movilidad social y el paso de una categoría a otra. El color de la piel, el lugar de nacimiento y la "pureza de sangre" marcaban a los novohispanos y generaban grandes diferencias sociales.

Chichen Itzá

INDEPENDENCIA Y CREACIÓN DE MÉXICO: 1810 – 1821

El sistema de clases generaba obstáculos para obtener empleos en el gobierno y para ascender en el ejército y la iglesia. También para ser propietarios, mejorar su prestigio social y hasta para casarse. Pero los criollos y mestizos aumentaban, se educaban y empezaron a reclamar mejores condiciones para ascender socialmente. Las élites nacidas en la Nueva España reclamaban su lugar y ante la negativa del Imperio español para modificar su orden social las tensiones aumentaron. Aunado a eso estaba, claro, la explotación y pobreza crónica de la población indígena. Las inconformidades finalmente estallaron en un movimiento de independencia que comenzó en la Nueva España en 1810 y llevó a una larga y sangrienta guerra de liberación de España, que culminó en 1821 con la declaración de independencia de la Nueva España y su aceptación por parte de la Corona española.

  Las condiciones para la independencia se dieron por el debilitamiento de la monarquía y de todo el imperio español, cuando Napoleón y las tropas francesas invadieron España en 1808 y depusieron al rey Fernando VII, instalando al hermano de Napoleón, José I, en el trono de Madrid. Esto facilitó que las colonias de América no reconocieran al nuevo monarca y se declararan independientes. La Nueva España fue la primera en hacerlo en 1810 cuando un movimiento iniciado por un cura, Miguel Hidalgo, en un pequeño pueblo llamado Dolores inició un movimiento armado que pronto aglutinó el descontento de muchas élites locales que, ante la ausencia de un gobierno español legítimo, se declararon en rebeldía a la Corona española gob-

CAPÍTULO 2   LOS ORÍGENES: POBLAMIENTO Y NACIÓN

ernada por un francés. A la independencia de la Nueva España siguió la de todas las colonias españolas en América. Cuando el rey español Fernando VII recuperó el trono de España en 1813, intentó volver a un sistema imperial. Pero no hubo vuelta atrás y todas las colonias de América continuaron sus guerras de independencia, ahora directamente contra la monarquía española y no contra el usurpador francés del trono. Las guerras fueron sangrientas pero finalmente España fue derrotada.

En la guerra de independencia se identifican cuatro etapas. En la primera la rebelión encabezada por Miguel Hidalgo y Costilla fue exitosa y levantó ejércitos hasta de 100,000 mil rebeldes contra 50,000 soldados realistas, es decir defensores del rey de España. Terminó con la derrota de Hidalgo en la batalla del Puente de Calderón, en Jalisco, el 17 de enero de 1811. Una segunda etapa que también fue exitosa donde el cura José María Morelos y Pavón tomo el mando de la rebelión, y que se extiende de enero de 1811 hasta agosto de 1813 con la toma de Acapulco por los rebeldes. Una tercera etapa de un gran desorden y retroceso de las fuerzas rebeldes encabezadas ahora por Vicente Guerrero pues Morelos había muerto, y el avance de las fuerzas españolas bajo el mando de Agustín de Iturbide, que va de agosto de 1813 hasta 1821. El desorden terminó con la reunificación de las fuerzas rebeldes en febrero de 1821 con la firma del Plan de Iguala. Una cuarta etapa en la que Iturbide prefirió pactar con los rebeldes a continuar la guerra y los ejércitos se unificaron bajo el nombre de Ejército Trigarante. Iturbide y Guerrero entran juntos al mando del Ejército Trigarante a la Ciudad de México el 27 de septiembre de 1821, con lo que se formalizó la independencia.

Al obtenerse la independencia en 1821 se inició la vida de una nación que abandonó el nombre de Nueva España y asumió el de México, en reconocimiento a sus orígenes y buscando con ello forjarse ideológicamente una nueva identidad nacional, propia y americana. Recuperó y recreó para ello su pasado indígena creando como antes hicieron los aztecas nuevos mitos de origen, que incorporaron las míticas raíces indígenas de los mexicas mezcladas ahora con las creencias cristianas; como la veneración a santos con identidad americana cuya principal encarnación en México fue la Virgen de Guadalupe. Se otorgó la ciudadanía plena a todos los mexicanos y se instauró un nuevo régimen republicano. La nueva república significó un avance social, pero mantuvo también muchos de los defectos de la vieja sociedad colonial española; como un Estado autoritario, una administración burocrática y corrupta, una ideología racista hacia la población indígena y una organización social patrimonial y corporativa.

El corporativismo era una forma viva de organización social propia de las comunidades y pueblos indígenas, que como ya vimos constituían más de la mitad de la población. Pero la sociedad más rica de la Nueva España también era corporativa, pues era una forma común con la que la monarquía española organizaba a todas las personas de su sociedad, de una manera casi feudal, ya que había comunidades de artesanos, agricultores, soldados, curas y de toda clase de oficios y profesiones. En la población pobre mantener el corporativismo era necesario porque de esa manera las personas podían sobrevivir mejor, no así el caso de las agrupaciones más ricas, que protegidas por el Estado a cambio de favores o dinero se volvían poco competitivas.

El corporativismo dificultó desde la fundación de México el pleno desarrollo de un individualismo político y cultural propio de las so-

CAPÍTULO 2 LOS ORÍGENES: POBLAMIENTO Y NACIÓN

ciedades republicanas democráticas. El individualismo se relaciona con el auge del capitalismo del siglo XVIII, como puede observarse en las sociedades anglosajonas de América que también se volvieron independientes como Estados Unidos y posteriormente Canadá en el siglo XIX. El corporativismo también tiende a inhibir las fuerzas del mercado, al menos en los términos del capitalismo occidental moderno. El individualismo creció con dificultad en el México independiente, y el corporativismo combinado con la enorme pobreza heredada de la Colonia, explica en parte que el capitalismo se desarrollara más lentamente en México en comparación con los vecinos Estados Unidos.

Cenote Sagrado de Chichén Itzá

MÉXICO INDEPENDIENTE: 1821 – 1876

El período que va de 1821 hasta 1876 fue poco más de medio siglo de inestabilidad política y social marcado por numerosas guerras y disminución de la producción agrícola e industrial. En el campo político entraron en conflicto distintos proyectos de Nación lo que muchas veces llevó a la guerra a las facciones en conflicto. En términos de organización política la forma aceptada por todos fue la republicana. Las influencias generales sobre las Constituciones mexicanas que se fueron elaborando en el siglo XIX fueron la Declaración de los Derechos del Hombre y del Ciudadano, es decir la Constitución francesa de 1789 producto de la Revolución; en menor medida también se incorporaron ideas y principios de la Constitución de Cádiz de 1812, que era una Constitución liberal influida por las ideas de La Ilustración y el Enciclopedismo, promulgada cuando la monarquía española había sido usurpada por Napoleón, y también de la Constitución de Estados Unidos de Norteamérica de 1787. Pero eso fueron las ideas generales, pues hubo una intensa discusión y formulación de formas de gobierno y principios de convivencia netamente mexicanos que dieron por resultado las Constituciones vigentes en el siglo XIX.

Pero vamos por partes, la Independencia tiene su antecedente legal en el Decreto Constitucional Para la Libertad de la América Mexicana del 22 de octubre de 1814 y en el Reglamento Provisional Político del Imperio Mexicano del 18 de diciembre de 1822; que fue reformado en el primer pacto federal donde se definieron los estados que formarían parte de México al firmar el Acta Constitutiva de la Federación del 31 de enero de 1824. Un año antes, el 1 de julio de 1823 las provincias de Centroamérica declararon su separación formal de México por lo que no quedaron incluidas. Finalmente el 4 de octubre de 1824 se emitió la Constitución Federal de los Estados Unidos Mexicanos. El punto central de la discusión fue la naturaleza del pacto republicano entre un gobierno *centralista* y otro *federalista*. El gobierno

CAPÍTULO 2 LOS ORÍGENES: POBLAMIENTO Y NACIÓN

centralista planteaba una república gobernada por un presidente, una Cámara de Senadores y otra de Diputados ubicadas en la capital, y el resto del país estaría dividido en delegaciones; gobernadas por delegados y consejos de gobierno designados por el centro, es decir por el presidente, que no eran elegidos por votación ciudadana y no tenían autoridad propia. El gobierno federalista planteaba que el país se dividiría en entidades federativas que por propia voluntad se unían al pacto federal y cada una votaba su propio gobernador y su propia Cámara de Diputados por votación directa de los ciudadanos de cada entidad.

Detrás de los planteamientos centralistas y federalistas se encontraba la pugna ideológica entre dos pensamientos. El de los *conservadores*, que planteaban conservar la influencia de la iglesia católica y los valores y organización social de la Colonia, estableciendo una supremacía criolla sobre mestizos e indígenas. Como partido se creó en 1849 y desapareció en 1867. Uno de sus principales ideólogos fue Lucas Alamán. Los conservadores apoyaban el centralismo y estaban encontrados con los *liberales*, que planteaban una educación laica, eliminar la influencia de la religión y la iglesia en el gobierno y una economía abierta y mercantil. Desde 1822 fundaron el Partido Liberal que duró hasta 1911. Sus principales representantes fueron José María Luis Mora, Benito Juárez y Porfirio Díaz. Los liberales apoyaban el federalismo. Durante medio siglo México fluctuó entre una y otra forma de gobierno y para ello se generaron varias Constituciones: la ya mencionada Constitución liberal y federal de 1824; la Constitución conservadora y centralista de 1836; la Constitución centralista y conservadora de 1843 (también conocida como Bases Orgánicas, que en realidad fue una modificación de la Constitución de 1836); el Acta Constitutiva y de Reformas (también conocida como Constitución de 1847, que retornó al federalismo) y finalmente la Constitución Liberal y federalista de 1856.

Cenote en Chichén Itzá

La pugna entre facciones llevó a una gran debilidad de México que fue aprovechada por los proyectos autonomistas de Texas, que era parte de México pero habitado también por colonos estadounidenses que se declararon independientes en 1836, en un momento en que México había retornado al centralismo y tras una guerra que perdió el entonces presidente de México Antonio López de Santa Ana. México y Texas tuvieron una nueva guerra entre 1842 y 1844 y finalmente Estados Unidos anexó Texas en 1845. Tras la independencia de Texas se encontraban los proyectos de expansión territorial de Estados Unidos, que le llevaron a declarar la guerra a México entre 1846 y 1848, misma que el país perdió firmando la paz con el llamado Tratado de

CAPÍTULO 2   LOS ORÍGENES: POBLAMIENTO Y NACIÓN

Guadalupe-Hidalgo del 2 de febrero de 1848, cediendo a los Estados Unidos los estados de California, Nevada, Utah, Nuevo México y Texas, así como partes de Arizona, Colorado, Wyoming, Kansas, y Oklahoma. México perdió más de la mitad de su territorio nacional.

Las luchas internas entre federalismo y centralismo también fueron el campo de batalla de intereses económicos y grupos de poder en las distintas regiones de México, ya que uno u otro modelo marcaban estados y ciudades ganadoras y perdedoras en todo el país, no sólo en términos políticos sino también económicos. A lo anterior hay que adicionar el malestar popular que provocaban las levas de ciudadanos para alimentar los ejércitos por las constantes guerras. Esto llevó a que varias regiones intentaran distintos tipos de separación del país para declararse independientes, como fueron los casos de la península de Yucatán, de Chiapas y de Coahuila; intentos de independencia que gozaron por lo general de popularidad entre sus habitantes.

El proyecto más serio y sostenido fue el de Yucatán, que fue acompañado de una Constitución federalista propia muy avanzada pero que no duró más que una década. A las guerras internas se sumaron también las rebeliones indígenas en el norte y sur del país, provocadas por las pérdidas de tierras, el aumento de impuestos y la falta de control gubernamental. La más notoria fue la llamada *guerra de castas* una exitosa rebelión de los mayas que tomaron durante una década la península de Yucatán. Fue tan grave que si en 1847, año del inicio de la guerra, la península tenía más de medio millón de habitantes diez años después tenía 300 mil. La guerra de castas fue un factor clave para que Yucatán retornara a México. Los mayas finalmente se refugiaron durante un siglo en las selvas del estado del vecino territorio de Quintana Roo.

La Constitución de 1856 marcó el triunfo del proyecto federalista y del partido liberal en México de una manera que parecía definitiva. La presidencia de la república la ocupaba un indio de Oaxaca, mostrando el cambio que ya experimentaba el orden social en el país. Se llamaba Benito Juárez. El triunfo del proyecto liberal parecía definitivo. Se vio fortalecido por un conjunto de leyes expedidas entre 1855 y 1863 llamadas las Leyes de Reforma, que entre otras cosas separaban totalmente a la iglesia del Estado. Las más importantes se incluyeron en una modificación a la Constitución liberal de 1857. México se volvía definitivamente liberal, laico y republicano. Pero Estados Unidos no era la única potencia imperial interesada en aprovechar la debilidad que las luchas internas provocaron en México. La Francia imperial de Napoleón III, que se había nombrado emperador en 1852 haciendo retornar a ese país a la monarquía, también estaba interesada en extender sus colonias en América. Ante esto y conocedores del interés de Napoleón III, algunos miembros del partido conservador entraron en contacto con los franceses y los convencieron, o más bien se convencieron mutuamente, de que México podía volverse colonia de Francia.

Napoleón III entró en contacto con un príncipe disponible, Maximiliano de Habsburgo, y lo convenció de aceptar la corona de México, en parte con el consejo de la esposa de Maximiliano, Carlota Amalia, Archiduquesa de Austria. Napoleón III le otorgó a Maximiliano la ayuda del ejército francés e invadió México en enero de 1862. Comenzó así en México el período llamado *La invasión francesa o El Segundo Imperio*, que duró cinco años, de 1862 a 1867. Los franceses fueron derrotados y las tropas se retiraron también para participar en la guerra franco-prusiana, lo que evitó para México un conflicto más prolonga-

CAPÍTULO 2   LOS ORÍGENES: POBLAMIENTO Y NACIÓN

Observatorio astronómico en Chichén Itzá

do. Maximiliano fue fusilado y Benito Juárez restauró la república en julio de 1867. Entonces sí fue el triunfo definitivo del liberalismo en México, lo que no evitó que nuevas pugnas y guerras surgieran ahora entre liberales con distintos intereses.

El país estaba en quiebra y había muchos grupos armados interesados en obtener el poder. Juárez se reeligió en 1871, lo que generó mucha inconformidad entre los generales que habían combatido a los franceses y esperaban obtener la oportunidad de ser presi-

Jeroglíficos mayas

37

dentes. Uno de los más destacados en la guerra se llamaba Porfirio Díaz. Díaz se levantó en armas contra la reelección de Juárez en 1871 con el llamado *plan de la Noria* pero fue derrotado. Juárez murió al año siguiente, en 1872, y de la disputa por el poder presidencial salió victorioso Sebastián Lerdo de Tejada. Al cumplir su período presidencial Lerdo intentó reelegirse en 1876, pero Díaz se levantó en armas por segunda ocasión con el llamado *plan de Tuxtepec* y esta vez tuvo éxito. Díaz se hizo presidente de México en 1876 bajo el lema de "no reelección". Lo que no cumplió, pues después de su primera relección en 1884 se reeligió de manera ininterrumpida durante treinta años, hasta 1910.

CAPÍTULO 3

LA MODERNIDAD: DEL PORFIRIATO AL FIN DE UN PROYECTO NACIONALISTA

EL PORFIRIATO: 1876 – 1911

A estos años de gobierno de Porfirio Díaz se les conoce como *el Porfiriato*. Díaz recibió un país en desorden político y quiebra económica. Con mano dura y bajo el lema de "poca política y mucha administración" se dedicó a ponerlo en orden. Esto significó represión pero también modernización de toda la infraestructura de caminos, una mayor eficiencia de la burocracia y la administración pública, un mejor sistema fiscal y una mayor presencia de México en la economía mundial. Los capitales extranjeros aumentaron, no sólo estadounidenses sino también ingleses y franceses, entre los más importantes. La Banca extranjera dotó de crecientes préstamos al gobierno mexicano. Los bancos en México a su vez se volvieron más efectivos y también modernizaron el sistema crediticio del país. México inició un proceso de industrialización volcado a su creciente mercado interno y las ciudades comenzaron a crecer. La incipiente industria petrolera con inversión extranjera también se desarrolló y los pozos petroleros se empezaron a multiplicar.

También se multiplicó la inversión extranjera, que pasó de 100 millones de dólares en 1880 a 3500 millones en 1910. Bancos, ferrocarriles, minas y petróleo eran el campo privilegiado de inversión para los extranjeros. El monto invertido de las compañías estadounidenses pasó de 30 a mil millones de dólares, el de las inglesas de 9 a 90 millones de libras esterlinas, el de las francesas de 15 a 1700 millones de francos en esos treinta años. La producción de muchos sectores se incrementó. El valor de la producción de cobre pasó de un cuarto de millón a 32 millones de pesos, el país que siempre fue uno de los grandes productores de plata del mundo triplicó su volumen de producción y la producción de henequén en Yucatán pasó de 3000 a un millón de pacas anuales. En el período México aumentó sus exportaciones un 600%. En realidad el porfiriato fue en parte la realización de los principios de una economía liberal. Creció abriéndose a la inversión extranjera y orientándose al sector exportador y para ella pudo modernizar su tecnología productiva y sus sistemas de transporte.

La expansión de la red de ferrocarriles fue uno de los fenómenos más llamativos del porfiriato. Cuando Díaz tomó el poder en 1876 México tenía 580 km. de vías férreas. En 1910 había 24 mil 300 km. Esto favoreció la exportación a los Estados Unidos que estaba en plena expansión económica en esos años. En 1910 el 70% de las exportaciones eran hacia ese país, iniciándose desde entonces la profunda dependencia de la economía mexicana al mercado norteamericano que continúa hasta el día de hoy. El sistema bancario del país se institucionalizó con la creación de una Banca central y los primeros bancos emisores de billetes con validez nacional. En 1889 se emitió la

CAPÍTULO 3   LA MODERNIDAD: DEL PORFIRIATO AL FIN DE UN
PROYECTO NACIONALISTA

Ley de Instituciones de Crédito y en 1899 se creó la Banca central del país. Los bancos más importantes eran el Banco de Londres y México y el Banco Nacional Mexicano. Se contaba con sucursales de los principales bancos en las capitales de los estados más importantes del país. Las economías regionales más fuertes como las de Monterrey, Yucatán y Jalisco, entre otras, contaban con sus propios bancos.

Las capitales de los estados más ricos pero en especial la Ciudad de México se transformaron en esos años. La capital se llenó de avenidas, jardines y mansiones. Se hicieron parques, se tendió alumbrado público, se abrieron drenajes, se pavimentaron calles, se construyeron banquetas. La modernidad se instaló pues comenzó a usarse la luz eléctrica y el agua entubada. Las primeras líneas telefónicas empezaron a instalarse a fines del porfiriato. Las líneas telegráficas unían gran parte del país. Llegaron las salas de cine que era ya popular en 1910. Las instituciones de la salud, la represión y la educación mejoraron su infraestructura, pues se construyeron modernos hospitales, manicomios y cárceles. El ejército también mejoró su armamento, su sueldo y abandonó la costumbre que tuvo a lo largo del siglo XIX de levantarse en armas. Díaz conocía a su gente y además de unificar el ejército a lo largo del país cuidó de que sus Generales pudieran participar de los negocios en marcha. Pero además el ejército estaba orientado hacia la represión y la seguridad interna, pues México no tuvo guerras con ninguna nación extranjera en esos años.

Gran parte de esta modernización productiva se logró mediante la acumulación de tierras y la creación de latifundios. La *Hacienda* se volvió la unidad productiva más importante en este período. La mayor parte de la producción que se realizaba en las haciendas precisaba de grandes superficies de tierra, por lo que muchos hacendados se volvieron también latifundistas. Parte de las haciendas eran tradicionales y no innovaron mucho su producción, sobre todo si producían para el mercado interno alimentos o bienes de consumo. Pero otras en cambio fueron unidades empresariales innovadoras que introdujeron o crearon nuevas tecnologías, en especial si su producción se orientaba al mercado externo. De cualquier manera, la acumulación de tierras fue una de las marcas del porfiriato. En el norte del país familias como Creel o Terrazas llegaban a poseer hasta siete millones de has; en Oaxaca un propietario tenía dos millones, en Baja california cuatro personas poseían 11 millones y medio de has. Eso significaba miles de comunidades de campesinos e indígenas despojados de sus tierras, trabajando por lo general en las haciendas por muy poco dinero y en pésimas condiciones. Los trabajadores agrícolas fueron los que en gran medida pagaron con su trabajo la modernización del porfiriato.

Hacia 1910 México tenía una población de 13 millones 607 mil 354 personas, según el censo de ese año. El 29% eran habitantes urbanos y el resto rurales. Alrededor de 9 millones eran campesinos, la mitad de ellos indígenas. Se calcula que los salarios iban de 25 a 30 centavos diarios, lo que alcanzaba normalmente sólo para comer. Las condiciones y salarios variaban a lo largo del país. Eran mejor en el norte y empeoraban conforme se avanzaba hacia el sur. En las ciudades y los pueblos grandes las condiciones de vida mejoraban y se había creado una incipiente clase media urbana, así como un proletariado y un segmento también fuerte de pobres pero la mayor parte de la población de México era rural y estaba empobrecida. Se calculaba que entre el 80% y el 90% de la población podía ser considerada pobre. Aunque la educación había mejorado y parte de la población tenía acceso a escuelas en las ciudades, pueblos grandes y algunas haciendas,

CAPÍTULO 3   LA MODERNIDAD: DEL PORFIRIATO AL FIN DE UN PROYECTO NACIONALISTA

9 millones de mexicanos, las dos terceras partes de la población, seguía siendo analfabeta en 1910.

Pirámide del adivino en Uxmal

La reelección constante de Díaz fue generando una gran inconformidad política sobre todo en las nuevas élites y grupos de clase media, que como producto de la bonanza económica ahora eran más ilustradas, estaban abiertas a las ideas políticas del extranjero y eran más ambiciosas. El juego político de Díaz se fue agotando e incipientes partidos políticos empezaron a hacer su aparición reclamando más espacios de poder. Las ideologías anarquistas, socialistas y comunistas circulaban también, al igual que la formación de sindicatos obreros que reivindicaban mejores condiciones de trabajo. Conforme las haciendas crecían y tenían éxito económico reclamaban más espacio, lo que empeoraba las condiciones de vida de las comunidades campesinas e indígenas, muchas de las cuales veían en peligro incluso sus alimentos. Se creaban las condiciones para reclamar un cambio pues distintas clases sociales, por diferentes razones, estaban inconformes.

El evento que propició el estallido de una revolución fue la elección presidencial de 1910. Díaz había dejado funcionar varios partidos políticos que compitieron en las elecciones presidenciales. Varios eran oficialistas y lo apoyaban en lo que era su séptima reelección y octavo mandato presidencial. A él lo postuló el Partido Nacional Reeleccionista, pero un partido creado en 1909 también compitió en las elecciones captando la inconformidad de muchos grupos. Era el Partido Nacional Anti reeleccionista, que postuló a un nuevo candidato, Francisco I. Madero. Madero era hijo de una de las más grandes y ricas familias de empresarios del norte de México, demócrata convencido y líder de la oposición que bajo el lema de "sufragio efectivo, no reelección" compitió para la presidencia. Con el fraude electoral acostumbrado se le dio el triunfo a Díaz con el 97% de los votos, en tanto que a Madero sólo se le concedió el 0.01%. Además, se le encarceló.

Madero logró salir de la prisión y huyó a Estados Unidos. Posteriormente, el 20 de noviembre de 1910 convocó a una revolución general en México con una proclama que se llamó Plan de San Luis. Fue uno de los documentos más efectivos de la historia de México, pues tuvo un eco generalizado de inmediato y en pocos meses el país que se sentía tan sólido y seguro se encontraba en plena lucha armada. El mismo 20 de noviembre cuatro estados del norte se levantaron en armas; para fin de mes otros tres los siguieron, en marzo de 1911 Emiliano Zapata incorporó tropas campesinas de cuatro estados del sur y en abril, apenas seis meses después de la proclama, en todos los estados del país había grupos revolucionarios. Las batallas fueron ganadas con

CAPÍTULO 3   LA MODERNIDAD: DEL PORFIRIATO AL FIN DE UN
PROYECTO NACIONALISTA

rapidez por los grupos revolucionarios y el 10 de mayo de 1911 Pascual Orozco y Francisco Villa tomaron la importante plaza de Ciudad Juárez, en la frontera con Estados Unidos. Díaz firmó su renuncia el 25 de mayo de 1911 abandonando México con su familia el 31 de mayo. Tenía ochenta años de edad y moriría en Paris en 1915. Pero la revolución apenas empezaba.

Perfil del dios Chaac. Uxmal

LA REVOLUCIÓN MEXICANA: 1911 – 1928

Surgieron distintas Facciones revolucionarias que se fueron enfrentando entre sí los siguientes veinte años, que fue el tiempo que tomo pacificar totalmente al país. En tan prolongado período de tiempo por supuesto que se pueden distinguir distintas etapas. La primera correspondería a los años de mayor intensidad de los enfrentamientos armados, con ejércitos enfrentados, constantes hechos de armas y una profunda inestabilidad política. Podemos datar este período desde la renuncia de Díaz en 1911 a la elaboración y firma de una Constitución nacional que fue aceptada por todos los grupos en conflicto en 1917. En junio de 1911 Madero hace su entrada triunfal en la ciudad de México, en octubre convoca a elecciones que el gana y el 6 de noviembre jura como presidente de la República. Pero los grupos levantados en armas en las diferentes regiones no las habían depuesto, y muchos sintieron que más allá de las elecciones democráticas el nuevo régimen revolucionario debía de hacer cambios más profundos.

En el estado de Morelos Emiliano Zapata que se mantenía como caudillo de los ejércitos del sur se rebela contra Madero el 25 de noviembre de 1911 elaborando el Plan de Ayala. El reclamo de Zapata era que Madero no había cumplido sus promesas agraristas y exigía el reparto de la tierra y la destrucción de los latifundios para entregárselos a los campesinos. Su lema era "La tierra es de quien la trabaja" y "Tierra y Libertad". Zapata controló militarmente varios estados del sur. En marzo de 1912 el general Pascual Orozco también se levantó en armas contra Madero en Chihuahua, en el norte de México.

Sus motivos eran menos generosos que los de Zapata pues estaba resentido porque. Madero no lo nombró Ministro de Guerra ni lo incorporó a su gabinete; en noviembre de 1912 el general Félix Díaz sobrino del presidente Díaz también lo hizo desde Veracruz, en el Golfo de México. Fue encarcelado a los pocos días y desde la cárcel continuó conspirando contra Madero.

En febrero de 1913 Félix Díaz escapa de la cárcel y en unión de los generales Manuel Mondragón y Bernardo Reyes se alzan en armas en la Ciudad de México contra Madero. Hay diez días de sangrientas

CAPÍTULO 3   LA MODERNIDAD: DEL PORFIRIATO AL FIN DE UN PROYECTO NACIONALISTA

luchas en la ciudad conocidos como "La Decena Trágica". Los insurrectos logran que el jefe militar de Madero, el General Victoriano Huerta, lo traicione. Con la ayuda de Huerta el presidente Madero y su vicepresidente Pino Suarez son tomados prisioneros y asesinados. El General Huerta se convirtió entonces en presidente de México ese mismo mes de febrero. Pero el resto del país no lo aceptó. En el sur Emiliano Zapata continuó su lucha agraria, ahora contra Huerta.

En marzo dos nuevos generales se unieron a la revolución contra Huerta en el norte del país, Venustiano Carranza y Álvaro Obregón, quienes organizan un poderoso Ejército Constitucionalista, llamado así porque su objetivo era reponer el orden constitucional roto por el golpe de Estado de Huerta. En septiembre de 1913 Francisco Villa también se levanta en armas contra Huerta y forma otro ejército, la División del Norte, que se une al Ejército Constitucionalista. Así, el año de 1913 cierra con cuatro grandes jefes revolucionarios luchando en distintas partes del país. Esos líderes serían los nombres más importantes de la revolución mexicana los próximos años.

De enero a julio de 1914 los ejércitos revolucionarios propinan varias derrotas a las tropas del gobierno de Huerta quien dimite y huye del país en julio. En agosto Carranza llega a la Ciudad de México y toma el poder como comandante provisional. Las distintas fuerzas revolucionarias tratan de llegar a un acuerdo a través de una asamblea llamada La Convención. Solicitan a Carranza que entregue el poder. éste se niega, abandona México y establece un gobierno provisional en Veracruz. En diciembre la División del Norte de Francisco Villa y el Ejército del Sur de Emiliano Zapata toman la ciudad de México. Sus tropas, en especial las de Villa alimentan un nuevo ejército, el Ejercito Convencionista. De enero a junio de 1915 las tropas del Ejército

Francisco Villa al frente de la División del norte

Constitucionalista al mando de los generales Carranza y Obregón se enfrentan a las del Ejército Convencionista de Villa y Zapata. Finalmente, Carranza y Obregón ganan las principales batallas y Venustiano Carranza queda como el hombre fuerte de la revolución desde julio de 1915. Villa y Zapata quedan aislados pero mantienen el control de sus respectivas regiones.

 Venustiano Carranza convoca a la elaboración de una nueva Constitución de los Estados Unidos Mexicanos que finalmente es aprobada por representantes de todo el país el 5 de febrero de 1917 y el primero de mayo de 1917 Carranza es nombrado presidente Constitucional de México, bajo la Constitución que aún hoy rige al país. Muchos dan por terminada aquí la revolución mexicana. Pero la violencia no había acabado pues Carranza como presidente siguió combatiendo a Villa y a Zapata. Zapata continuó en el sur, en el estado de Morelos como líder absoluto, su ejército llegó a contar con 15 mil hombres y mantuvo una exitosa guerra de guerrillas hasta que fue as-

CAPÍTULO 3 LA MODERNIDAD: DEL PORFIRIATO AL FIN DE UN PROYECTO NACIONALISTA

esinado el 10 de abril de 1919 en la hacienda de Chinameca, en una emboscada autorizada por Carranza. Su reparto agrario, su preocupación por los campesinos pobres y su propia honestidad personal lo hizo un mito en vida, que creció aún más con su muerte, volviéndose el líder más apreciado de la revolución mexicana.

Cuando en 1920 Carranza terminó su presidencia quiso imponer a un civil como su sucesor, pero Álvaro Obregón, el general que lo había ayudado todo el tiempo, esperaba ser presidente. Al no nombrarlo Carranza como su candidato Obregón se levantó en armas y lo desconoció, y con ayuda de otros generales como Plutarco Elías Calles y Adolfo de la Huerta lanzó el Plan de Agua Prieta para tomar el poder. Carranza abandona la Ciudad de México pero es asesinado en el vecino estado de Puebla el 21 de mayo de 1920. En junio el Congreso nombró Presidente provisional a Adolfo de la Huerta, quien pactó la paz con Villa y logró que dejara las armas. De la Huerta convocó a elecciones que fueron ganadas por Álvaro Obregón quien tomó posesión como Presidente de México el 1 de diciembre de 1920 y lo fue hasta noviembre de 1924. Como Presidente Obregón tuvo como hombres de confianza al propio Adolfo de la Huerta y a Plutarco Elías Calles.

Obregón se consolidó como hombre fuerte de México y empezó a eliminar obstáculos en el camino. El mayor líder rebelde vivo era Francisco Villa. Este fue asesinado en su hacienda el 20 de julio de 1923. En 1924 era claro para todos que Obregón iba a nombrar como su sucesor a Plutarco Elías Calles. Pero Adolfo de la Huerta esperaba ser el próximo presidente. Frustrado por la futura postulación de Calles se levantó en armas pero fue derrotado en marzo de 1924 y abandonó el país. Plutarco Elías Calles fue el candidato oficial, ganó las elecciones y fue nombrado presidente de México el primero de diciembre de 1924 gobernando hasta 1928, bajo la influencia de Álvaro Obregón. En 1928 Obregón quiso volver al poder, después de todo era el verdadero poder tras el trono y logró que Calles lo nombrara candidato a la Presidencia. En las elecciones realizadas en julio de 1928 ganó por amplio margen, pero antes de que tomara posesión fue asesinado por un fanático religioso llamado León Toral en una comida dada en su honor el 17 de julio de 1928. Su muerte dejó el camino libre para que Calles se consolidara como el nuevo hombre fuerte de México. La revolución terminaba.

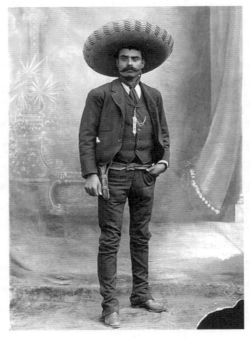

Emiliano Zapata General de los ejércitos del sur

CAPÍTULO 3 LA MODERNIDAD: DEL PORFIRIATO AL FIN DE UN PROYECTO NACIONALISTA

《Cuántos muertos dejó la revolución mexicana》 Comparando los censos de 1910 y 1921 el número de muertos se calcula entre un millón y dos millones de personas. Dado el tamaño de la población de México sería cercano al 10% de su población total. Claro que esta cifra incluye no sólo a los muertos directamente en combate sino también a los emigrados y los que murieron por hambrunas y enfermedades. Tan sólo los muertos en México por la pandemia de gripe española que recorrió todo el mundo entre 1917 y 1918 se calcula en 400,000 personas. No supera por supuesto los de otras grandes revoluciones de inicios del siglo XX como la rusa (donde tan sólo en combate murieron un millón 700 mil personas) y la china, pero la población de ambas naciones era mucho mayor por lo que el impacto demográfico en México fue muy importante. Cálculos demográficos más recientes realizados por los demógrafos Manuel Ordorica y José Lezama (Conapo, 1993) ofrecen cifras más precisas: 1.4 millones de muertos por todas las causas, 400,000 emigrados, 1.1 millones de nacimientos frustrados por descenso de la tasa de natalidad y medio millón de personas mal contadas por error de los censos de la época. En total la revolución afectó directamente la vida de 3.4 millones de mexicanos, casi la cuarta parte de la población.

Los cambios políticos fueron profundos pues las viejas élites porfiristas dejaron de tener el poder aunque algunas antiguas familias conservaron sus riquezas y propiedades, sobre todo si no estaban relacionadas con el campo. Los más afectados fueron los terratenientes y los hacendados con la Reforma Agraria, pues la revolución mexicana si repartió gran parte de las tierras de las haciendas a las comunidades campesinas e indígenas, creando unidades productivas llamadas *ejidos*, que podían ser colectivos o individuales, donde los campesinos podían cultivar, heredar o usar las tierras pero no venderlas. De cualquier manera, la productividad del campo se derrumbó y aun con las tierras en su poder los campesinos e indígenas siguieron en la pobreza. La revolución abrió el gobierno y el poder a una nueva clase media, cuyo número aumentó gracias a ella y que a través de puestos en la administración pública y mediante la construcción de redes sociales y de alianzas logró movilidad social. Los políticos de mayor nivel entraron al mundo de los negocios para volverse en las siguientes generaciones los empresarios y nuevas élites de México. El salario de los obreros sí tendió a aumentar, al igual que el pago por el trabajo en las ciudades, sobre todo en comparación con los que ganaban los campesinos. Pero los salarios eran insuficientes para mitigar la pobreza, que de cualquier manera se mantenía muy alta tanto en el campo como en la ciudad.

Mujeres revolucionarias

CAPÍTULO 3   LA MODERNIDAD: DEL PORFIRIATO AL FIN DE UN
PROYECTO NACIONALISTA

EL MAXIMATO: 1928 – 1934

Una vez muerto Obregón quedó claro que la reelección era una mala bandera en México. Una que atraía las balas. Como presidente todavía en funciones por algunos meses, hasta el 1 de diciembre de 1928, Calles tomó el control de las bases políticas del país que se aglutinaron en torno a su persona.

Aprovechó el asesinato también para eliminar enemigos políticos y colocar a sus hombres de confianza en puestos claves. Tras el asesinato recalcó en un discurso que se entraba a una nueva etapa política en México, que era el fin de los caudillos y el inicio de las instituciones. La segunda parte fue cierta, pues asistimos desde ese momento a la institucionalización del Estado mexicano y a la creación de una gran cantidad de instituciones políticas y gubernamentales. La más importante fue la creación de Partido Nacional Revolucionario, PNR, el 4 de marzo de 1929. Manejado por Calles el PNR institucionalizó la revolución y obligó a todas las partes en conflicto a ser miembros del partido. Su control sobre la vida política aumentó.

Pero el fin de los caudillos no se pudo ver sino hasta que se eliminó al propio Calles. Su influencia política al dejar la presidencia en 1928 era tal que fue llamado *jefe máximo de la revolución*. De allí que esta etapa se conozca como Maximato. En efecto Calles no intento reelegirse pero manejó la política de tal manera que controló a los tres siguientes presidentes de México. Arregló que se nombrara a Emilio Portes Gil como presidente interino de México para cubrir el lugar de Obregón y el permaneció como Secretario de Guerra en su gabinete, controlando al ejército. Aunque Portes Gil había participado en los movimientos de la revolución era abogado y político y fue el primer presidente mexicano que no fue militar en el siglo XX. La revolución comenzaba a civilizarse. Su mandato duró del primero de enero de 1928 al 5 de febrero de 1930. El evento más importante de su administración fue la organización de las elecciones presidenciales a fines de 1929. Contendieron un candidato impuesto por Calles, el Ingeniero Pascual Ortiz Rubio, primer candidato lanzado por el PNR a la presidencia y en la oposición un intelectual y educador de gran prestigio, José Vasconcelos.

La campaña estuvo plagada de fraudes y violencia contra Vasconcelos y, pese a que se cree que el ganó verdaderamente las elecciones el triunfo se le otorgó a Ortiz Rubio, quien fue nombrado presidente de México del 5 de febrero de 1930 y duró hasta 1932, cuando pidió licencia para separarse del cargo en el que debió haber permanecido hasta 1934. Hasta la fecha es el último presidente de México que no ha cumplido el período para el que fue electo. La razón de su renuncia se debió al control que Calles seguía ejerciendo sobre su administración, incluso nombrando miembros de su gabinete. Pese al poco tiempo que estuvo en el poder en su mandato se tomaron importantes iniciativas. México ingresó a La Liga de las Naciones, en materia diplomática se estableció la Doctrina Estrada que dice que México no juzga ni interviene en la forma de gobierno de otras naciones, y reconoció a la nueva República Española. Se dictaron leyes como la Ley Federal del Trabajo, la Ley de Crédito Agrícola y un nuevo Código Penal. Fue notable la ampliación de la red telefónica y de las carreteras.

Ortiz Rubio entregó la presidencia a otro hombre manejado por Calles, Abelardo L. Rodríguez, con amplia trayectoria como militar y

CAPÍTULO 3   LA MODERNIDAD: DEL PORFIRIATO AL FIN DE UN
PROYECTO NACIONALISTA

político. Abelardo L. Rodríguez fue presidente interino de 1932 a 1934 para completar el período de Ortiz Rubio. Aunque en lo político fue manejado por Calles el país siguió avanzando en su modernización y creación de instituciones. Se estableció el salario mínimo al trabajo, el control de cambios de moneda extranjera se entregó a la Banca del Estado que era el Banco de México, se aprobó la Ley Orgánica de la Universidad Nacional Autónoma de México y se concluyó e inauguró el Palacio de las Bellas Artes en la capital del país. Después de cambiar el período presidencial de 4 a 6 años, convocó a elecciones presidenciales en 1934 y fue nombrado otro recomendado por Calles y postulado por el PNR; el general Lázaro Cárdenas, quien se había destacado en las luchas revolucionarias. Cárdenas ganó con facilidad las elecciones con el control que el PNR tenía de todo el proceso electoral y tomó posesión como presidente de México el primero de diciembre de 1934.

Jaguar

EL CARDENISMO: 1934 – 1946

Lázaro Cárdenas no fue el discípulo fiel que esperaba Calles. A diferencia de sus predecesores tenía una gran influencia entre los gen-

55

erales mexicanos por su larga y destacada trayectoria en la revolución y también había sido Presidente del PNR y Secretario de Guerra. Desde el principio marcó su distancia con Calles y cuando éste se volvió peligroso lo exilió del país. Acabó con el Maximato de un golpe: el mismo día que detuvo y metió en un avión a Calles para enviarlo a Estados Unidos expulsado de México, cambio todos los mandos militares del país poniendo a gente de su confianza. Más difícil fue sacar a los afines a Calles del PNR y de las gubernaturas de los estados, lo que hizo poco a poco. En 1938 disolvió el PNR y creo otro partido de Estado, el Partido de la Revolución Mexicana, PRM. Cárdenas guardaba una diferencia con sus predecesores. Era un socialista convencido. Inició una serie de reformas que en muchos sentidos fueron la continuación desde el gobierno de los objetivos de la revolución.

Realizó la reforma agraria más profunda que México haya conocido, pues si todos los gobiernos revolucionarios anteriores habían repartido 7.6 millones de has, en tan sólo seis años Cárdenas repartió 17.9 millones de has a 770 mil familias campesinas. Llevó la reforma agraria a regiones cuyos cultivos de plantación que requerían grandes extensiones para funcionar la habían impedido; como Yucatán dedicado al cultivo del henequén y La Laguna donde se sembraba algodón. Repartió la tierra en grandes extensiones y formó ejidos colectivos para trabajarla. Inauguró una política de masas acercándose a los trabajadores y sindicatos. Los sindicatos de trabajadores que tenían una ideología socialista y comunista fueron agrupados en una central única de trabajadores, la Confederación de Trabajadores Mexicanos, CTM, controlada por líderes históricos como Vicente Lombardo Toledano y Fidel Velázquez. La CTM fue afiliada al PNR en 1936 y a su partido sucesor el PRM en 1938. Los ejidos con sus cientos de miles de ejida-

CAPÍTULO 3   LA MODERNIDAD: DEL PORFIRIATO AL FIN DE UN
PROYECTO NACIONALISTA

tarios fueron agrupados en una Confederación Nacional Campesina, CNC, que también se afilió al partido oficial en 1938. Los empresarios también fueron agrupados en Cámaras empresariales por sector y también afiliados al partido. Desarrolló pues una política de masas corporativista y populista, donde el partido político del Estado era la institución más fuerte del país y la que regía su vida política. La doctrina del nuevo partido aceptaba la lucha de clases y su lema era "por una democracia de trabajadores". Al controlar el presidente el partido perfeccionó el presidencialismo mexicano, un sistema donde el presidente decide la vida política del país y nombra a su sucesor. Durante su período duplicó el número de escuelas, hospitales y kilómetros de carreteras del país. Cuidó del pasado prehispánico y creo el Instituto Nacional de Antropología e Historia para proteger el patrimonio arqueológico de México, así como una escuela de estudios superiores para trabajadores, el Instituto Politécnico Nacional. Construyó también escuelas de agronomía y de oficios varios. Cárdenas transformó a México desde el interior del sistema político.

También se le recuerda por la ayuda que prestó al gobierno democrático y socialista de la Segunda República Española cuando cayó frente al fascismo de Franco en 1939, pues envío barcos a recoger a la mayor cantidad posible de ciudadanos y republicanos españoles para darles asilo diplomático en México. Se recibieron entre 20 mil y 25 mil personas de 1939 a 1942 y México rompió relaciones diplomáticas con España en 1939, al derrocar Francisco Franco al gobierno de la República Española. Cárdenas también nacionalizó la red de ferrocarriles, pero el evento por el que se le recuerda más es por la decisión de nacionalizar el petróleo. En efecto México era y sigue siendo un país con grandes reservas petroleras. El petróleo era extraído del subsuelo por compañías extranjeras, aunque en algún momento surgieron algunas compañías nacionales. Por ejemplo, la que en Yucatán formaron de manera efímera Plutarco Elías Calles y el gobernador socialista Felipe Carrillo Puerto en 1921.

Pero las compañías estadounidenses e inglesas eran las que controlaban la extracción y transporte del petróleo. Cárdenas subió los impuestos, las compañías se negaron a pagar más y el gobierno las expropió el 18 de marzo de 1938, en un acto que además tuvo grandes repercusiones emocionales para el pueblo de México, exacerbando su nacionalismo. La expropiación petrolera coronó la ideología del nacionalismo revolucionario y de "México para los mexicanos", ideología que se había comenzado a forjar desde el inicio de la revolución. La explotación de petróleo quedo como derecho del Estado, que formó una compañía propia llamada Petróleos Mexicanos, Pemex, el 7 de junio de 1938. Pemex comenzó a trabajar los campos petroleros una vez que el ejército tomo posesión de ellos. En resumen que Cárdenas fortaleció el presidencialismo paternalista, el corporativismo del Estado, el proteccionismo económico del Estado, la política de masas, el lenguaje socialista, el sistema de partido único, el ejido con la reforma agraria y la ideología del nacionalismo revolucionario. Esas serían las características de México durante el siguiente medio siglo.

Cárdenas dejó la presidencia en 1940. Los interesados en sucederlo eran un socialista radical, Francisco J. Múgica y Manuel Ávila Camacho, un militar moderado que era Ministro de guerra. Ambos hombres de confianza de Cárdenas. Se decantó por este último, ante la sensación de su gabinete de que los cambios del gobierno cardenista habían sido muchos ya y de que el país estaba con mucha presión externa e interna. Se requería moderación. El moderado Ávila Camacho

CAPÍTULO 3   LA MODERNIDAD: DEL PORFIRIATO AL FIN DE UN PROYECTO NACIONALISTA

fue postulado para presidente del país, elecciones que por supuesto ganó y fue presidente de 1940 a 1946. Enfrentó a un mundo sumergido en la Segunda Guerra Mundial, y gobernó bajo la política de la unidad nacional para evitar los peligros de la guerra. Detuvo el reparto agrario, pero la economía mexicana se benefició de la guerra al abastecer de grandes cantidades de materia prima a muy buen precio a los Estados Unidos, cuya máquina de guerra consumía prácticamente todo lo que México producía.

Los negocios prosperaron, hubo empleo y se crearon grandes fortunas y compañías de políticos, que incursionaron en el mundo empresarial. México declaró la guerra a las naciones del eje en 1942 tras el hundimiento de dos de sus buques. Durante este período se amplió aún más la red de carreteras, de telégrafos y correos, se construyeron presas y se modernizó la agricultura, en especial en el norte de México. En lo político se organizó el Sindicato Nacional de Trabajadores de la Educación, SNTE, que agrupó a todos los maestros en una sola organización, misma que se adhirió al PRM. Esto fue de la mayor importancia porque el sindicato de maestros siguió creciendo y se volvió el sindicato más grande de América Latina, lo que dio gran fortaleza al partido. Uno de los logros más importantes de este gobierno fue la creación del Instituto Mexicano del Seguro Social, IMSS, institución que pese a no tener una cobertura universal ha permitido acercar la atención médica y la jubilación a parte de los trabajadores mexicanos. La hegemonía del grupo gobernante se demostró transformando el Partido Revolucionario Mexicano, PRM, en un nuevo partido gobernante llamado ahora Partido Revolucionario Institucional, PRI, el 19 de enero de 1946. Manuel Ávila Camacho terminó su presidencia en 1946 y el PRI nominó para sucederlo al abogado Miguel

Alemán Valdés, quien fue nombrado presidente de México para el periodo 1946 – 1952.

Xoloizcuintle o perros aztecas

EL MILAGRO MEXICANO Y EL DESARROLLO ESTABILIZADOR: 1946 – 1970

Con el PRI y Miguel Alemán una nueva generación de políticos llegó al poder en 1946. Civiles sin experiencia en la revolución y con una nueva mentalidad empresarial y capitalista. Se cerró el ciclo de los presidentes militares y se abrió el de los abogados y universitarios. Modernización fue la palabra clave. Parte del mundo occidental creció económicamente después del horror de la Segunda Guerra Mundial a partir de 1950, con los procesos de reconstrucción nacional. Estados Unidos vivió años de bonanza, por lo que las demandas en el mercado norteamericano de productos mexicanos aumentaron, así como sus inversiones en México. Pero la secuela de la guerra dejó para México un nuevo modelo de crecimiento, el de Industrialización por Substitución de Importaciones, llamado ISI. En efecto durante la guerra México tuvo que desarrollar una industria propia volcada al mercado interno para substituir los productos industrializados que ya no se podían importar.

CAPÍTULO 3   LA MODERNIDAD: DEL PORFIRIATO AL FIN DE UN PROYECTO NACIONALISTA

Esto amplió el mercado interno, pues con el alto precio que tuvieron las materias primas mexicanas durante la guerra más personas aumentaron su poder adquisitivo. México entonces empezó un proceso de crecimiento hacia adentro. Las ciudades aumentaron su tamaño y población y los corporativos obreros y sindicatos afiliados al Partido en el poder tuvieron más prestaciones. Hubo crecimiento económico sostenido de la mano de un Estado que manejó su comercio de manera proteccionista, e internamente intervino y controló muchos de los factores económicos sin dejarlos de mano del mercado estableciendo los precios de muchos productos y de los salarios. En estos años se inició lo que después fue llamado "el milagro mexicano", un largo período de crecimiento económico que se extendió hasta 1970. El país se industrializó y la inversión del estado en infraestructura fue creciente. Aumentó la extensión de la red de carreteras, floreció la industria automotriz, la producción de electrodomésticos y se fomentó el turismo, en especial en los puertos de Acapulco, Mazatlán y Cozumel. La imagen y la industria turística de México crecieron. También se introdujeron modernos sistemas de riego en muchas regiones del país.

La política de Miguel Alemán fue empresarial y capitalista favoreciendo y dando seguridades a la propiedad y a la inversión privada. Con él tomó el poder una segunda generación de políticos, los llamados "cachorros de la revolución", como los llamó el líder obrero Vicente Lombardo Toledano. Fueron políticos que también se volvieron empresarios y aprovechando las inversiones del Estado hicieron grandes negocios y crearon poderosos grupos empresariales. En muchos sentidos se inició la marcha atrás del proyecto cardenista. El partido en el poder dejó de hablar de la lucha de clases y empezó a propugnar por las alianzas entre obreros y empresarios. Hubo reparto agrario pero se privilegió ahora la pequeña propiedad privada. El gobierno acercó y repartió prebendas a los líderes sindicales, apoyándose en la Confederación de Trabajadores Mexicanos, CTM, y en su líder Fidel Velázquez para desarrollar una política anti obrera, reprimiendo y obstaculizando los movimientos de huelga. Como en las ciudades crecieron los sectores de comercio y servicios, el gobierno creó la Confederación de Organizaciones Populares, CNOP, como un nuevo corporativo que aglutinó en torno al partido a los trabajadores urbanos que no eran obreros industriales y que sumó a la CNC y a la CTM, de campesinos y obreros.

México se modernizó y volvió más capitalista y empresarial, el crecimiento mejoró al país pero benefició en especial a la clase gobernante y a los grandes empresarios, que por lo general eran sus socios. Se realizaron grandes e importantes obras públicas, como la Ciudad Universitaria en la Ciudad de México. La inversión del gasto público aumentó la deuda externa, que históricamente era muy baja, y llegó en esta presidencia a 346 millones de dólares. El resultado del crecimiento fue también la devaluación del peso frente al dólar, que llegó al 90%. En estos años se inicia un proceso llamado "desarrollo estabilizador", que buscaba un crecimiento sostenido tratando de controlar los indicadores macroeconómicos como la inflación y el déficit. El presidente alemán a través del PRI postuló a Adolfo Ruiz Cortines para el período de 1952 a 1958. Se trataba de un administrador de carrera que gozaba de la confianza del presidente saliente, y que como él era originario del mismo estado, Veracruz.

Ruiz Cortines básicamente continuó la misma política del desarrollo estabilizador. Incrementó la obra pública y construyó caminos,

CAPÍTULO 3 LA MODERNIDAD: DEL PORFIRIATO AL FIN DE UN PROYECTO NACIONALISTA

presas, escuelas y hospitales. Inició la llamada *marcha al mar* para tratar de movilizar el exceso de población del centro de México hacia las poco habitadas costas. Durante estos años se logró el derecho de la mujer mexicana al voto en 1953, se creó el Instituto Nacional de Vivienda para empezar a atender desde el gobierno la necesidad de vivienda popular, un nuevo problema producto del crecimiento de las ciudades. En los ramos de energía hubo avances, pues se creó la Comisión Nacional de Energía Nuclear y también se le dio un gran impulso a la petroquímica diversificando la producción petrolera de México. El principal problema que enfrentó México en estos años fue una gran devaluación en abril de 1954. Pese a ella el crecimiento de México continuó todos esos años.

Para el período de 1958 a 1964 el PRI postuló a Adolfo López Mateos. Se trataba de un abogado con altas dotes intelectuales y fue uno de los presidentes más carismáticos que haya tenido México. El crecimiento del país y la inversión continuaron. Durante su mandato se multiplicó la obra pública y se siguieron construyendo carreteras, escuelas y hospitales. Incorporó a su gabinete a figuras intelectuales como Jaime Torres Bodet y Javier Barros Sierra, y al prestigiado economista Antonio Ortiz Mena al frente del Banco de México. La política económica seguida permitió en general mantener el crecimiento del país y aumentar la inversión privada. Se destacó por fortalecer el Seguro Social y crear el Instituto de Seguridad y Servicios Sociales para los Trabajadores del Estado, Issste, que se volvió el segundo sistema médico nacional. Nacionalizó la industria eléctrica, con lo que el Estado controló las principales fuentes de energía del país. Tuvo una activa y astuta política exterior pues apoyó y reconoció a la revolución cubana hasta 1962, y al mismo tiempo recibió la visita en México de

John F. Kennedy, presidente de Estados Unidos.

Pero su política interior fue dura y represiva. Reprimió con violencia y con cárcel los movimientos sindicalistas de los ferrocarrileros y de su líder Demetrio Vallejo; a los movimientos campesinos como el de Rubén Jaramillo que fue asesinado con toda su familia, y también al movimiento revolucionario del magisterio, cuyos líderes acabaron en prisión. Por otra parte estableció la Comisión Nacional del Libro Gratuito, encargado de editar y dotar libros sin costo a todos los niños de primaria de México, y también permitió que su Secretario de Educación Pública, Jaime Torres Bodet impulsara la creación de grandes museos, como el Museo Nacional de Antropología, el Museo de Arte Moderno y el Museo del Virreinato, a cargo de importantes arquitectos mexicanos como Pedro Ramírez Vásquez. Como vemos López Mateos en realidad más que el artífice era el reflejo de un país y de un sistema político contradictorio, que fluctuaba entre la violencia y la paz, entre la represión y la tolerancia y entre el poder del gobierno y el del capital privado. Esa fue la estrella parpadeante bajo la que México entró a la modernidad.

López Mateos apoyó a su Secretario de Gobernación Gustavo Díaz Ordaz para que el PRI lo postulara a la presidencia de la república para el período de 1964 a 1970. Se trataba también de otro abogado con carrera política. Su presidencia se destacó por la cumbre de la estabilidad económica de México y por la obtención de sus máximos niveles de crecimiento; y también por la mayor represión efectuada en décadas contra los movimientos populares. Durante su mandato la política económica continuó igual y se alcanzó el mayor nivel de crecimiento del modelo de "desarrollo estabilizador". La inteligente política bancaria de Antonio Ortiz Mena al frente del Banco de

CAPÍTULO 3   LA MODERNIDAD: DEL PORFIRIATO AL FIN DE UN PROYECTO NACIONALISTA

México, la Banca central, permitió mantener la inflación por debajo de un 3% en el período, al igual que evitó grandes devaluaciones. En cuanto a las relaciones internacionales México también se anotó varios éxitos. Promovió el denominado Tratado de Tlatelolco en 1967, en el que los países de América Latina firmaron un acuerdo para prohibir cualquier desarrollo de armas nucleares. También fue la sede de los juegos olímpicos de 1968, en lo que se consideraba la aceptación mundial de que México entraba ya al grupo de países desarrollados; y también realizó el Mundial de Futbol de 1970.

Sin embargo, el país se encontraba inquieto y no sólo el modelo de "desarrollo estabilizador" llegaba a su fin, sino todo el sistema político de partido único autoritario inaugurado después de la segunda guerra mundial se empezaba a desgastar. Una nueva generación reclamaba nuevos espacios políticos y una mejor redistribución del poder y la riqueza. La represión de los movimientos sociales se conocía y se resentía. El sistema de partido único y el presidencialismo mexicano se veían cada vez más lejanos del pueblo. Era claro que la democracia había acabado en un ritual electoral en el que los presidentes nombraban a sus sucesores con una simulación de elecciones, y los actores sociales colectivos como obreros y campesinos se encontraban capturados por el corporativismo del Estado y el sistema de partido único. La juventud no se sentía representada, y en especial en la Ciudad de México se había desarrollado una cultura urbana juvenil vinculada a la educación pública y los barrios pobres que se volvía cada vez más crítica.

Permeaba además una vaga ideología socialista entre los jóvenes y los movimientos estudiantiles de Francia de mayo de 1968 hicieron fuerte eco en México. Más fuerza tenía entonces el ejemplo de la revolución cubana, que mostraba la viabilidad de una sociedad socialista en América Latina. Observamos así la aparición de una nueva cultura de masas urbana inédita en México, que facilitó que permeara un mensaje de oposición al gobierno entre miles de personas de distintas clases sociales, pero principalmente jóvenes universitarios e intelectuales que convivían en una ciudad sobre poblada. De esta manera lo que comenzó como la inconformidad pública por la represión exagerada de la policía a una pelea entre estudiantes de dos escuelas preparatorias, creció y en pocos meses se convirtió en un movimiento popular que sumó a todo tipo de actores políticos inconformes con el régimen.

Atrajo en especial a los sindicatos, organizaciones y partidos políticos de izquierda; agrupando a socialistas, comunistas, anarquistas, maoístas, castristas y trotskistas. Hubo espacio para todas las ideologías pero el mayor liderazgo surgió de 21 líderes universitarios que formaron un Consejo Nacional de Huelga, CNH. Eran representantes de las principales universidades como la Universidad Nacional Autónoma de México, UNAM, el Instituto Politécnico Nacional, IPN, El Colegio de México, La Universidad Iberoamericana, la Universidad Lasalle y otras del interior del país. Algunos líderes destacados fueron Pablo González, Marcelino Perelló, Luis González de Alba y Gilberto Guevara Niebla, entre otros. Comunistas y socialistas reconocidos como Heberto Castillo también se les unieron.

La tarde del 2 de octubre el CNH convocó a una huelga general en la plaza de las Tres Culturas del barrio de Tlatelolco de la Ciudad de México que atrajo a cientos de miles de personas y fue reprimida duramente por fuerzas paramilitares y el ejército, en una poco clara maniobra de ataque. El saldo fue de un número indeterminado de

CAPÍTULO 3   LA MODERNIDAD: DEL PORFIRIATO AL FIN DE UN
PROYECTO NACIONALISTA

muertos-los cálculos van de 200 a 1500- y miles de detenidos. Se quiso atribuir el movimiento a una conjura comunista interna o al accionar de gobiernos comunistas extranjeros. La realidad es que no se trató de ninguna conjura sino de un movimiento popular que mostraba la inconformidad de una nueva sociedad mexicana. 1968 marcó el principio del fin de la bonanza económica de la posguerra no sólo en México sino en gran parte del mundo. También mostró que México ya participaba en una cultura global. Los juegos olímpicos se efectuaron y no cayó ningún gobierno, pero México cambió después de 1968. El sistema político había perdido legitimidad y necesitaba reinventarse.

El milagro mexicano que se vivió entre 1946 y 1970 permitió el crecimiento y la modernización de México. Podemos reconocer dos épocas en este desarrollo; la primera fue la de un crecimiento hacia adentro ampliando el mercado interno, que duró de 1946 a 1958, y la segunda fue de un crecimiento hacia afuera, buscando aumentar las exportaciones mexicanas, tanto de materias primas como de productos industriales. El resultado fue un crecimiento sostenido con tasas que superaron algunos años el 6% y el 8%, y que duró hasta 1970. Eso fue el llamado "milagro mexicano". El país se industrializó, la sociedad se volvió urbana, los gobiernos fueron civiles, se crearon importantes instituciones de salud, educación y cultura, se multiplicó la infraestructura de todo tipo, la esperanza de vida aumentó y el analfabetismo disminuyó. Se posicionó a México en los foros internacionales y el país se mantuvo políticamente estable. Durante un cuarto de siglo el crecimiento económico fue alto y algunos años el país creció a tasas superiores al 6% y 8% con una inflación y una devaluación controladas.

Pero el "milagro" enfrentó dos problemas: el primero fue que su sistema de redistribución de la riqueza era muy ineficiente e inequitativo. La riqueza del país se concentraba en pocas manos y la población en situación de pobreza en México seguía siendo entre un 60% y un 70%. Cierto que la clase media se había expandido, y si era un 12% en 1946 se acercaba al 20% en 1970 si excluimos como tal a la población que tenía ingresos pero seguía siendo vulnerable por carencias básicas. Pero clase media o no, dos terceras partes de la población participaban poco en el éxito económico del país. El segundo problema del modelo fue el autoritarismo político. Un sistema que si bien aseguraba estabilidad y seguridad también generaba elecciones manipuladas ganadas de manera sistemática por el mismo partido, presidencialismo, prensa controlada, represión selectiva y corrupción política. El sistema político necesitaba renovarse, recuperar legitimidad y eficiencia y cambiar estructuras obsoletas. Y lo hizo. En las elec-

Iguana

CAPÍTULO 3   LA MODERNIDAD: DEL PORFIRIATO AL FIN DE UN
PROYECTO NACIONALISTA

ciones de 1970 el PRI nombró con la aprobación de Díaz Ordaz a Luis Echeverría Álvarez, que hasta entonces era Secretario de Gobernación y que había estado involucrado en la represión de Tlatelolco. Como los anteriores presidentes también era abogado y por sus antecedentes se supondría que hombre de derechas. Lo era pero supo acomodarse a los tiempos, modificó el discurso del gobierno mexicano y pretendió hacer un giro hacia la izquierda inaugurando un nuevo populismo después de que tomo posesión como presidente de México de 1970 a 1976.

EL DESARROLLO COMPARTIDO: 1970 – 1982

El gobierno de Luis Echeverría Àlvarez: 1970 – 1976

El gobierno de Echeverría cambió la forma de hacer política y quiso recuperar la legitimidad pérdida. Inauguró también un nuevo modelo de crecimiento abandonando el Desarrollo Estabilizador y asumiendo que había generado grandes desigualdades. El nuevo modelo que se extendió todavía al gobierno de su sucesor y duró hasta 1982 fue llamado "Desarrollo Compartido". Estuvo marcado por una creciente intervención del Estado en la economía, desplazando a la iniciativa privada de grandes campos de negocios. La estatización de la economía significó la multiplicación de empresas del gobierno en todas las áreas productivas, desde la producción agrícola hasta la industria, el comercio y los servicios. Se multiplico el número y tamaño de las empresas estatales, llegando a ser más de 1000 en todo el país. Primero se intervinieron los sectores que se consideraban estratégicos, como el acero o la producción de alimentos y luego se fue avanzando sobre otros conforme se iba dando la oportunidad de intervenirlos como el transporte o las telecomunicaciones. Se fortalecieron sectores que ya estaban controlados por el Estado, como el petróleo, la electricidad o la telefonía. Se intervino incluso otros en donde la intervención del Estado era ociosa como la producción de ropa.

El eje del crecimiento de México fue el gasto público del gobierno federal, que recurrió para obtener dinero al endeudamiento en dólares con la banca internacional y a los ingresos de la venta de petróleo. El resultado de la estatización fue una creciente pugna con la iniciativa privada y el sector empresarial que llevó incluso al gobierno a efectuar expropiaciones de empresas agrícolas. Los conflictos con las cúpulas y las Cámaras empresariales aumentaron y la tensión política inhibió la inversión privada, por lo que el Estado empezó a realizar mayores préstamos para sostener su modelo de desarrollo. El gobierno empezó a otorgar subsidios a numerosas mercancías y además mantuvo una baja recaudación general de impuestos. Para bajar la tensión política permitió que muchas grandes empresas evadieran impuestos. De esta manera dejó de percibir ingresos por impuestos y por precios de mercado y los obtuvo aumentando sus préstamos en dólares.

Parte de estos préstamos sirvieron para fomentar el gran proyecto turístico de su sexenio, el puerto de Cancún en el mar Caribe, y también para la exploración y el inicio de la explotación del mega campo petrolero "Cantarell" en aguas frente al puerto de Campeche en el Golfo de México. Al aumento en la producción de petróleo producto de los nuevos campos se sumó el sostenido crecimiento del precio internacional del barril de petróleo, a raíz de que los países árabes miembros de la OPEP acordaran una disminución de la producción y un embargo a los países occidentales, en lo que es conocida como la primera crisis del petróleo de 1973. Esto aumentó las divisas que entraron a México por concepto de exportaciones petroleras, al mismo tiempo que lo hizo

CAPÍTULO 3   LA MODERNIDAD: DEL PORFIRIATO AL FIN DE UN PROYECTO NACIONALISTA

un apetecible sujeto de crédito de los bancos internacionales.

El resultado fue una tasa de crecimiento anual durante la década de más de un 6%, muy similar a la del desarrollo estabilizador. A diferencia del anterior período este ritmo de crecimiento se hizo vía deuda pública y con las divisas generadas por la venta de petróleo. La deuda pública tanto externa como interna (por préstamos a la banca privada mexicana) creció a un ritmo del 30% anual. Tan sólo la deuda externa creció a una tasa anual del 32% entre 1969 y 1979, pasó de 43,000 millones de pesos a 680,000 millones y significaba ya el 60% de la deuda total del Estado mexicano en 1980. México seguía creciendo, sí, pero con un modelo económico sumamente riesgoso. Parte del sobre endeudamiento del Estado fue para sostener la compra de dólares del sector privado, que ante el enfrentamiento con el Estado y temiendo una mayor intervención en sus empresas, así como una previsible devaluación, compraba dólares y los sacaba del país para depositarlos en el extranjero.

La devaluación llegó en 1976 y el peso mexicano cambió la paridad de $12.50 por dólar que mantenía desde 1954 y que se sostuvo por 22 años, a un tipo de cambio de $20.00 por dólar. Eso aumentó la fuga de capitales ese año. Por otro lado, el mayor circulante produjo inflación, que fue de un 5% los tres primeros años de la década, pero llegó hasta el 30% en 1977 después de la devaluación. Los salarios mínimos subieron pero lo hicieron a una tasa menor que la inflación, por lo que su valor adquisitivo fue menor y los trabajadores se beneficiaron menos. (Carlos Tello, 2007; Hayashi, s. f.). La otra cara de la moneda fue que en el período hubo empleo. En este modelo en el que el Estado también se volvió empresario se expandieron las ofertas de trabajo para la población.

El crecimiento del sector de la construcción fue constante, así como la infraestructura de transporte en todo el país. Esto aumentó la ocupación para los trabajadores no calificados pero también se multiplicaron las plazas disponibles en la burocracia, pues el sector público creció para administrar las múltiples actividades del Estado. El gobierno de Echeverría aprovechó para recuperar la legitimidad perdida por la crisis de 1968 y dio empleo masivamente al sector que más lo había criticado, los jóvenes universitarios, profesionistas y técnicos, que durante este sexenio ocuparon hasta el 60% de todas las plazas burocráticas que creo el gobierno. Los universitarios y estudiantes tuvieron empleo y un futuro. A los sectores críticos y a los luchadores sociales que se mantuvieron fuera del presupuesto el gobierno los mantuvo apartados de los medios de comunicación o reprimidos, como sucedió con el periodista Julio Scherer quien dejó de ser director de un importante diario nacional, el *Excelsior*.

También reprimió los intentos de guerrilla rural que surgieron al calor de los movimientos guerrilleros comunistas de América Latina, y en especial de la revolución cubana. Grupos guerrilleros como los de Lucio Cabañas y Genaro Vázquez Rojas fueron reprimidos y sus líderes muertos por el ejército. También se reprimió un nuevo movimiento estudiantil en las calles de la Ciudad de México el 10 de junio de 1971, conocida como la *masacre del Jueves de Corpus*, donde grupos paramilitares apoyados por la policía rompieron por la fuerza una manifestación de jóvenes y mataron a 120 personas. Pero si la política interior era selectivamente represiva, la política exterior era cada vez más de izquierda o al menos liberal. De esta manera México reprobó el golpe de Estado que dio Augusto Pinochet al presidente socialista Salvador Allende en Chile. Echeverría, al igual que hizo Cárdenas con

CAPÍTULO 3   LA MODERNIDAD: DEL PORFIRIATO AL FIN DE UN PROYECTO NACIONALISTA

los exiliados de la República Española en los años treinta, estableció un puente aéreo para sacar de Chile a muchos perseguidos políticos y darles asilo y empleo en México. También apareció como líder de las Naciones del Tercer Mundo y se acercó a los gobiernos de los países no alineados y también a China. Rompió relaciones diplomáticas con España cuando el presidente Francisco Franco ejecutó por estrangulamiento a terroristas vascos.

Su política social fue más estructurada que los gobiernos anteriores. Las instituciones y medidas más interesantes que se crearon durante su período fueron el Sistema Alimenticio Mexicano, SAM, y la Coordinación General del Plan Nacional de Zonas Deprimidas y Grupos Marginados, o más sencillamente Coplamar. En 1973 se modificó la ley del Seguro Social para que se diera atención médica a los campesinos que no tenían antes ese cuidado. Se crearon sistemas de crédito para la adquisición de vivienda, el Infonavit, y crédito para la compra de bienes básicos, el Fonacot, con fondos del Estado. El gobierno mexicano transitaba así de una política social meramente asistencialista y de subsidios de precios a otra en la que de manera directa empezaba a combatir la pobreza extrema y el hambre de manera sostenida, así como a aumentar el consumo de ciertos grupos de población de bajos recursos. La efectividad de los programas fue relativa, pero es cierto que los números de pobreza extrema empezaron a disminuir poco a poco en México desde esa época.

El gobierno de José López Portillo 1976 – 1982

Después de cinco años de auge, en el sexto de gobierno estalló la crisis económica de la devaluación y la deuda externa. Esto no quitó fuerza política ni a Echeverría ni al PRI, el partido gobernante, que nombraron a su sucesor sin problemas. Fue de nuevo un abogado,

José López Portillo, quien tomó posesión para el gobierno de 1976 a 1982. El gobierno de López Portillo estuvo marcado por el crecimiento del país, el petróleo, la deuda y al final la crisis. Después de la devaluación de 1976 provocada en gran medida por la fuga de capitales y el descontento empresarial, el nuevo gobierno de López Portillo relanzó un nuevo Plan Nacional de Desarrollo que incluía cuatro programas; la Alianza Para la Producción, el Combate a la Pobreza, el Programa Para la Producción de Alimentos y el Programa de Energéticos. En especial la Alianza Para la Producción y su Programa de Desarrollo Industrial llevaron a un nuevo trato entre gobierno y empresarios, al menos los primeros cinco años en los que aumentó la inversión empresarial el 13%. El último año el enfrentamiento entre los grandes capitales y el gobierno retornaría.

La devaluación de fines de 1976 fue rápidamente superada, pues en 1977 la confirmación de nuevos y gigantescos yacimientos de petróleo en el mar, en la Sonda de Campeche, cambió la situación económica de México y le dio un nuevo respiro al modelo de Desarrollo Compartido. En efecto, las reservas probadas de petróleo pasaron de 6.3 millones de barriles a fines de 1976 a 16,000 millones a fines de 1977 y saltaron a 40,000 millones en 1978, y siguieron subiendo a lo largo del sexenio. México era de nuevo un sujeto de crédito buscado por la banca internacional y el país siguió endeudándose al mismo tiempo que exportaba cada año más petróleo y aumentaba sus reservas. El precio del petróleo subió a lo largo de estos años. Después de la crisis petrolera de 1974 el precio del barril de la mezcla de petróleo mexicana era de 27 dólares y México exportó 5,804,000 barriles por un valor de 37,376,000 millones de dólares. En 1977 cuando López Portillo tomó el poder el precio era de 53 dólares y la exportación fue

CAPÍTULO 3   LA MODERNIDAD: DEL PORFIRIATO AL FIN DE UN PROYECTO NACIONALISTA

73,730,000 barriles con valor de 987,668,000 millones de dólares; en 1982 cuando terminó su presidencia el precio fue de 71 dólares y la exportación de 544,614,000 barriles con un valor de 15,615, 871,000 millones de dólares. Como vemos, el crecimiento de las exportaciones fue exponencial al igual que los millones de dólares que ingresaron al país por concepto de ventas y de préstamos sobre las reservas petroleras, al grado de que el gobierno llegó a plantear que el problema ya no era la pobreza sino como administrar la riqueza.

Riqueza del gobierno fue lo que se vivió durante seis años pues el Producto Interno Bruto del país, PIB, creció al 9% anual, la inversión pública al 13%, la agrícola al 5%, el sector de comunicaciones, construcción y transporte tuvieron un crecimiento de dos dígitos. La pobreza alimentaria bajó del 25% al 22.5% y la pobreza extrema y la desigualdad también bajaron. Pero empezaron a presentarse problemas: la tasa de inflación era muy alta, de hasta el 18% anual y en 1982 llegó al 25%. Los bancos internacionales ofrecieron créditos ilimitados pero las tasas de interés eran mayores cada año, por lo que la deuda pública de México subió de 31.2 mil millones de dólares en 1977 a 51.4 mil millones en 1982. Pero entre 1976 y 1982 precisamente el mundo cambiaba de modelo económico. La crisis y los altos precios del petróleo detuvieron el ritmo de crecimiento de los países capitalistas desarrollados que iniciaron una revolución conservadora y llevaron a sus naciones de un estado de bienestar y un gobierno redistributivo a otro neoliberal, rompiendo las barreras proteccionistas y dejando que los mercados internacionales marcaran las tasas de interés.

Ronald Reagan llegó al poder en Estados Unidos en 1981 y Margaret Thatcher en 1979 al de Gran Bretaña. La Banca internacional empezó a aumentar las tasas de interés de sus créditos, los de ese momento y también los ya otorgados en el pasado. Los principales deudores eran los países menos desarrollados y muchos de América Latina, como México. El alza de las tasas de interés fue enorme. La tasa nominal pasó de 6% al 17% y la tasa Líbor del 7% al 19%. La deuda de México como la del resto de América Latina, por supuesto, se triplicó. El problema del modelo mexicano fue que se operó como si los altos precios del petróleo fueran un factor permanente y el alza de las tasas de interés temporales, cuando a largo plazo lo que sucedió fue lo contrario; los precios del petróleo tendieron a la baja y las tasas de interés permanecieron al alza. Por otra parte, el dinero del petróleo se incorporó al gasto corriente del gobierno y eso fue un factor de inflación. El increíble crecimiento de México de los años del desarrollo compartido se quebró al final de sexenio de López Portillo.

El año de 1982 marcó el límite del modelo y se entró a lo que se llamó *la crisis de la deuda* y también *la crisis del petróleo*. Las causas fueron que los precios del petróleo detuvieron su aumento y las tasas de interés aumentaron más ese año. El pago de la deuda externa ya significaba para México más del 30% de los ingresos por venta de petróleo y seguía subiendo. El Banco Mundial y el Fondo Monetario Internacional otorgaron aún una promesa de préstamo por 1,100 millones de dólares pero ese año sólo otorgó a México 400 firmados en préstamos anteriores. Anunciaron también una reducción de los créditos a futuro pues preveían que el precio de petróleo empezaría a bajar y México ya no podría pagar. Pero México estaba tan endeudado que necesitaba los nuevos préstamos para pagar las viejas deudas. Empezó a una renegociación de la deuda y anunció una moratoria en sus pagos de seis meses, de agosto de 1982 a enero de 1983. Este

CAPÍTULO 3   LA MODERNIDAD: DEL PORFIRIATO AL FIN DE UN PROYECTO NACIONALISTA

anuncio significaba una posible devaluación que se hizo efectiva cuando todos los capitales; pequeños, medianos y grandes, incluidos los propios bancos privados, cambiaron pesos por dólares y los que pudieron los depositaron en el extranjero, principalmente en bancos de Estados Unidos.

La salida de estos capitales hizo efectiva la devaluación, que fue una macro devaluación donde el peso pasó de $22.00 por dólar en enero de 1982 a $149.00 en agosto. El gobierno expropió y nacionalizó la banca privada y los dólares que todavía quedaban en ella, unos 6,000 millones. Pero era demasiado tarde pues se calcula que unos 29,000 millones de dólares ya habían salido del país y se depositaron en el extranjero en ese sexenio. La devaluación del peso frente al dólar hizo impagable la deuda de México pues la multiplicó varias veces. Las tasas de interés internas también se multiplicaron y se detuvo el flujo de crédito y la inversión del capital privado. La economía se paralizó, la inflación se disparó y el desempleo aumentó. El sueño petrolero había terminado y México se encontraba en manos de sus acreedores de la banca internacional. La condición para reestructurar la deuda fue un cambio del modelo económico vigente que aligerara el tamaño de las instituciones del Estado, que el gobierno mexicano se deshiciera de sus empresas y las dejara en manos del sector privado, que la Banca volviera a manos particulares y que se dejara que el mercado y no el Estado marcaran los precios de salarios y productos; es decir que México se uniera al nuevo mundo neoliberal que Reagan en Estados Unidos y Thatcher en Inglaterra ya lideraban.

El siguiente sexenio México empezó el desmantelamiento de su Estado proteccionista y corporativo y comenzó a sentar las bases de un nuevo modelo neoliberal. Se inició básicamente una dependencia al capital financiero internacional, que ahora establecía las bases del crecimiento y del desarrollo. En 1970 la deuda externa de México era de 3,100 millones de dólares; 25 años después, en el 2003, era de 77,400 millones de dólares sin incluir la privada. En estos años el Estado mexicano pagó 368,000 millones de dólares. Más de 100 veces la suma endeudada en 1970. La transferencia neta negativa (es decir que se pagó más de lo que se recibió) fue superior a los 100,000 millones de dólares en ese mismo período. Con el nuevo modelo México perdió la capacidad de decidir sólo su propio modelo de desarrollo y también la capacidad de acumular sus excedentes dentro de sus propias fronteras y sistema financiero.

Flamencos

CAPÍTULO 4

LA CONSTRUCCIÓN DEL NEOLIBERALISMO MEXICANO

Los Cimientos Neoliberales: El Sexenio de Miguel de la Madrid 1982 – 1988

México terminó el año de 1982 en medio de una turbulencia económica y política. La caída en los precios del petróleo, el aumento de la deuda externa del país, la devaluación del peso frente al dólar, la salida de capitales y la nacionalización de la banca dejaron al país extenuado en lo económico y con un fuerte desgaste del poder presidencial. Fueron acontecimientos que se precipitaron en los últimos meses de ese año como herencia del sexenio de López Portillo, anterior presidente de México. Sin embargo el partido gobernante, el PRI, aún mantenía el control sobre el proceso electoral y la vida política del país. Su candidato Miguel de La Madrid Hurtado ganó la presidencia de la república y tomó posesión del cargo el 1o de diciembre de 1982, gobernando hasta el 30 de noviembre de 1988.

Las condiciones del país mostraban ya el límite del modelo de crecimiento económico basado en un fuerte intervencionismo estatal en la vida económica; con un Estado regulador de los precios del mercado, y que con más de un millar de empresas propias denominadas paraestatales era un importante actor económico. Si en lo interno el Estado regulaba la vida económica, en lo externo se mantenía con una política proteccionista con altos impuestos a las importaciones y con fuertes áreas de su economía cerradas a la inversión extranjera. En lo político el corporativismo y el presidencialismo aún le permitían mantener el control de las fuerzas políticas internas y la ideología del nacionalismo revolucionario, aunque cuestionada, seguía sustentando su legitimidad social.

Pero los cuatro "ismos" que sostenían el Estado mexicano (presidencialismo, corporativismo, proteccionismo y nacionalismo revolucionario) y el proyecto de Nación mismo, empezaban a resquebrajarse. Los tiempos estaban cambiando y la crisis nacional era demasiado fuerte. La moneda se devaluaba, la inversión interna y externa disminuía y el desempleo aumentaba. Era claro que el proyecto económico, político y social que había permitido la modernización y el crecimiento de México a través del "milagro mexicano" se había agotado. Tres décadas de desarrollo en base a la política de substitución de importaciones y desarrollo estabilizador, y otros doce años sustentados en la exportación y los altos precios del petróleo habían llegado a su fin. México tenía que buscar nuevos caminos.

En lo exterior el mundo cambiaba, y tanto las sociedades capitalistas como socialistas entraban de distintas maneras a nuevas etapas de globalización. En el mundo capitalista el gobierno de Ronald Reagan en Estados Unidos (1981 – 1989), y el de Margaret Thatcher en Gran Bretaña (1979 – 1990) iniciaron una transformación conservadora que disminuía el poder del Estado y el proteccionismo, y daba un nuevo juego a las fuerzas del mercado inaugurando el desde entonces llamado

CAPÍTULO 4   LA CONSTRUCCIÓN DEL NEOLIBERALISMO MEXICANO

neoliberalismo. En el mundo socialista la Unión Soviética enfrentaba una fuerte ineficiencia en su estructura productiva y una profunda crisis económica que la llevó a modificar su gobierno apenas terminó la era de Brézhnev en noviembre de 1982. Una rápida sucesión de gobernantes en diez años, que fueron Andrópov (1982 – 1984), Chernenko (1984 – 1985) y finalmente Gorbachov (1985 – 1991) culminaron, apenas concluyó el período de este último, con la transformación del antiguo socialismo y la disolución de la Unión Soviética. La República Popular China, por su parte, se adaptó a los cambios nacionales e internacionales elaborando una nueva Constitución el 4 de diciembre de 1982 con la que modernizó con éxito su sociedad y su sistema económico.

Los vientos del liberalismo y la globalización soplaron con fuerza en el mundo en esa década y México los recibió. En los seis años en que fue presidente de la Madrid no se pudieron modificar de raíz las estructuras políticas que fueron la base del viejo modelo de crecimiento, pero en ellos se construyeron los cimientos que permitieron enfilar a México hacia un modelo neoliberal y global en los sexenios siguientes. En medio de crisis y múltiples cuestionamientos de carácter ideológico, el país empezó a mostrar transformaciones en los principales campos de su vida social que prepararon el camino de México hacia la apertura comercial y la globalización mundial en la que se desenvuelve hasta el día de hoy.

La Vida política

El primer campo de modificaciones fue aquel en que el Estado mexicano tenía un control más inmediato: el político. Aunque muchos de estos cambios fueron más de forma que de fondo se sentaron nuevas reglas del juego entre el gobierno, los partidos políticos y los diversos actores sociales en lucha por el poder. Para empezar el propio perfil del Presidente Miguel de la Madrid rompió el molde del tipo de presidente que imperó en México desde la década de los cuarenta; es decir impuesto por el presidente saliente, con una larga carrera política y habiendo pasado por puestos previos de elección popular como candidato del partido en el poder y por lo tanto con una clientela partidista bien establecida. Si bien de la Madrid contó con el apoyo del presidente saliente José López Portillo, no tenía una carrera política previa ni había experimentado algún proceso electoral. Su perfil profesional no era el de un político sino el de un técnico. Con estudios de administración pública y economía, y un posgrado en Harvard, se había desempeñado como Subsecretario de Hacienda y como Secretario de Programación y Presupuesto.

Era un convencido de la necesidad de orientar a México hacia el nuevo liberalismo y la globalización. La profunda crisis y la virtual quiebra económica en que recibió el estado mexicano le permitió tener manos libres para cambiar el rumbo de la nave del Estado. Incluyó en posiciones claves de su gobierno a Secretarios de Estado con un perfil similar: técnicos con formación de posgrado en universidades estadounidenses más que políticos de carrera, y todos ellos convencidos de la necesidad de llevar a México a un escenario global. Cabe destacar entre ellos a algunos que fueron artífices del neoliberalismo mexicano: Jesús Silva-Herzog Flores, (con estudios en Yale); Gustavo Petriccioli (también en Yale), Carlos Salinas de Gortari (estudios en Harvard) que fue el siguiente presidente de México y Pedro Aspe Armella (MIT de Massachusetts), entre los más destacados.

El desempeño de estos personajes, en especial en las Secretarías de Hacienda y Programación y Presupuesto, no sólo empezó a modific-

CAPÍTULO 4   LA CONSTRUCCIÓN DEL NEOLIBERALISMO MEXICANO

ar la estructura económica del país sino que los encumbró en la cúpula del poder tanto del gobierno como del PRI. Esto llevó a un enfrentamiento con los viejos políticos de carrera formados en los cuadros del partido y fogueados en las luchas electorales, personajes que creían más en la negociación política que en las soluciones técnicas o tecnocráticas. Surgieron así en este sexenio dos tipos de personajes dentro del propio PRI: los *tecnócratas* y los *políticos*. Los *tecnócratas* habían ganado la batalla, ya que las viejas soluciones habían sumido al país en la crisis que estaban viviendo. Los *políticos* alejados del centro del poder del Estado crearon un movimiento dentro del PRI, la *corriente democrática*, que no tuvo mayor fuerza dentro del partido por lo que finalmente sus principales líderes lo abandonaron.

Entre los *políticos* que abandonaron el PRI destacaron entre otros algunos que fueron líderes y candidatos presidenciales de la izquierda mexicana los siguientes treinta años como Cuauhtémoc Cárdenas, Porfirio Muñoz Ledo y Andrés Manuel López Obrador. Ellos, junto con los representantes de otros grupos políticos de izquierda provenientes del para entonces desaparecido Partido Comunista Mexicano (PCM, 1919 - 1981) y de su heredero, el Partido Socialista Unificado de México (PSUM, 1981 - 1987) como Arnoldo Martínez Verdugo, José Woldenberg, Amalia García y Pablo Gómez, acabaron integrándose a distintas corrientes socialistas, como el Partido Mexicano de los Trabajadores (PMT, 1974 - 1987) creado por Heberto Castillo y algunos intelectuales más como Francisco Paoli. Finalmente acabaron fundando el Partido Mexicano Socialista (1987 - 1989) y por último el Partido de la Revolución Democrática (PRD) en 1989.

Fue un sexenio políticamente dinámico en el que se expresó un conglomerado de distintas corrientes de izquierda opuestas desde hacía muchas décadas al viejo PRI, pero que en ese sexenio confluyeron al definirse como contrarias al neoliberalismo que acabó imponiéndose como el principal modelo de desarrollo de México. A ellas se incorporaron como personajes protagónicos los *políticos* que abandonaron el PRI en 1986 creando el Frente Cardenista de Reconstrucción Nacional. El Frente y el Partido Socialista Unificado de México, PSUM, principal organización de la izquierda en ese momento, se aliaron en 1987 en una organización común llamada Frente Democrático Nacional y postularon al ex priista Cuauhtémoc Cárdenas Solórzano como candidato a presidente para las elecciones que se llevaron a cabo en 1988. Como vemos el cambio de modelo movilizó también a la oposición de izquierda y la obligó a rehacer sus alianzas incorporándola a un nuevo tipo de lucha partidista. Pero en las elecciones de 1988 el candidato del PRI que fue Carlos Salinas de Gortari, le ganó la presidencia a Cárdenas en medio de fuertes y al parecer justificadas y reales acusaciones de fraude electoral.

Dos fueron las mayores reformas políticas implementadas en este sexenio. La primera fue la llamada *Reforma Electoral* realizada en 1987, que permitió el libre juego y mayor presencia de nuevos partidos y agrupaciones políticas y mejoró las leyes electorales para dar mayor certidumbre a las elecciones, al mismo tiempo que amplió el número de Diputados y Senadores y creó un nuevo órgano de gobierno en la capital de la república, la ciudad más grande de México, llamado Asamblea de Representantes. De manera irónica la Reforma Electoral se inauguró el año siguiente de 1988 con acusaciones de fraude en las elecciones presidenciales. De cualquier manera, sus bondades se verían a futuro pues sentó las bases para un nuevo juego de partidos políticos en México. La segunda reforma de importancia fue la

CAPÍTULO 4 LA CONSTRUCCIÓN DEL NEOLIBERALISMO MEXICANO

modificación del artículo 115 Constitucional implementada a partir de 1983, que le dio una mayor autonomía política y administrativa a los municipios, que son la unidad de gobierno y de poder local más pequeña del país. Su autonomía se fue acrecentando con el paso de los años.

La Vida Económica

En lo económico este sexenio fue también una suma de contradicciones, pues si bien inauguró las reformas neoliberales lo hizo a contragolpe, en respuesta a una cadena de crisis económicas que se presentaron año tras año. En 1983 el nuevo gobierno se enfrentó a una fuerte devaluación del peso y a una inflación del 100 % que sólo aumentó anualmente. Aunque por un lado las reformas liberales le ayudaron a contratar nuevos créditos con el Fondo Monetario Internacional, las cosas empeoraron. En 1984 se vivió la crisis de la deuda externa provocada por cuatro aumentos consecutivos de las tasas de interés de los préstamos estadounidenses a México, lo que llevó a una multiplicación de la deuda. En 1985 la caída de los precios del petróleo disminuyó los ingresos del gobierno lo que obligó a su adelgazamiento, la liquidación de 80,000 empleados del sector público y al cierre o venta de la mayor parte de sus empresas paraestatales. Al principio de ese sexenio el gobierno poseía 1155 empresas públicas; al final en 1988 sólo conservaba 413.

En 1986 el precio del petróleo había caído a 9 dólares el barril (en 1985 había bajado de 27 a 23 dólares). La caída de los precios significó una merma del 9% del PIB al final de año. Por otra parte, México obtuvo ese año su ingreso y membrecía al Acuerdo General Sobre Aranceles, GATT por sus siglas en inglés. En esa membrecía el país consiguió más de 20,000 concesiones arancelarias de los países miembros, lo que tan sólo en ese año significó unos 2,000 millones de dólares en nuevas exportaciones mexicanas no petroleras. Durante esos años y a la par de la inflación la especulación en la bolsa mexicana de valores (BMV) aumentó y el 5 de octubre de 1987 la BMV se desplomó ante un incontrolable proceso de ventas, perdiendo el 50% de su capitalización. El 18 de noviembre el gobierno devaluó el peso un 55% frente al dólar, y cómo consecuencia de enero a diciembre la moneda mexicana había perdido el 192% de su valor y la inflación tan sólo ese año llegó al 160%.

Para contenerla el gobierno suscribió el 15 de diciembre de 1987 un Pacto de Solidaridad Económica (PSE) con los principales actores económicos, marcadamente empresarios y sindicatos obreros, que le dio al país margen de maniobra para la sucesión presidencial y las elecciones que se llevaron a cabo en 1988. Más que por el Pacto el margen de maniobra se obtuvo por un fuerte repunte en el precio del barril de petróleo y el incremento de las exportaciones, consecuencia positiva del menor valor del peso. En resumen, en lo económico México se asomó al nuevo mundo neoliberal con grandes dificultades. Si consideramos todo el sexenio parece una pesadilla económica pues el país tuvo una inflación del 100% cada año, al igual que un incremento de la informalidad económica del 20% anual. El peso se devaluó 3,100% frente al dólar entre 1982 y 1988. En 1983 el cambio era de $161.00 por dólar, en 1984 de $210.00, en 1985 de $453.00, en 1986 de $913.00, en 1987 de $2,225.00 y en 1988 llegó a 2,298.00. Pero al mismo tiempo se las arregló para ingresar al GATT, diversificar sus exportaciones, disminuir el tamaño del Estado, y mantener el pago de su deuda y sus créditos internacionales. Esos fueron los claroscuros de un sexenio que sentó las bases del neoliberal-

CAPÍTULO 4 LA CONSTRUCCIÓN DEL NEOLIBERALISMO MEXICANO

ismo económico en México.

La Vida Social

En lo social uno de los pilares discursivos de estos seis años fue el lema de *Renovación Moral* de la sociedad; con ello se aceptaba que la corrupción era uno de los rasgos más acusados no sólo del sistema político mexicano, sino también de la cultura política del país. Bajo ese lema el Estado inició cambios inéditos como procesar y encarcelar a líderes del poderoso sindicato petrolero y del poder judicial (el Jefe de Policía Arturo Durazo). La campaña fue más de forma que de fondo, pero de cualquier manera estableció a nivel del discurso oficial la aceptación de un problema de gobierno y cultura y la necesidad de combatirlo. Aunque una tragedia tiene connotaciones multidimensionales, el evento de mayor impacto social de los ochentas fue indudablemente un terremoto de intensidad de 7.9 en la escala de Richter que arrasó a la capital de México, el Distrito Federal, destruyendo o dañando alrededor de medio millón de viviendas y matando a un número de ciudadanos cuyo número aún se debate, y que pudo ser entre 20,000 y 50,000 personas.

El terremoto no sólo fue una tragedia humana y social, sino que la lenta capacidad de respuesta de las autoridades provocó la rápida organización de la sociedad civil. Los ciudadanos de la ciudad de México se abocaron de manera colectiva a las tareas de rescate y ayuda con rapidez y concierto, de una manera que sobrepasó a los funcionarios públicos. Aunque las tareas de reconstrucción quedaron finalmente en manos del gobierno, este ejercicio cívico ante la crisis generó una conciencia ciudadana que se mantuvo posteriormente. A partir de ese momento la sociedad civil mexicana, no sólo en la Ciudad de México sino en todo el país, se volvió un actor colectivo permanente en prácticamente todos los campos de la vida social y política. La sociedad mexicana, acostumbrada a depender de la tutela de un Estado poderoso, ya fuera bajo su manifestación autoritaria o paternal, se descubrió autónoma y capaz de volverse interlocutora del Estado y actuar por sí misma de manera organizada para hacer frente a diversos problemas sociales. La presencia activa de la sociedad civil ha sido desde entonces un rasgo permanente de la sociedad mexicana.

La Vida Cultural

En lo cultural México también se transformó en la década de los ochenta. Entre la crisis y la globalización, entre el liberalismo económico y el ascenso de una oposición política tanto de izquierda como de derecha, la sociedad mexicana se abrió más al exterior que en décadas pasadas y empezó a desarrollar una cultura popular y de élite con características más globales, al menos en los centros urbanos donde ya vivía el 70% de la población mexicana. Una manifestación cultural que si bien tuvo como principal consumidora a la clase media permeó también hacia otras clases sociales, fue el consumo de la cultura *pop*, que empezó a imponerse de la mano de los medios de comunicación cada vez más masivos, en especial la radio y la televisión. La programación de los medios impuso con rapidez, en especial entre jóvenes y niños, una nueva música, nuevos cantantes, actores, valores y formas de hablar, de pensar, de vestir, de comer y de beber.

La cultura *pop* impuesta por Hollywood y la televisión estaban presentes por supuesto en México, como en toda América Latina, desde los años sesenta y setenta. El *twist*, el *rock*, Elvis Presley y los *Beatles* y muchas otras manifestaciones culturales de carácter popular y de consumo masivo eran parte de la vida cotidiana de la clase media

CAPÍTULO 4   LA CONSTRUCCIÓN DEL NEOLIBERALISMO MEXICANO

urbana, al igual que nuevos consumos culturales y el culto a los actores de cine. Pero la ampliación de la cobertura de los medios que ahora cubrían todo el territorio nacional, y la democratización de los aparatos de TV en los hogares de las ciudades mexicanas provocó una verdadera explosión de la cultura *pop* y la extendió a nuevas capas sociales, no sólo a la clase media sino a consumidores cuya característica común era la juventud. La globalización abrió las puertas de México a la cultura de masas del exterior y fueron los jóvenes los que de inmediato se volcaron a ella.

La cultura *pop* se volvió *mainstream*. La televisión y la radio impusieron tanto a cantantes y música extranjera como nueva música local. Michael Jackson, *Queen* y los *Rolling Stones* convivían en el gusto de los jóvenes con bandas mexicanas como *Menudo*, *Timbiriche*, *Magneto* o bien *rockeros* en español como el *TRI*, *Jaguares* o *Caifanes*. Los consumos de música, ropa, comida, drogas y alcohol no substituyeron sino que se superpusieron a los consumos culturales tradicionales, que también continuaron vigentes entre los jóvenes urbanos de México. Se amplió también el consumo de drogas, en especial marihuana entre los jóvenes. Se seguía escuchando la música tradicional de distintos géneros, como la *ranchera*, con músicos como Vicente Fernández y José Alfredo Jiménez, se oían y bailaban con gusto la música *Tropical*, los *boleros* y la *trova*, se conocía a sus múltiples intérpretes, pero pertenecían ya a otra generación o bien se mantenían en el gusto de la población del medio rural o de personas de mayor edad. En otras palabras, la cultura global se establecía en México conforme el país se integraba a la globalización mundial, conviviendo con la cultura tradicional pero estableciendo diferencias generacionales en los consumos culturales mucho más acentuadas que en el pasado.

Otros dos eventos tuvieron fuerte impacto cultural en esta década. Uno tuvo que ver con la educación superior. La reforma al artículo tercero de la Constitución mexicana estableció de derecho la autonomía universitaria y la libertad de cátedra. Es decir, las universidades públicas podían ahora darse por sí mismas sus formas de gobierno y estaban capacitadas para gestionar sus recursos. Más importante aún, se legalizó la libertad de cátedra y de investigación. Si bien la reforma se había hecho desde el 9 de junio de 1980, fue a lo largo de la década que se implementó en diversas universidades de la capital del país y de entidades federativas, lo que fue profesionalizando el perfil de la educación universitaria en México. El otro evento cultural de importancia fue la llegada a México de una nueva sociedad digital e informática. Las computadoras hicieron su aparición y a mediados de los ochenta ya funcionaban en el país más de 50,000 equipos, que se multiplicaron exponencialmente a fines la década. México se integraba rápido a una sociedad global, con videojuegos y multimedia incluidos.

Las elecciones presidenciales del 6 de julio de 1988 fueron el puente a una nueva etapa en este camino de modernización. Pero fueron un puente en mal estado. Tres candidatos principales compitieron; por el PRI Carlos Salinas de Gortari, discípulo y sucesor designado de Miguel de la Madrid, por el PAN el empresario Manuel Clouthier y por una coalición de izquierda, el Frente Democrático Nacional (FDN) el ex miembro del PRI Cuauhtémoc Cárdenas. Cuando el conteo de los votos daba la victoria a Cárdenas el sistema digital de conteo colapsó y sin mayores explicaciones la autoridad electoral dio la victoria a Salinas. El PAN la aceptó. La izquierda la cuestionó inútilmente. Fue el conflictivo final de un sexenio que mantuvo en el poder a un grupo de administradores que profundizaron las reformas

CAPÍTULO 4   LA CONSTRUCCIÓN DEL NEOLIBERALISMO MEXICANO

neoliberales y la globalización el sexenio siguiente.

Día de muertos. Cara de Mujer

El Edificio Neoliberal: El Sexenio de Carlos Salinas 1988 – 1994

El principio y el final del régimen de Salinas fueron críticos. La bolsa mexicana de valores se desplomó un día después de que fue nombrado candidato el 4 de octubre de 1987. La acusación de fraude lo acompañó al ganar las elecciones presidenciales en julio de 1988 y la legitimidad ganada durante cinco años de su mandato la perdió el último año de 1994. Veamos esto en detalle. Salinas asumió la presidencia de la república el primero de diciembre de 1988. Recibió como ya vimos un México que en ese año apenas creció un 1.1% en su PIB y cerró con una inflación del 52%. Desde 1989 continuó de inmediato con las reformas estructurales ya planteadas en el sexenio anterior. Lo hizo de una manera integral y su acción se dirigió en especial hacia dos frentes. Uno fue el político, con la estrategia común en otras elecciones presidenciales de tender puentes con los enemigos terminada la contienda y construir una imagen de legitimidad y legalidad, al menos en apariencia, después de la controvertida elección. El otro frente fue ampliar de una manera estructural el nuevo liberalismo y el modelo de libre mercado y apertura económica en México. Emprendió las reformas económicas más profundas que haya conocido México desde la revolución y el cardenismo de los años treinta, pero en sentido opuesto, retirando al Estado como un actor central de la vida económica.

La Vida Política

En términos políticos las reformas fueron numerosas y podemos ubicar tres áreas en las que se llevaron a cabo. La primera correspondió precisamente al terreno electoral. En parte para apaciguar la vida política y poder gobernar manteniendo en el juego electoral a los partidos políticos de oposición, se llevó a cabo una profunda reforma electoral con nuevos códigos, sistemas de control y en especial la creación del Instituto Federal Electoral (IFE) en 1990, instituto autónomo en su operación pero dependiente del gobierno en su presupuesto, que en adelante se encargaría de organizar y supervisar todos los procesos electorales del país evitando así que el gobierno fuera juez y parte en ellos. El IFE y toda la normatividad y reglamentación que acarreó fue lo que permitió, no sin problemas ni críticas, avanzar hacia una mayor democracia y recuperar la legitimidad de la transición política de México de un sistema de partido único a otro de democracia partidista. La reforma política recogió en parte las opiniones de los principales partidos de oposición; el PAN y el Partido

CAPÍTULO 4   LA CONSTRUCCIÓN DEL NEOLIBERALISMO MEXICANO

de la Revolución Democrática, PRD, que substituyó al FDN y que fundado en 1989 aglutinó a la nueva izquierda mexicana. El IFE mantuvo esta legitimidad un largo período de tiempo pues su acción no fue cuestionada sino hasta 16 años después, en las elecciones de 2006.

La segunda área de cambios políticos correspondió más a las acciones y menos a las instituciones. Salinas encontró que, para llevar a cabo sus reformas estructurales, los primeros opositores estaban dentro de su propio partido, el PRI. Su estrategia otorgó preeminencia a las decisiones y cambios técnicos y tecnocráticos, a la búsqueda de equilibrios políticos con otros partidos y en especial al aligeramiento de su sector paraestatal. Todo ello lo enfrentó con los políticos y sectores más tradicionales de su propio partido. Después de todo los privilegiados con el viejo Estado proteccionista y corporativo y la actividad de las empresas paraestatales eran precisamente las centrales obreras y campesinas, los sindicatos de maestros y petroleros y las grandes empresas vinculadas al sector público. Pero en especial se beneficiaba el conjunto de políticos del PRI, Diputados, Senadores y gobernadores, que tenían a estos corporativos como clientela electoral y base de su poder político y económico. La tecnocracia que implantaba las reformas liberales tuvo que enfrentarse a los políticos de viejo cuño. El combate a la corrupción elegía a culpables paradigmáticos cada sexenio. Si en el de Miguel de la Madrid fue un jefe máximo de la policía nacional, en el de Salinas se procesó y encarceló en 1992 al líder moral y "hombre fuerte" del poderoso sindicato petrolero de la paraestatal Pemex, el ex secretario general del sindicato Joaquín Hernández Galicia, alias "la Quina".

De nuevo los *tecnócratas* se enfrentaron a los *políticos*. De manera inevitable el régimen de Salinas se distanció de un sector del propio

PRI. En gran medida ese mismo sector fue el que socavó la legitimidad de su régimen el último año de gobierno con atentados y violencia en 1994. La tercera área de cambios políticos se dedicó a profundizar la descentralización administrativa de los tres niveles de gobierno de las entidades federativas del país. Los estados de la república mexicana, así como sus Congresos y Cabildos municipales contaron cada vez con mayor autonomía y capacidad de decisión, al menos a nivel normativo. Dentro de esas reformas se ubicaron de manera muy importante las que dotaron de mayor autonomía al gobierno de la capital, la Ciudad de México, que alcanzó una plena autonomía del gobierno federal en 1993.

La Vida Económica

Si 1989 fue un año dedicado a negociar acuerdos políticos y planificar cambios estructurales, las reformas económicas que se pusieron en marcha desde 1990 fueron mucho más numerosas que las políticas y, ciertamente, cambiaron la estructura y el derrotero del desarrollo de México las siguientes décadas, para bien y para mal. En orden cronológico podemos mencionar las siguientes: En 1990 se dio marcha atrás a la estatización de la Banca que se había expropiado en 1982 en el último año del gobierno de López Portillo. La privatización de la Banca que se empezó a aplicar en 1990 preveía que el 50% de la misma se mantendría en poder del Estado y la otra mitad pasaría a capitales privados. La verdad es que al final del sexenio, excepto la Banca central que era el Banco de México, toda la Banca y actividades financieras del país habían pasado a manos privadas. No sólo eso, el 90% pertenecían a capital extranjero y sólo el 10% a capital mexicano. Una década después toda la Banca mexicana ya pertenecía al extranjero.

CAPÍTULO 4 LA CONSTRUCCIÓN DEL NEOLIBERALISMO MEXICANO

La expropiación de 1982 había reducido las 764 entidades bancarias del país a sólo una veintena y enormes consorcios bancarios estaban ya en manos del Estado, siendo los más grandes Banamex y Bancomer. La venta de los bancos que se inició en 1990 fue un enorme negocio para el Estado mexicano. Tan sólo en 1991 obtuvo 10,700 millones de dólares por ese concepto, y el negocio continuó los años siguientes. Parte de ese dinero se dedicó a pagar la deuda interna y otra parte a nuevos programas sociales, en particular uno que se centró en el combate a la pobreza, denominado Solidaridad. El gran tamaño de ese programa, que fue creciendo a lo largo del sexenio, le permitió al régimen declarar que su neoliberalismo era una nueva doctrina llamada "liberalismo social". Que duró por supuesto el tiempo que hubo dinero en las arcas. Con el llamado "liberalismo social" el régimen intentó enfrentar las críticas de que el país se entregaba al extranjero y a la empresa privada olvidándose de los trabajadores.

De igual manera el gobierno pasó a vender las restantes 413 empresas que aún mantenía en su poder, que se fueron rematando a lo largo del sexenio. Algunas de ellas eran las más grandes e importantes y se ubicaban en sectores estratégicos de la vida nacional. En el sector de telecomunicaciones Teléfonos de México, Telmex, se vendió a un consorcio encabezado por el magnate Carlos Slim; se vendieron las empresas de transporte vial y las aerolíneas, los medios de difusión como televisión y radio, las empresas del sector químico y las del sector siderúrgico. Se habían vendido ya todas aquellas relacionadas con el agro y con el abasto alimenticio. Al final el Estado empresario mexicano construido a lo largo de medio siglo había desaparecido.

Sólo se mantuvo la Comisión Federal de Electricidad, (CFE) dedicada a la generación de energía eléctrica y la enorme y compleja paraestatal Pemex, dedicada a la exploración, explotación y venta de petróleos y derivados. El Estado no quiso arriesgarse tanto como para privatizar la generación de energía eléctrica, que llevaría a un alza inmediata de los precios y la probable paralización de grandes sectores productivos además de una inmediata protesta social. El caso de Pemex era distinto. Durante el sexenio de Salinas el gobierno mexicano aun dependía de la venta de petróleo para sostener sus finanzas, ya que la recaudación fiscal era insuficiente. Algunos años el petróleo llegó a significar hasta el 40% del presupuesto total del Estado. El gobierno no podía prescindir de Pemex. Pero hubo otras formas, nada sutiles, de introducir capital privado en la cadena de valor petrolera. El julio de 1992 se emitió la Ley Orgánica de Petróleos Mexicanos y Organismos Subsidiarios, que transformó a la paraestatal en un holding corporativo con cuatro grandes divisiones en las áreas de exploración y explotación y dos en las de petroquímica básica, de tal manera que muchas de sus operaciones pudieron darse como franquicias o subcontratarse a empresas privadas.

De cualquier manera, el Estado estableció como prioridad productiva el incremento de la producción y exportación privada de manufacturas y no de petróleo o derivados. Para ello se requerían dos cosas. Un enorme capital de inversión, con el que no contaban los empresarios mexicanos y un acceso preferencial a los mercados globales. La atracción de capitales se había logrado adecuando la legislación desde los años sesenta, estableciendo en las fronteras áreas fiscales especiales para el establecimiento de empresas manufactureras llamadas coloquialmente *maquiladoras*. Pero la inversión extranjera era insuficiente. Además, la globalización obligaba a nuevos accesos al mercado mundial. Un trecho del camino se había logrado ya con la pertenencia

CAPÍTULO 4   LA CONSTRUCCIÓN DEL NEOLIBERALISMO MEXICANO

de México al GATT. También era insuficiente. El objetivo era participar del que en ese momento era el mercado más importante del mundo, el de Estados Unidos. Con esa finalidad México se trazó dos metas: lograr un tratado de libre comercio con Estados Unidos y ser miembro de los países que forman la Organización para la Cooperación y Desarrollo Económicos, OCDE, por sus siglas en inglés.

El Tratado de Libre Comercio y la OCDE

Estados Unidos operaba ya un tratado de libre comercio con Canadá. México propuso participar con ellos y de hecho establecer un nuevo Tratado de Libre Comercio de América del Norte. El Tlcan o Nafta por sus siglas en inglés se empezó a negociar entre las tres naciones desde 1990. A ello ayudó la llegada a la presidencia de Estados Unidos de George W. Bush en enero de 1990, apenas un mes después que Salinas, por lo que el tratado llegaba en buen momento como proyecto político para ambos. Las negociaciones llevaron tres largos y tortuosos años, en los que Salinas sostuvo numerosas reuniones con Bush y posteriormente con el presidente Bill Clinton. La firma de un tratado encontró fuerte oposición tanto en México como en Estados Unidos. Un sector empresarial estadounidense temía una invasión de mercancías a bajo precio provenientes de México y también una fuga de capitales hacia México para aprovechar el bajo precio de la mano de obra y las menores regulaciones ambientales.

Por el lado mexicano las oposiciones eran económicas en el sentido de que el capital estadounidense sólo llegaría para explotar la fuerza de trabajo mexicana y de que los empresarios mexicanos serían desplazados al no poder competir con los grandes capitales norteamericanos, aumentando la dependencia de México hacia los Estados Unidos. También la crítica mexicana era ideológica y política. Un fuerte sector de la sociedad mexicana no dejaba de considerar al capital norteamericano como un enemigo, del que se tenía que desconfiar pues su interés principal no había dejado de ser explotar o apoderarse de recursos o territorios mexicanos. Como quiera que fuere las oposiciones no fueron suficientes para impedir la firma del Tlcan, que se hizo el 17 de diciembre de 1992 por Salinas, Bush y el Primer Ministro de Canadá Mulroney, cada uno en su propio país.

El Tratado entraría en vigor el primero de enero de 1994 y establecía una desgravación paulatina de numerosos productos a lo largo de diez años, con la intención de que estuviera en plena operación en 2004. El Congreso norteamericano lo ratificó el 17 de noviembre de 1993 y el Tlcan empezó a operar en la fecha establecida. En el contexto de insertarse con fuerza en el panorama global México también necesitaba ampliar su presencia internacional con otras naciones. La firma exitosa del tratado también le sirvió para ello. Así, fue el primer país latinoamericano en ser aceptado en la organización para la Cooperación Económica Asia-Pacífico, APEC, en noviembre de 1993. Pero su logro más importante fue ingresar a la lista de países integrantes de la Organización para la Cooperación y Desarrollo Económico, OCDE, en mayo de 1994, unos meses después de entrar en operación el Tlcan.

La Vida Social

Dos grandes eventos transformaron la estructura y dinámica de la sociedad mexicana durante estos años. El primero fue un nuevo tipo de política social que buscaba por un lado atender las necesidades de la gente más pobre del país y, por el otro, dar legitimidad al nuevo modelo de crecimiento. A esta política social se le denominó *Solidaridad*. Se trataba en principio de una serie de programas de combate a

CAPÍTULO 4   LA CONSTRUCCIÓN DEL NEOLIBERALISMO MEXICANO

la pobreza transformando el asistencialismo del Estado en una combinación de obra pública y transferencia directa de recursos y dinero a sectores elegidos. En vez de subsidiar los precios se otorgaba dinero en efectivo, entre otras medidas. La política social aplicada a través de este programa fue transversal, es decir se generalizó a gran parte de la política pública y se aplicó a través de numerosas dependencias. Tuvo un éxito relativo en el combate a la pobreza extrema y al hambre y ayudó a disminuir los efectos negativos de recorte al gasto público. Si bien muchos indicadores de pobreza no disminuyeron y la desigualdad social tendió a aumentar como producto de la transferencia de las empresas y recursos públicos que antes eran del Estado al capital privado, el programa de *Solidaridad* mostró capacidad para disminuir algunas de las carencias más urgentes en la población. A través de él se inició, aunque con suma lentitud, la disminución del más grave problema social de México: la pobreza. Y se probaba una política social que, aunque deficiente al menos buscaba nuevos caminos.

El segundo evento que transformó la esencia misma de la sociedad fue la elaboración de una nueva Reforma Agraria. Una enmienda al artículo 27 de la Constitución realizada en diciembre de 1991, eliminó el marco jurídico que establecía la propiedad comunal y colectiva de grandes extensiones del campo mexicano por parte de comunidades campesinas e indígenas, a las que se les llamaba *ejidos*, y a los campesinos que las poseían comunalmente, los denominados *ejidatarios*. La Reforma Agraria y el reparto de la tierra a los campesinos había sido una de las banderas históricas de la Revolución Mexicana de 1910, y se materializó como ya vimos en la década de los treinta con el presidente Cárdenas. A la modificación constitucional de 1991 le siguió una nueva Ley de Reforma Agraria en 1992. Con ella la mayor parte de la vieja propiedad colectiva del país se volvió privada y pasó, en principio, a manos de unos tres millones de campesinos pobres. Los *ejidatarios* dejaron de serlo y se volvieron propietarios privados. Pero no dejaban de ser pobres, y lo que la nueva Reforma Agraria consiguió fue que estas tres millones de familias de campesinos e indígenas, la población más pobre y necesitada de México, vendieran en muy poco tiempo sus tierras a empresas y a ganaderos o agricultores más ricos, iniciándose desde entonces un nuevo proceso de acaparamiento de tierras en todo el país.

La medida buscaba aumentar la productividad del campo mexicano que en manos campesinas se había mantenido históricamente baja, además de que no había sacado de la pobreza al campesinado. Sin embargo, el daño colateral de la Reforma Agraria fue que los nuevos latifundios y la acumulación de tierra en pocas manos que propició, no aumentaron por sí mismos la productividad de la agricultura ni la ganadería, ya que estas dependían de condiciones de mercado que no estaban controladas por la forma de propiedad, como por ejemplo los menores precios de los productos importados o el costo de los insumos y la tecnología. En consecuencia, el campo mexicano no se volvió más productivo, y sí en cambio se aumentaron las necesidades de tres millones de familias del medio rural mexicano. Si los ejidatarios antes eran pobres al menos podían producir sus propios alimentos, y mantener cierta calidad de vida y su cultura y tejido social tradicional. Al vender sus tierras la mayor parte se quedó sin este sustento y acabó emigrando a las ciudades o a los Estados Unidos, aumentando la pobreza urbana. Las tierras de los *ejidos* cercanas a las ciudades se volvieron inmediatamente objeto de compra, monopolio y especulación para

CAPÍTULO 4   LA CONSTRUCCIÓN DEL NEOLIBERALISMO MEXICANO

extender las manchas urbanas sobre ellas. El creciente valor de la tierra urbana eliminó la posibilidad de destinarlas a cualquier actividad productiva, aún de carácter empresarial, pues ninguna supera el valor que otorga la expansión de las ciudades.

La Vida Cultural

La rápida globalización y el cambio de valores fueron acompañados de nuevos tipos de consumo cultural en muchas de las esferas de la vida tradicional mexicana. La importancia de los nuevos medios de comunicación y en especial de la cultura digital creció de manera exponencial durante esos años. El uso de computadoras y de teléfonos celulares se incrementó. Las computadoras en México pasaron del mundo de la administración pública y el gobierno a las empresas privadas y de allí a la academia y las universidades. Películas caseras en formatos de VHS y Beta penetraron en los hogares de todas las clases sociales, así como cada vez más sofisticados videojuegos empezaron a educar a un nuevo tipo de infancia. Pese a la pobreza de más de la mitad de la población mexicana, el recurso de las copias ilegales era prácticamente imposible de detener, por lo que la era digital se imponía en el mundo urbano de México pese a las limitaciones económicas. La rápida inmersión de la economía mexicana en la globalización y en especial en el intenso mundo de consumo de los Estados Unidos, fue acompañada también de una cultura de consumo global, incluyendo por supuesto la música, la ropa y los valores éticos.

Si las artes plásticas se renovaron en los sesentas con la generación de *La Ruptura*, que rompió con la vieja escuela nacionalista mexicana de pintura, en los setentas y ochentas se imponía en la vanguardia mexicana el *arte conceptual*, muy influido por las expresiones plásticas europea y norteamericana y que en México tuvo importantes creadores como Vargas Lugo y Gabriel Orozco. En los noventa, con la facilidad de acceso a nuevas herramientas digitales y la mayor rapidez para conocer los mundos artísticos de las grandes capitales, en especial de Europa y los Estados Unidos, hizo presencia en México el *arte neo conceptual*, efímero, deconstructor de espacios, influido por la posmodernidad y mezclando toda clase de medios, como el *performance*, los vídeos, la danza etcétera. Muy importante para su difusión fue el Foro Internacional de Arte Contemporáneo que se realizó varias veces entre 1993 y 1997 en la ciudad de Guadalajara, y la apertura de la sala Ex Teresa Arte Actual en la Ciudad de México, que opera desde 1993 y apoya la difusión del arte no objetual. El *neo conceptualismo* continuaría presente en las artes plásticas y visuales mexicanas hasta los primeros años del siglo XXI.

Pero el viejo arte mexicano también era reconocido, en especial sus escritores. A sus setenta años el poeta y ensayista Octavio Paz, uno de los más grandes escritores de América Latina autor del conocido ensayo *El Laberinto de la Soledad*, publicado en 1950 y donde da una interpretación de la cultura mexicana, así como de esplendidos libros de poesía como *Piedra de Sol* y muchos otros, fue reconocido con el premio Nobel de literatura. En México la Educación primaria ha estado controlada por el Estado desde el triunfo de la Revolución a principios del siglo XX. Uno de sus pilares ha sido el libro de texto gratuito para los primeros seis años de la educación primaria. Acorde con su proyecto modernizador y liberal en 1992 el estado mexicano realizó una nueva edición, muy modificada, del libro de texto gratuito y obligatorio para todos los niños mexicanos. Todos estos cambios culturales se combinaron con el hecho de que las televisoras, los teatros, los estudios de cine y los espacios culturales que antes estaban en poder del Estado estaban ya pasando a manos de la iniciativa privada.

La Crisis del Último Año

Con todos sus claroscuros el avance de México durante los primeros cinco años de este sexenio era evidente. Del país quebrado y sumido en crisis económica que existía en 1988, se veía uno con una economía bajo control y orientado con rapidez hacia una nueva dinámica de crecimiento, aunque muchos sectores sociales sufrieron y perdieron más que otros. La presencia internacional de México era indudable, su papel dentro de las naciones latinoamericanas líderes se había recuperado y las inversiones fluían. Sin embargo, estos logros aún eran frágiles. Al final de sexenio de Salinas la inflación se había controlado y pasó de un 20% en 1988 a un 7% en 1993, el Producto Interno Bruto (PIB) creció a una tasa anual promedio de 3.2%, se reestructuró la deuda externa por la mitad y México debía en promedio unos 100,000 millones de dólares.

Las inversiones extranjeras fluían, pero ya se señalaba el riesgo de que muchas de ellas se destinaban a la especulación financiera en la bolsa de valores mexicana y a la compra de bonos del Tesoro del Estado y no a actividades productivas. De cualquier manera, había mucho dinero circulando y el Tlcan empezó a diversificar la economía mexicana hacia la manufactura de exportación a través de la inversión extranjera. Tal como se había prometido al inicio de este gobierno no sólo no se devaluó la moneda, sino que se hizo una revaluación quitándole tres ceros al peso y estableciendo una paridad con el dólar de tres a uno que se mantuvo esos años. Sin embargo, estos logros eran frágiles y, como veremos, en diciembre de ese año la burbuja económica se desinfló.

Lo sucedido de 1990 a 1993 parecía mostrar que México había encontrado de nuevo el camino del desarrollo, y que se podían esperar otros años como los del "milagro mexicano" o los años del auge petrolero de los setenta. Pero otros acontecimientos hicieron de 1994 la tumba del sueño salinista. Tres eventos marcaron el final. El primero de enero de 1994, mismo día que entraba en vigor el Tlcan, surgió una insurrección campesina e indígena de mayas en el sur de México, en el estado de Chiapas. Una guerrilla de izquierda denominada Ejercito Zapatista de Liberación Nacional, EZLN, al mando del enigmático "subcomandante Marcos", se levantó en armas y sostuvo dos semanas de combate contra el ejército, hasta que se lograron acuerdos de paz y se negoció una zona de autogobierno para ellos en las selvas del sur.

Y es que los años de auge y el buen comportamiento de las variables macroeconómicas, así como los nuevos préstamos con los que cuales se lograron salvar las finanzas públicas se hicieron a costa de un fuerte desempleo, de la pérdida del poder adquisitivo de los salarios y del encarecimiento de la vida. En especial en el campo y en las comunidades indígenas, como las de los mayas en rebelión, la nueva reforma agraria deterioró la calidad de vida. Cierto que el Programa Nacional de Solidaridad ayudó a atenuar los impactos del cambio de modelo neoliberal, pero la desigualdad social aumentaba con los programas de ajustes más rápido que la redistribución que podía lograr Solidaridad. La rebelión campesina maya fue una clara señal de que México aún no encontraba el camino de la justicia social y de que el liberalismo no solucionaba la pobreza.

En vísperas a las nuevas elecciones para la presidencia de la república que se llevarían a cabo en julio de 1994, el PRI lanzó como candidato a un hombre elegido por el propio presidente Salinas para

CAPÍTULO 4   LA CONSTRUCCIÓN DEL NEOLIBERALISMO MEXICANO

sucederlo. Se llamaba Luis Fernando Colosio y todo indicaba que sería electo. Después de algunos meses de campaña fue asesinado en un mitin el 23 de marzo de 1994. Todo indica que se trató de un complot de los grupos de poder tradicionales del PRI, que sentían afectados sus viejos intereses por las reformas salinistas y mandaban el mensaje de que no estaban dispuestos a permitir la continuidad. Un tercer evento fue otro asesinato político a los seis meses del de Colosio, en septiembre de 1994.

Se trataba ahora de Fernando Ruíz Massieu, nada menos que el Secretario General del PRI y también dirigente del ala reformista del partido. Gente cercana al propio presidente Salinas.

Los asesinatos siempre fueron atribuidos a tiradores solitarios, pero nadie pudo evitar la creencia generalizada de que se trataba de un ajuste de cuentas provocado precisamente por la puesta en marcha de

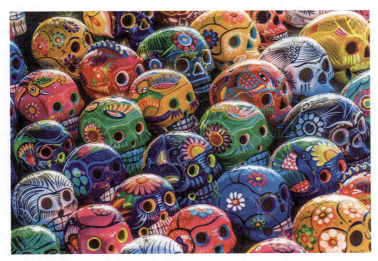

Calaveras, artesanía mexicana conmemorando el día de muertos

unas reformas neo liberales que, de cualquier manera, ya no se podían detener. Esta violencia obscureció los logros de lo que parecía un sexenio de éxito constante. Pese a ella se pudo realizar una elección presidencial razonablemente tranquila y el candidato del PRI, Ernesto Zedillo Ponce, designado también por el propio Salinas para continuar sus reformas, ganó la presidencia de México y tomó posesión el primero de diciembre de 1994. El sexenio parecía haberse salvado y todo indicaba que la marcha de México hacia el primer mundo neo liberal continuaba. Pero 19 días después se desató en México una cadena de eventos desafortunados que cambiaron todo el panorama.

La Crisis del Neoliberalismo: El Gobierno de Ernesto Zedillo 1994 – 2000

La Vida Económica

El rápido crecimiento de México y la multitud de cambios políticos y económicos llevados a cabo en tan pocos años tenían un punto débil. México se estaba capitalizando a través de la inversión y la llegada de capital extranjero fresco y no sólo de deuda pública o de la venta de petróleo como en el pasado. Eso parecía darle fortaleza al modelo. Sin embargo, de los más de 100,000 millones de dólares que llegaron al país en esos años, sólo 15,000 millones estaban invertidos directamente en actividades manufactureras y otros 20,000 en negocios productivos de distinta naturaleza. Pero la mayor parte, 65,000 millones, eran inversiones de carácter especulativo en la Bolsa Mexicana de Valores (BMV) o a través de los bancos, obteniendo altas tasas de interés por la compra de acciones de nuevas empresas, deuda pública o bonos del gobierno. Las inversiones además se respaldaban en

CAPÍTULO 4   LA CONSTRUCCIÓN DEL NEOLIBERALISMO MEXICANO

dólares para dar mayor certeza y atraer al capital extranjero, por lo que en caso de una eventual devaluación del peso frente al dólar la deuda se multiplicaría. Es decir, el 65% de la inversión estaba compuesta por un capital financiero especulativo que dependía además de que la tasa de cambio no sufriera alteraciones.

Pero hubo alteraciones. Y graves. El 19 de diciembre de 1994, apenas a 19 días de iniciado el nuevo gobierno, era evidente que gran parte de este capital especulativo comenzaba a tomar sus ganancias y a retirarse del sistema bancario y financiero mexicano, en parte por la natural desconfianza ante un cambio de régimen, por las crisis políticas arrastradas a lo largo del año y porqué el peso se encontraba sobrevaluado y los capitales se retiraban antes de que sucediera una devaluación. El fenómeno comenzó meses antes de la sucesión presidencial pero no se tomaron medidas preventivas por lo agitado del ambiente político. La segunda mitad del año vio mermar las reservas en dólares de México y para diciembre ya casi 25,000 millones de dólares habían salido del país.

Sin avisos previos y sin un plan de ingeniería financiera el gobierno anuncio la devaluación del peso un 15%. Eso generó la profecía que se auto cumplió, pues la salida de los capitales restantes fue total e intempestiva y para fines de año la devaluación del peso era un hecho, junto con la descapitalización del país. Eso a su vez convulsionó los mercados de finanzas internacionales y las bolsas mundiales, generando una crisis financiera que se conoció como el "efecto tequila". México no había vivido una crisis de esas dimensiones desde el hundimiento de las bolsas mundiales y la gran crisis internacional de 1929. En seis meses el país completo se encontraba sin reservas económicas y en medio de una gran recesión. El resto de 1995 el país entró en recesión y cerró ese año con una devaluación del peso del 60%, una recesión económica del 7% (es decir, el PIB decreció) y una tasa de inflación del 50%. Los indicadores de pobreza que habían mejorado de 1990 a 1993 volvieron a caer, millones de empleos se perdieron y otros millones se volvieron precarios o se pasaron al sector informal de la economía. La desigualdad social aumentó ese año no porque algunos grupos sociales salieran perdiendo y otros ganando, como estaba sucediendo los años anteriores cuando se implantó el modelo neoliberal, sino porque en ese año todos perdieron.

No sólo la población de escasos recursos, sino el sector empresarial mexicano fueron afectados. Miles de empresarios habían empezado a jugar el juego liberal orientándose a los mercados internacionales y contratando créditos en dólares. Las inversiones empresariales aumentaron ese año, por lo que la crisis los encontró endeudados, lo que facilitó la quiebra de miles de negocios. El país, que irónicamente tenía su estructura productiva y manufacturera intacta, tocó fondo a fines de 1995. México tuvo que recurrir a fondos internacionales para estabilizarse y solicitó un préstamo especial al Fondo Monetario Internacional avalado por la Reserva Federal de Estados Unidos por 51,000 millones de dólares. Gracias a ello pudo estabilizar su mercado cambiario. Pero las medidas de ajuste que tenía como condición el préstamo implicaron fuertes disminuciones al gasto social y austeridad en la inversión pública; es decir la factura la tuvo que pagar en gran medida la población, por lo que la pobreza y la desigualdad en México se estancaron en algunos indicadores, en especial los relacionados con los ingresos y el empleo, y mejoraron con mucha lentitud en otros, como los que miden el bienestar derivado del acceso a infraestructura y servicios públicos.

CAPÍTULO 4   LA CONSTRUCCIÓN DEL NEOLIBERALISMO MEXICANO

En términos macroeconómicos el país logró recuperarse a partir de mediados de 1997 y retomar el rumbo de las políticas neo liberales, implicándose cada vez más en un mundo global. La recuperación fue rápida en especial los últimos tres años del sexenio. Del 98 al 2000 se atrajo un número importante de capitales para invertir en actividades manufactureras de exportación. La tasa de crecimiento del sexenio promedió el 3.6% anual, aunque la inflación fue del 22.1% por lo que disminuyó el poder adquisitivo de la población. Se generó empleo, aunque no el que necesitaba el país, ya que si en el sexenio se abrieron 3.1 millones de plazas la nueva población económicamente activa que las demandaba creció el doble en el período, unos 7.5 millones, por lo que hubo un déficit de 4.4 millones de empleos.

México contuvo la crisis y tuvo crecimiento con desempleo y desarrollo productivo con inflación. De cualquier manera, los sectores de población lastimados por la crisis fueron numerosos. Muchos no se recuperaron y millones de personas perdieron no sólo sus empleos sino también sus viviendas, al ser imposible para la mayoría pagar sus créditos hipotecarios a los bancos. Lo peor a largo plazo fue la pérdida de confianza de los empresarios micro, medianos y pequeños, actores fundamentales en el nuevo modelo basado en la libre competencia liberal. Más allá de la confianza, que se fue recuperando poco a poco, la pérdida de recursos y capital disminuyó el número de empresarios mexicanos que participaron en la construcción de esta nueva sociedad liberal, aumentando la influencia y presencia del capital extranjero. Una generación de trabajadores y pequeños empresarios nunca se recuperó y quedaron excluidos de futuros crecimientos. Fueron la cara humana de la crisis.

Al iniciarse el sexenio de Zedillo y antes del "error de diciembre" el número de empresarios mexicanos al frente de grandes corporativos o *holdings* que podían ser considerados multimillonarios llegó a 25, entre todos poseían 45 mil millones de dólares, según la lista de 500 grandes capitalistas que consideraba anualmente la revista *Forbes*. Los cinco principales grupos corporativos mexicanos y sus propietarios principales eran Grupo Carso (Carlos Slim Helú) con 6 mil 600 millones de dólares, Televisa (Enrique Azcárraga Milmo) con 5 mil 400 millones de dólares, Grupo Cemex (Lorenzo y Marcelo Zambrano) 3 mil 100 millones, grupo Iusa-Iusacel, (Alejo y Carlos Peralta) con 2 mil 500 millones, grupo Cifra (Jerónimo Arango) 2 mil 300 millones. La crisis los redujo a 10 en un año, pero se recuperaron con rapidez, llegando a 15 apenas en 2016 y volvieron a ser más de 20 en el año 2000. Aprovechando en gran parte la ausencia de jugadores medianos y pequeños en los nuevos campos de inversión, sus fortunas y la fortaleza económica de los corporativos eran aún mayores que al momento de la crisis. Quien se mantuvo a la cabeza todo el tiempo fue el grupo Carso, de Carlos Slim Helú, el mexicano que durante muchos años ha sido uno de los mayores multimillonarios mundiales.

La Vida Política

La dimensión que adquirió la crisis económica alimentó la lucha política en México. Si los años exitosos del régimen de Salinas abrieron la posibilidad de que el PRI se renovara y se mantuviera en el poder muchos años más, los desastres económicos y la violencia en el país mostraron que las reformas fueron frágiles y de corta duración. Los restantes años del sexenio los partidos políticos y la sociedad civil fueron acumulando poder y aumentando su capacidad de crítica y movilización. Las fuerzas políticas se fueron aglutinando coyunturalmente en torno al Partido de Acción Nacional, el PAN de centro-de-

CAPÍTULO 4 LA CONSTRUCCIÓN DEL NEOLIBERALISMO MEXICANO

recha, y el Partido de la Revolución Democrática, el PRD, de centro-izquierda. Zedillo logró mantener el equilibrio político del país ampliando las reformas electorales. El 30 de julio de 1996 se concretó una reforma electoral que daba plena autonomía al instituto encargado de organizar y legalizar las elecciones, el IFE, reforma que avalaron todos los partidos políticos. A esta mayor certeza electoral le siguió también un mayor presupuesto y apoyo económico a los partidos políticos. Por último se fortaleció la descentralización administrativa y otorgó mayor poder hacia los gobiernos de los estados y los municipios.

Los cuestionamientos al régimen fueron respondidos con mayor negociación y con más garantías de legalidad y no con represión. Al menos hacia las instituciones políticas formales como los partidos políticos. El régimen no tenía ya la legitimidad ni la capacidad económica para mostrarse duro y fuerte, además de que su presencia internacional y dependencia del extranjero lo obligaban a impulsar el juego democrático. Sin embargo, la violencia también estuvo presente. Si bien la guerrilla zapatista quedó aislada en Chiapas y se evitó una represión directa, las fuerzas policíacas y militares se mantuvieron alertas con numerosos aunque siempre aislados enfrentamientos, que no llegaron nunca a poner en peligro el sistema. La violencia también se regionalizó con la presencia de algunos grupos paramilitares relativamente autónomos aunque usualmente vinculados a las policías regionales, en algunas entidades como Chiapas y Guerrero, donde también se observaron hechos de sangre como una masacre en el poblado de Acteal. De cualquier manera, abrirse a un juego político más democrático ayudó a mantener la estabilidad de México.

En las elecciones intermedias llevadas a cabo en el año de 1997 se vieron los resultados tanto de la crisis como del manejo político del país. Los partidos de oposición, tanto el PAN como el PRD, ganaron gubernaturas y presidencias municipales en todo el país. Dos fueron los eventos políticos más relevantes. Por primera vez la capital del país, la ciudad más grande de México, fue ganada por la izquierda. El PRD llegó al gobierno de la ciudad teniendo como candidato a Cuauhtémoc Cárdenas, quien había sido contendiente tanto de Salinas como de Zedillo en las elecciones presidenciales. La izquierda mantendría el control de la Ciudad de México veinte años más. Además, a nivel nacional y por primera vez en setenta años el partido gobernante no obtuvo mayoría en las Cámaras de gobierno, por lo que tuvo que gobernar negociando con la oposición. México aún de manera imperfecta se preparaba para un nuevo escenario político: el de una democracia con alternancia de partidos políticos en el poder. Alternancia que llegaría finalmente cuando el PRI perdió la presidencia de la república tres años después, en el 2000, la alborada de un nuevo siglo.

  Cabe destacar dos grandes reformas llevadas a cabo durante estos años que volvieron institucional el nuevo modelo de desarrollo liberal y apertura económica y le permitieron continuar los años siguientes. Uno fue la transformación de la Suprema Corte de Justicia de la Nación, que disminuyó de tamaño de 26 a 11 jueces. La realizó el Senado de la república a solicitud del Presidente, quien también propuso a los nuevos ministros que seguirían en funciones los siguientes sexenios, algunos de ellos casi 20 años más. Esto significó que el tercer poder de la república, el poder judicial, quedo establecido a modo del Presidente y compartía el modelo de sociedad liberal elegido por el Estado mexicano para gobernarse. Otra reforma de importancia fue el establecimiento de tres organismos reguladores relativamente autónomos ori-

CAPÍTULO 4 LA CONSTRUCCIÓN DEL NEOLIBERALISMO MEXICANO

entados a normar la vida entre empresas, combatir los monopolios y defender a los consumidores; funciones que antes se atribuía el propio Estado.

La Vida Social

Varias características destacaron en la dinámica de la sociedad mexicana al llegar al año 2000. Por un lado, la precarización del empleo y la quiebra económica de numerosas familias modificó a la baja las expectativas de mejorar y cambiar los niveles de vida. No sólo perder el empleo generó un amplio sentimiento de frustración, sino que se combinó con las altas expectativas de consumo generadas por las ofertas de la globalización, en especial entre la población juvenil. La emigración hacia los Estados Unidos aumentó. De igual manera la enorme masa de población juvenil desempleada se volvió una cantera de jóvenes reclutas para las actividades ilícitas relacionadas con el crimen organizado y el narcotráfico, que se incrementó en México desde el sexenio Salinista y experimentó crecimiento durante los años de crisis Zedillista.

Al mismo tiempo que el país se internaba con mayor profundidad en los intercambios de un mundo global, las nuevas reglas financieras y comerciales propiciaban no sólo intercambios legales sino también ilegales, en especial entre México como país de paso y después producción de drogas y su vecino Estados Unidos, el mayor mercado consumidor de drogas del mundo. En estos años y hasta llegar al 2000 también se pudo observar una creciente actividad del crimen organizado en ciertas ciudades y regiones de México, en especial cercanas a la frontera con los Estados Unidos, y un mayor deterioro del tejido social de las comunidades rurales y urbanas donde ya aumentaba la presencia del crimen organizado. En otras palabras, la importancia de la economía ilegal aumentó mientras la crisis de la economía formal se mantuvo. La vieja sociedad rural mexicana, incluyendo las comunidades indígenas con sus formas de vida tradicional, se transformó con rapidez con los cambios propiciados por la precariedad económica, la nueva reforma agraria y en especial por la emigración temporal o definitiva, ya fuera del medio rural al urbano o de México hacia el norte.

La emigración a las grandes ciudades de México y también hacia Estados Unidos aumentó en estos años y se volvió una de las principales características de la población. La movilidad de la población generó también cambios en la composición familiar. A una baja ya bastante acentuada de la tasa de natalidad conforme la sociedad mexicana se volvió fundamentalmente urbana, correspondió también una creciente nuclearización de la familia y la menor importancia de los lazos de parentesco extensos, en especial en las ciudades del país que siguieron creciendo explosivamente hasta llegar al año 2000 con numerosas familias nucleares, muchas de ellas migrantes, viviendo en pequeñas casas o departamentos. El crecimiento de las grandes ciudades de México continuó. La Ciudad de México seguía siendo la más poblada del país con veinte millones de habitantes si la consideramos junto con toda su zona conurbada y metropolitana. Sin embargo, su capacidad de atracción empezó a disminuir desde el terremoto de 1985 y para el año 2000 su tasa de crecimiento disminuía. Pero junto a ella un nuevo fenómeno apareció en distintas regiones de México. La metropolización.

Esto significaba que una docena de ciudades se habían ya conurbado y crecido hasta poder ser consideradas zonas metropolitanas. Las más importantes eran al iniciar el siglo XXI, además de la Ciudad de México, las ciudades de Monterrey, Guadalajara, Tijuana y Puebla.

CAPÍTULO 4 LA CONSTRUCCIÓN DEL NEOLIBERALISMO MEXICANO

Pero en el centro y sur del país muchas ciudades capitales de estado también seguían creciendo. El tránsito de una docena de las ciudades de México a zonas metropolitanas se convirtió el fenómeno urbano y demográfico más importante del siglo XXI, ya que desde el inicio del siglo la tercera parte de la población del país se ubicaba en ellas. Si bien la pobreza repuntó como era de esperarse entre 1995 y 1997, volvió a disminuir del 97 al 2000. El viejo programa de combate a la pobreza llamado *Solidaridad* continuó con un nuevo nombre, el de *Progresa*. Se concentró en los pobres extremos y en el combate al hambre, alcanzando a una población de casi tres millones de familias. De manera directa o indirecta la política social se ocupó de uno 10 millones de personas a través de despensas de alimentos, subsidios en efectivo, infraestructura básica o desayunos escolares en las zonas rurales. Un tercio de la población atendida era de distintos grupos étnicos indígenas. La pobreza extrema y el hambre disminuyeron, aunque la desigualdad social lo hizo sólo levemente.

La Vida Cultural

Uno de los logros más interesantes de este sexenio fue el apoyo a la educación. En términos generales Zedillo, que había sido Secretario de Educación Pública, la mantuvo como una prioridad. La matrícula total del sistema educativo nacional llegó a 30 millones de personas en el año 2000, número muy sensible si consideramos que México tenía entonces 102.8 millones de habitantes. Era evidente la juventud del país y en ese sentido la educación, como el empleo, eran las dos necesidades más urgentes. El subsidio a la educación superior y universitaria también creció un 32% en términos reales, y un 45% los fondos destinados a Ciencia y Tecnología. En este último rubro México destinaba ya el. 7% del PIB. Había aumentado pero estaba aún muy lejos del mínimo de 2% a 3% recomendado para una nación en vías de desarrollo. Se completó la edición de los nuevos libros de texto para los niveles de educación primaria y secundaria; y se inició su traducción a las principales lenguas indígenas del país.

A través de un nuevo Programa Educativo se dio impulso a las Escuelas Normales para la profesionalización del magisterio y se crearon nuevas Universidades Tecnológicas. Aumentaron las becas y el apoyo a los programas de posgrado, así como el número de investigadores en el Sistema Nacional de Investigadoves (SNI) creado en 1985 y en el Sistema Nacional de Creadores, el sistema de apoyos y becas para artistas de todos los géneros que se había creado en 1996, y que, según las palabras del premio Nobel mexicano de literatura Octavio Paz, era la iniciativa más importante para apoyar las artes desde la creación del Instituto Nacional de Bellas Artes a principios del siglo XX. En general en estos años se realizó, apenas empezó la recuperación económica, una intensa labor de reconstrucción de 300 de las miles de zonas arqueológicas existentes en el territorio mexicano y de 400 monumentos históricos. Se añadieron 7 nuevos lugares mexicanos a los 14 que ya tenía México inscritos en la lista de patrimonio cultural de la humanidad de la UNESCO.

Pero veamos algunos números sobre patrimonio y productos culturales de diversa naturaleza producidos durante esos años. Las zonas disponibles para ser visitadas en todo México pasaron de 150 a 220 entre 1990 y el 2000, y durante la década el número promedio de visitantes al año por zona se mantuvo en cuarenta mil, excepto por supuesto en algunas de las zonas arqueológicas más famosas como la de Teotihuacán en el valle de México y la ciudad maya de Chichén Itzá en Yucatán, que atrajeron cientos de miles. Los museos en todo México se multiplicaron pasando de 93 a 126 en esos 10 años. La atracción hacia los museos fue fuerte pues recibieron 7 millones de visitantes como promedio anual durante esa década. Esto se vio acompañado de una creciente revaloración del patrimonio arqueológico y artístico de México, incluso entre los jóvenes, pues aumentó la literatura, los vídeos y los programas televisivos sobre el pasado de México y sobre sus manifestaciones artísticas relacionadas con la literatura y las artes plásticas.

Fueron esfuerzos culturales que provinieron tanto del Estado como de los medios privados de comunicación. Parecía que la globalización no sólo lanzaba a abrazar la modernidad, sino también contradictoriamente volvía la vista a las manifestaciones culturales tradicionales y no sólo modernas de México. Pese a ello una de las expresiones culturales que más sufrió cambios fue la milenaria artesanía mexicana. Con más de medio centenar de culturas indígenas México tenía uno de los patrimonios de cultura material más ricos del mundo en producción de artesanías, tradición que se había mantenido además por siglos. Pero esta actividad artesanal empezó a derrumbarse. Suplantada por nuevos y baratos artículos industrializados y por nuevas modas se volvió poco redituable económicamente. Para el 2000 se calculaba que la edad promedio de los artesanos superaba los treinta años y los jóvenes rechazaban masivamente aprender las técnicas y continuar las tradiciones.

La crisis económica impactó la producción audiovisual y cinematográfica del país, por sus mayores costos. Los programas de radio decrecieron de 6300 a 2800 en esos diez años; los programas de televisión, a pesar del explosivo incremento de televisores en los hogares, ya que en el 2000 casi el 90% de los hogares mexicanos tenían una TV, sólo aumentaron de 4800 a poco más de 6,000 en ese período; y la filmación de películas bajó de 105 a 53 largometrajes producidos en diez años. Hay que recordar que esta disminución en México se daba en un momento en que la multiplicación de medios y multimedia digital aumentaba la producción audiovisual en todo el mundo. Por otra parte, las salas de cine se multiplicaron, y si eran unas 200 en 1990 pasaron a ser casi 500 en el 2000. La globalización también llevó a un rápido cambio en la cultura cinematográfica. Si en 1990 el 50% de las películas exhibidas eran estadounidenses y el otro 50% mexicanas, en el 2000 el 85% eran estadounidenses y menos del 10% eran mexicanas. En otras palabras, la globalización significó que para el 2000 si bien prácticamente todos los mexicanos escuchaban radio y veían cine y televisión, la mayor parte de los contenidos reflejaban la cultura estadounidense, que ganó espacio sobre la mexicana en tan sólo 10 años.

Pese a ello sería un error asumir que la globalización ha implicado un cambio cultural generalizado o poco crítico. Las culturas cambian y se transforman de una manera interactiva y multidimensional, y además los cambios se dan paulatinamente y de generación en generación. Es decir, no se dan cambios culturales sino diálogos interculturales, prolongados y extendidos a través de los medios masivos de comunicación. Pero los nuevos valores, estilos de vida y tipos de consumo no se adoptan por suplantación sino que se suman a los ya existentes, y eso es lo que ocurrió con los mexicanos en esa década. De tal manera que si bien los mexicanos se asomaron al siglo XXI con una cultura más globalizada en especial en sus anhelos de consumo, no eliminaron ni despreciaron los valores propios sino que los hicieron convivir; ya fuera formas de hablar, modas, comida o música tradicio-

CAPÍTULO 4 LA CONSTRUCCIÓN DEL NEOLIBERALISMO MEXICANO

nal. Por supuesto que esto variaba si se trataba de sociedades rurales o urbanas, y de jóvenes o adultos mayores.

Un ejemplo extremo de cambio cultural no fue consecuencia sólo de la penetración de los medios de comunicación sino de la emigración a los Estados Unidos, ya que además gran parte de los migrantes eran jóvenes. La emigración a los Estados Unidos fue un proceso que se observó a todo lo largo del siglo XX pero que se acentuó en la década que consideramos. En el 2000 se calculaba que había 10 millones de mexicanos inmigrados de manera legal y unos 3 millones ilegales, y se realizaban más de 300,000 traslados al año entre ambos lados de la frontera norte. El impacto cultural sobre pueblos y comunidades mexicanas era grande. Sin embargo, la identidad mexicana y el orgullo de la cultura nacional se mantenían entre los inmigrantes legales e ilegales. Del lado estadounidense se desarrolló una cultura *Chicana*, una nueva identidad híbrida que mantenía el orgullo y los símbolos nacionales mexicanos quizás hasta con mayor fuerza que en México.

En México la cultura estadounidense se tomó de manera selectiva. Muchos de los ideales de consumo se adoptaron pero otros fueron incomprensibles y no pudieron ser traducidos a la cultura mexicana; o no se quiso hacerlo. El impacto cultural de la globalización también era muy distinto dependiendo de la clase social a la que se perteneciera. Más fuerte en las clases alta y media y mucho menor en la mitad de la población mexicana que en el 2000 se mantenía en la pobreza, y que en su cultura tradicional seguía encontrando una densa red simbólica de significados con los que alimentaba una alta calidad de vida no material, y de los que desprendían también señas de identidad compartidas con otras personas de su mismo grupo étnico, comunidad o barrio. Las identidades particulares compartidas siguieron

México está en sus mercados

siendo importantes marcadores culturales para construir redes de apoyo para sobrevivir en la precariedad. Pero el sexenio de Zedillo terminó con un México que pudo remontar la tormentosa crisis y asomarse al siglo XXI con nuevas perspectivas.

CAPÍTULO 5

NEOLIBERALISMO Y GLOBALIZACIÓN

La Transición Política del siglo XXI: El Sexenio Panista de Vicente Fox 2000 – 2006

Las secuelas de una crisis tan profunda como la que vivió el país fueron grandes y de larga duración. Aunque la peor parte de la crisis económica y política fue de 1994 a 1997, y desde ese año hasta el 2000 se encontraron mecanismos de negociación en lo político y también maneras de atenuar los daños económicos y sociales, la pérdida de legitimidad y confianza en el sistema político y particularmente en el partido que con distintos nombres se había mantenido en el poder más de setenta años, el PRI, era muy grande. Un sistema político sin legitimidad no permite la gobernabilidad y acaba gobernando mediante el uso de la fuerza. Esa ya no era una opción en México. Las reformas electorales por otro lado fortalecieron el sistema de partidos, al igual que los éxitos de la oposición en las elecciones intermedias de 1997. La sociedad civil se volvió más participativa y organizada. Llegaron las elecciones del año 2000 y las condiciones estaban dadas para que el PRI perdiera por primera vez en setenta años la presidencia de México. Y así fue.

La Vida Política

El proceso electoral fue inédito, fue evidente el ascenso político de los dos principales partidos de oposición, el PAN orientado hacia la centro derecha y la democracia cristiana, y el PRD, más hacia centro izquierda y la democracia social. No fue tanto la militancia de los partidos políticos, ni la diferencia razonada entre sus distintas plataformas ideológicas lo que orientó la lucha electoral, sino la inconformidad generalizada de la sociedad civil mexicana. El PRD postuló por tercera vez a su figura fundadora, Cuauhtémoc Cárdenas; el PRI a un político de carrera, Francisco Labastida y el PAN a una figura ciudadana que se había distinguido durante los años de la crisis por ser un activo contestatario al sistema; Vicente Fox Quezada. Fox fue Diputado federal por su estado, Guanajuato, en 1988 incorporándose a una coalición encabezada por el PAN, y luego contendió como candidato a gobernador por la misma entidad. Sin embargo, siempre se encontró relativamente alejado de la ideología de ese partido

La participación ciudadana fue muy amplia al igual que el número de personas que acudió a las urnas. Gracias a ello los tradicionales mecanismos de coacción, compra de votos y manipulación de actas electorales fueron superados por la copiosa votación, que dio el triunfo y llevó a la presidencia de la república a Vicente Fox, el entonces carismático líder en quien la gente percibía más el discurso ciudadano que partidista. Este fue el mayor cambio político de México en décadas. El país recibió el siglo XXI con el PRI fuera de la presidencia y como segunda fuerza política. La rápida aceptación de la derrota ayudó a una transición si no tersa si libre de violencia; y así el mismo día de la elección México pudo observar al Presidente Zedillo y a la presidenta del PRI a nivel nacional, la yucateca Dulce María Sauri,

CAPÍTULO 5   NEOLIBERALISMO Y GLOBALIZACIÓN

proclamar el triunfo del PAN. Una nueva época se vislumbraba para México y Vicente Fox tomó posesión como Presidente el primero de diciembre del año 2000.

Los principales eventos políticos del sexenio sin embargo fueron disminuyendo el entusiasmo inicial del cambio, pues de hecho los grupos de interés económico y de manejo del poder que se encontraban por encima de cualquier militancia partidista, siguieron influyendo para que México continuara profundizando el modelo de apertura comercial y nuevo liberalismo. Para bien en el sentido de que se lograron cambios democráticos y transformaciones sin violencia ni sangre, además de que se mantuvo el equilibrio económico y la disciplina financiera del Estado; y se diversificó y aumentó la exportación manufacturera. Para mal, en el sentido de que la desigualdad social aumentó, al igual la presencia del narcotráfico; y los indicadores de pobreza, empleo y niveles de vida de más de la mitad de la sociedad mexicana no mejoraron, o lo hicieron con mucha lentitud. En términos políticos Fox inauguró un estilo inédito en la vida institucional de México, cuya vida presidencial se caracterizaba por ser muy formal, diplomática y protocolaria.

Fox fue un presidente informal, directo y con un lenguaje llano y popular. Ello no hizo la vida política de México más efectiva, pero si la hizo más democrática. Inauguró la esperanza, que resultó fallida en poco tiempo pero que funcionó al principio del sexenio, de que la sociedad civil aliada a partidos de oposición podía acceder al poder del Estado y lograr cambios. El monopolio legal de la violencia siguió estando en manos del Estado y se ejercía, pero ciertamente se optó por un camino de diálogo con la guerrilla zapatista de Chiapas, el Ejercito Zapatista de Liberación Nacional, EZLN, a quien se invitó a acudir a la Cámara de diputados a expresar sus planteamientos en 2001. De igual manera se dio marcha atrás y no se impuso el poder del Estado en el año 2001, cuando los campesinos propietarios de las tierras se opusieron a la construcción de un nuevo aeropuerto en San José Atenco, obra crucial para la ciudad de México. Hubo mayor libertad de expresión y crítica en los medios de comunicación, donde ahora se podía hacer burla de la figura presidencial sin consecuencias.

A diferencia de las presidencias del PRI no elaboró un gabinete presidencial totalmente a modo ni partidista, es decir sólo con militantes del PAN, el partido que lo llevó a la presidencia, sino que también incorporó algunas personalidades de la sociedad civil, del mundo intelectual y del mundo empresarial; como Jorge Castañeda, Adolfo Aguilar Zínser, Carlos Abascal y Luis Derbez, entre muchos otros; aunque en su gabinete predominaron las figuras cercanas al PAN. El sexenio de Fox no se caracterizó por guardar muy buenas relaciones en materia de política y diplomacia internacional. El esfuerzo más importante en ese sentido fue el prolongado intento que realizó México por lograr un acuerdo migratorio con el gobierno estadounidense de George W. Bush. Con un número de creciente de miles de inmigrantes mexicanos de carácter ilegal que cruzaban la frontera con Estados Unidos, que se sumaban a los tres millones ya existentes en el 2000, así como con más de 10 millones de mexicanos con residencia legal en ese país que atraían a otros compatriotas, parecía una medida lógica trabajar en un acuerdo que regulara el paso de la población mexicana.

Por el lado mexicano se planteaba establecer cuotas y mecanismos de traslado de los trabajadores temporales a los Estados Unidos, por el lado estadounidense legalizar a la población con más de cinco años de

CAPÍTULO 5   NEOLIBERALISMO Y GLOBALIZACIÓN

residencia y garantizar derechos a los trabajadores temporales. Nada de esto se logró pese a que se negoció largamente. Los atentados a las torres gemelas de Nueva York del 11 de septiembre del 2001 levantaron una opinión pública norteamericana adversa a facilitar la inmigración extranjera e hizo que las fronteras se endurecieran. El segundo evento diplomático que echó por tierra el tratado migratorio, fue la oposición de México en las Naciones Unidas para aprobar la invasión de los Estados Unidos a Irán. México votó en contra de esta invasión y esto deterioró las relaciones entre Fox y Bush, y entre los gobiernos de ambos países en general. De esa manera no se logró un acuerdo migratorio, que en términos sociales y económicos era fundamental para millones de migrantes mexicanos como sigue siéndolo hasta el día de hoy.

Pese a su triunfo Fox y el PAN no pudieron contar con la mayoría necesaria en la Cámara de Diputados y en la de Senadores para imponer o negociar reformas más profundas de carácter económico, político ni social. El PRI había perdió la presidencia de la república pero su vieja estructura partidista y sus grupos regionales de poder aún permanecían operando en toda la nación, pues contaba con gobernadores, Diputados y Senadores. Por otro lado, la izquierda, agrupada o aliada en su mayor parte con el PRD era la tercera fuerza del país y controlaba un buen número de espacios políticos. Durante todo el sexenio, y en parte por el propio estilo informal de gobernar de Fox, la negociación con ambas fuerzas políticas fue muy difícil y los enfrentamientos numerosos. Esta falta de control del poder legislativo y del Senado impidió que avanzaran y se aprobaran las reformas más importantes que se plantearon en ese sexenio.

La Vida Económica

Las reformas fundamentales de carácter económico que se propusieron fueron tres. La primera fue la reforma fiscal, que con distintos tipos de impuestos buscaba ampliar la base impositiva para dotar de recursos económicos al Estado mexicano, que durante un siglo se había mantenido como uno de los países latinoamericanos que menores impuestos recauda y cuyo déficit tributario era suplantado con la venta de petróleo. Esta reforma tendría como ventaja obtener más dinero para la Hacienda pública, pero a costa de que los impuestos los pagaran pocos y empobrecidos contribuyentes, ya que la mitad de la población era pobre y el 96% de las empresas mexicanas eran micro o pequeñas. La segunda reforma que se impulsó fue la que tenía que ver con la reglamentación del empleo. La reforma del trabajo buscaba profundizar las relaciones laborales de carácter liberal; eliminando prestaciones y mínimos salariales, haciendo más barata la fuerza de trabajo y flexibilizando su contratación con la intención de aumentar las plazas de empleo, pero con el riesgo de hacer aún mayor la precariedad y vulnerabilidad del mismo, que era lo que de todas maneras estaba sucediendo aún sin la reforma.

La tercera reforma propuesta fue la energética, que buscaba privatizar muchas de las etapas de la exploración, explotación, transformación y venta del petróleo, permitiendo el acceso de capital internacional privado al manejo de este recurso, con la intención de disminuir los subsidios del Estado y aumentar los niveles de producción; pero con el riesgo de perder el control de un recurso estratégico y aumentar la dependencia al capital externo. De manera secundaria la reforma energética también planteaba la necesidad de buscar nuevas formas de generación de energía. Estas tres reformas se

CAPÍTULO 5   NEOLIBERALISMO Y GLOBALIZACIÓN

debatieron en las arenas políticas de las Cámaras de Diputados y Senadores, donde el PAN y el Presidente nunca tuvieron la mayoría necesaria y no fueron aprobadas en todos esos años. Si la apertura al diálogo con la sociedad fue el éxito, la incapacidad de negociación con las fuerzas de oposición partidistas fue el fracaso político de este sexenio.

Con muy poco crecimiento y lenta generación de empleo, el comportamiento de la economía mexicana en este período fue mejor de lo que podía esperarse. Si bien el crecimiento de la economía fue raquítico se logró terminar el sexenio sin devaluar la moneda ni aumentar sensiblemente el endeudamiento. De manera inteligente muchas de las políticas con las que Zedillo había logrado la estabilidad económica los últimos años de su mandato se mantuvieron pese al cambio del partido en el poder. El modelo para el desarrollo de México seguía siendo neo liberal, aunque el poder se hubiera trasladado del PRI al PAN. Fox enfrentó al igual que muchos otros países del mundo la fuga de capitales extranjeros dedicados a la manufactura de exportación. La entrada de China a los grandes organismos económicos mundiales convirtió a esta nación en un área de inversión nueva que atrajo a numerosos capitales. México no fue la excepción y a partir del 2001 muchos de los capitales invertidos en las *maquiladoras* de todo el país se trasladaron allí, disminuyendo la inversión extranjera directa y volviendo más lento el ritmo de crecimiento económico de México.

La Vida Social

Los cambios en la estructura y dinámica social que podemos observar en México estos primeros años del siglo XXI nos muestran el mantenimiento de las tendencias observadas a partir de las décadas anteriores. En lo demográfico la natalidad continuó disminuyendo y la tasa de fecundidad se ubicaba en 2.2 hijos por familia, aunque en las ciudades apenas llegaba a 1.8. Pero el bono demográfico acumulado en los años previos a la crisis aumentó sensiblemente el número de jóvenes que años tras año se incorporaban a la fuerza de trabajo y a la vida adulta, demandando nuevas plazas de empleo y mayor nivel educativo. En 2005 México tenía 104 millones de habitantes y la población menor de 35 años era el 68%. Los jóvenes como un actor social colectivo con demandas específicas para su grupo de edad, se establecieron con fuerza en todos los ámbitos de la vida social y se volvieron el grupo con más necesidades sociales, educativas y laborales.

Pero otros desequilibrios en la pirámide de edades también se empezaron a reflejar. A partir del 2005 fue sensible que la población mexicana envejecía más cada año, y que las necesidades de los adultos mayores y sus demandas por un mejor nivel de vida se perfilaban también como un conjunto muy particular de necesidades sociales, para cuya satisfacción México aún no estaba adecuadamente preparado, como tampoco lo estaban la mayor parte de las naciones del mundo. La población mayor de 60 años era ya el 8% y seguía creciendo. Jóvenes y adultos mayores aparecieron con claridad como nuevos actores colectivos en la vida social mexicana. También el proceso de urbanización se acentuaba. Las capitales de los estados crecían no sólo demográficamente, sino que una docena de ellas subrayaron con claridad su vocación metropolitana en distintas regiones del norte, centro y sur de México.

No se trataba solamente de un crecimiento de la población sino de una verdadera reestructuración del territorio, una redefinición de funciones urbanas y el establecimiento de nuevos usos del espacio en

CAPÍTULO 5   NEOLIBERALISMO Y GLOBALIZACIÓN

términos de servicios, administración, gobernanza, actividades lúdicas y tecnología digital. Las treinta ciudades capitales, pero en especial las doce zonas metropolitanas, se ubicaron como los verdaderos espacios globales de México. Estos espacios se dedicaban de manera preferente a las actividades del sector terciario. La nueva sociedad urbana mexicana ya no se ocupaba en la agricultura ni la industria, sino en los servicios y el comercio. En estos nuevos espacios se asentaron de manera privilegiada los nuevos valores culturales y los nuevos saberes digitales de la globalidad. Internet y las redes sociales empezaban a imponerse y los nuevos consumos culturales se adaptaron de manera híbrida a la cultura mexicana de cada región, a las distintas idiosincrasias de las culturas regionales y a sus diferentes potencialidades económicas, y luego se extendieron sobre las ciudades menores y territorios rurales circundantes.

La sociedad mexicana y no sólo su economía se globalizaban con rapidez. Veamos las cifras: en 2005 existían 10.8 millones de computadoras personales en el país, y lo que es más importante su uso se había extendido en forma predominante hacia el hogar, pues de estas el 58% estaban instaladas en los hogares y el 42% en empresas. El uso de teléfonos móviles era aún mayor pues llegaban a 46.1 millones. Casi la mitad de la población tenía acceso a un teléfono móvil y el 10% a una computadora. Hasta esos momentos sólo la mitad de la población, los pobres de México, estaban excluidos de la sociedad digital. Incluso la población que aún tenía carencias pero ya había salido de la pobreza económica se estaba incorporando al uso de estos medios. Pero lo que es más interesante es que 6.3 millones, el 58% de las computadoras ya estaban conectadas a internet. Por supuesto que los equipos tenían más de un usuario y había 17.1 millones de internautas; se trataba de una población cuyo rango de edad fluctuaba entre 15 y 35 años. Prácticamente la mitad de los jóvenes mexicanos ya estaban conectados a internet pues los mexicanos entre 15 y 35 años eran 37 millones en 2005. La mayoría se conectaba desde su domicilio más de tres horas diarias, y lo utilizaban para actividades sociales, culturales y recreativas más que para el trabajo. Internet era aún una actividad vinculada a las clases alta y media pero se democratizaría con rapidez los próximos años hasta alcanzar a la mitad de la población más pobre. En una década más las redes sociales incorporarían con rapidez a la otra mitad de los mexicanos sin esperar a que estos salieran de la pobreza.

La mayor apertura comercial y la permeabilidad de la frontera norte acercaron la demanda de drogas del mercado norteamericano a México. La delincuencia organizada estadounidense incrementó sus lazos con la mexicana y el tráfico de drogas hacia Estados Unidos y de armas hacia México se incrementó. El narcotráfico aumentó en todo el país, así como la fuerza de la delincuencia organizada que ahora se dedicaba no sólo a traficar drogas sino también a producirlas. La importancia económica del mercado de las drogas aumentó, así como los cárteles, que ahora luchaban por controlar los territorios dedicados a esta actividad. Poco a poco el narcotráfico, la violencia y la inseguridad pública se volvieron el principal problema social de México, en especial en ocho de sus treinta y dos entidades. Entre las innumerables iniciativas para combatir la delincuencia en 2001 se creó una de las más exitosas, la Agencia Federal de Investigación, la AFI, una corporación policíaca civil que sobrevivió hasta 2009. Pese a ella hubo un aumento del crimen organizado en el sexenio.

La política social que se mantuvo fue en esencia la continuación

CAPÍTULO 5 NEOLIBERALISMO Y GLOBALIZACIÓN

de las estrategias ya inauguradas de los programas anteriores de *Solidaridad y de Progresa* de los sexenios anteriores. Se trataba del mismo discurso, no fomentar el asistencialismo ni el subsidio sino la inclusión y la equidad, en especial la de género aumentando el papel protagónico de las mujeres como agentes de cambio social. La política social de este sexenio tuvo varias vertientes. El combate a la pobreza continuó privilegiando las transferencias de dinero en efectivo y la eliminación de la pobreza alimentaria, para ello se diseñó una estrategia amplia llamada *Contigo* y un programa llamado *Oportunidades*. Tuvieron un éxito relativo pues bajaron los indicadores relacionados con la pobreza extrema y el hambre, y también mejoraron sensiblemente aquellos relacionados con la dotación de una mayor infraestructura a las viviendas. Pero de nuevo la población en pobreza y la vulnerable por malas condiciones de trabajo sólo experimentaron una leve mejoría. Más éxito tuvo la inauguración de un programa de ayuda en efectivo a la población adulta mayor de 65 años desempleada que empezó a recibir dinero; pequeñas cantidades que le permitían comer y un rol familiar más digno. De igual forma otra de las estrategias de *Contigo* respecto a la salud tuvo efectos positivos. Se creó el *Seguro Popular*, que una fue una estrategia más que una institución, destinada a tratar problemas de salud de la población que no tenía acceso a ningún tipo de servicio de salud institucional.

La Vida Cultural

El régimen de Fox lanzó un Programa Nacional de Educación 2001 – 2006 que en lo sustantivo ampliaba las políticas en educación delineadas ya en el régimen anterior de Zedillo: generar nuevas competencias educativas para un mundo global y competitivo. Se vinculó con fuerza este Programa al Plan Nacional de Desarrollo del mismo período. Se trataba sobre todo de vincular la educación al aparato productivo del país, dar mayor importancia a la tecnología y a la modernización digital y desarrollar un enfoque productivista y guiado por la educación para la búsqueda de empleo. Se le dio gran importancia a la incorporación de nuevas tecnologías y medios digitales en el proceso educativo, así como al desarrollo de habilidades en este campo. El concepto básico del sexenio fue el de "sociedad del conocimiento"; sumergir a México y a los jóvenes estudiantes en esta nueva sociedad producto de los cambios globales y las revoluciones digitales. El esfuerzo fue interesante pero el éxito limitado, pues después de seis años la posición de los indicadores educativos de México subió muy poco en los índices internacionales en comparación con otros países similares de América Latina y del mundo.

Por lo demás se mantuvo el apoyo a la educación superior, al Sistema Nacional de Investigadores y al Sistema nacional de Creadores. Sin embargo, el dinero destinado a ciencia y educación superior siguió siendo insuficiente y no llegó de nuevo ni al 1% del PIB, uno de los más bajos de los países miembros de la OCDE. Más éxito tuvieron distintos programas de becas educativas que de manera muy generosa permitieron que miles de estudiantes pobres pudieran cursar la educación media superior y superior. Es interesante llamar la atención de que no se habló de una reforma educativa similar a las antes mencionadas sino de un nuevo programa. Y esto fue así porque el régimen de Fox pactó un cambio gradual con la lideresa del poderoso sindicato de maestros de México, Elba Esther Gordillo. Este sindicato que llegó a agrupar hasta un millón de maestros era el más grande de América Latina y había sido un aliado histórico del PRI. Ahora lo era del PAN, y en consecuencia proponer cambios más profundos podía romper esa alian-

CAPÍTULO 5   NEOLIBERALISMO Y GLOBALIZACIÓN

za, por lo que se optó por transformaciones graduales que fueron poco efectivas.

En otros aspectos culturales se habló de ciudadanizar la cultura y se elaboró un Programa Nacional de Cultura para todo el período; pero en realidad más bien se le privatizó y se alejó al Estado de las actividades de mecenazgo que le eran típicas en el pasado, que si bien buscaban establecer una relación clientelar con la comunidad artística mexicana, también habían apoyado el desarrollo de las artes de todo tipo en México. Quizás por ello el régimen panista de Fox gozó de poca popularidad entre los intelectuales mexicanos independientes, más afines a la izquierda que a la derecha panista. En realidad la política cultural fue una de las que menos cambió en la transición del PRI al PAN. En 1988 Salinas fundó el Consejo Nacional Para la Cultura y las Artes, Conaculta, y su órgano de fomento artístico, que fue el Fondo Nacional Para la Cultura y las Artes, Fonca. Su proyecto fue liberalizar y modernizar la producción artística de México y en gran medida atraerse a la comunidad artística y creadora para legitimar su gobierno. Hasta el 2006 Conaculta y Fonca cambiaron muy poco no sólo de estructura y funciones, sino también de funcionarios, por lo que podemos observar una gran continuidad en la política cultural mexicana.

Lo que sucedió en este período fue que hubo una mayor inversión en infraestructura cultural, como centros para las artes, escuelas y bibliotecas ya que se abrieron 1,100. Destaca entre la infraestructura la mega biblioteca "José Vasconcelos", una de las más grandes de América Latina. Pero al mismo tiempo disminuyeron los recursos para los creadores y la creación artística de todo tipo. La productividad artística mexicana que dependía de algún financiamiento oficial fue afectada en el período. Por otro lado, no se atendió a tiempo, antes de que entrara a plenitud a funcionar el TLC en 2004, modificar las condiciones en las que México había negociado la apertura de sus industrias culturales, que puestas a competir en desigualdad económica quedaron subyugadas por las norteamericanas. Por ejemplo, Canadá puso en el Tratado a buen resguardo algunas de sus propias industrias culturales como el cine, la edición de libros o las artesanías, que no incluyó por tratarse de actividades que mantenían su identidad cultural. México no alcanzó a hacerlo y su industria cultural independiente se vio mermada por ello.

En términos generales la primera administración de oposición en México logró menos de lo que las expectativas del país esperaban. En términos positivos se mantuvo el equilibrio económico y político, hubo crecimiento, se mantuvo el proyecto social de largo plazo y se evitó la

Artesanía textil mexicana

CAPÍTULO 5   NEOLIBERALISMO Y GLOBALIZACIÓN

siempre esperada crisis sexenal. Su mayor logro podría resumirse en la palabra equilibrio. Sin embargo, este equilibrio también significó poco desarrollo, no profundizar más en las reformas políticas, disminuir poco la pobreza y no efectuar un cambio profundo de las instituciones sociales y en las alianzas corporativas tradicionales, como el sindicato de maestros, que fortalecían cada sexenio al gobierno pero le impedían efectuar reformas de fondo.

La Segunda Presidencia Panista: El Sexenio de Felipe Calderón: 2006 – 2012

Las reformas políticas de carácter electoral y la experiencia de un sexenio de gobierno de un nuevo partido que antes era oposición aumentaron la participación ciudadana y de los partidos políticos. Pero el ritmo de las transformaciones democráticas era lento y pese al equilibrio macroeconómico y la relativa salud de las finanzas públicas alcanzadas por México, el ritmo de desarrollo no generaba empleo suficiente para las nuevas generaciones ni disminuía la desigualdad y la pobreza con la rapidez que se necesitaba. Por otra parte, el ascenso de las fuerzas políticas de la izquierda fue de la mano del descenso de la popularidad de Fox y del PAN, al menos en comparación con la indudable mayoría con la que había ascendido al poder en el año 2000. El PAN postuló como candidato a presidente de la república a Felipe Calderón Hinojosa, que a diferencia del pragmático Fox era un viejo militante panista. Por la izquierda compitió para presidente Andrés Manuel López Obrador postulado por el PDR en alianza con otros partidos, y por el PRI Roberto Madrazo Pintado.

La Vida Política

Las elecciones de julio de 2006 mostraron que la izquierda liderada por el PRD se volvió segunda fuerza política del país, que el PRI cayó a tercera fuerza y que el PAN se mantuvo como la primera fuerza política y Felipe Calderón ganó la presidencia. Pero el triunfo se logró por un margen tan pequeño, de apenas el 0.56%, que el PRD denunció un fraude electoral y reclamó un nuevo conteo de todos los votos, lo que no se hizo. En septiembre Felipe Calderón fue nombrado Presidente de la República, pero la acusación de fraude, probable pero nunca probada, fue el elemento sobre el cual se construyó una tensión política permanente durante los siguientes seis años. Tuvo tres consecuencias amplias sobre la vida política del país en ese período: por una parte volvió crónico el enfrentamiento entre la derecha y la izquierda, es decir entre los partidos del PAN y el PRD; por otra mantuvo a Andrés Manuel López Obrador como el líder más importante de la oposición al gobierno en México y finalmente provocó que el PRI, pese a que había caído como tercera fuerza política, se volviera fundamental como aliado del gobierno panista para sacar adelante reformas y todo tipo de decisiones de gobierno, dado que tenía la oposición permanente de la izquierda; llegando en muchas ocasiones a establecerse un co-gobierno para algunas decisiones en la Cámara de Diputados. El enfrentamiento entre izquierda y derecha le dio la oportunidad al PRI de oponerse a reformas y cambios que se consideraban sustantivos para mejorar la vida política del país, y en ese sentido demostrarle al gobierno del PAN que aún tenía un amplio poder.

El 5 de septiembre el Tribunal Federal Electoral le otorgó el triunfo en las elecciones a Felipe Calderón quién tomo posesión como Presidente de México el primero de diciembre de 2006. Su toma de

CAPÍTULO 5   NEOLIBERALISMO Y GLOBALIZACIÓN

posesión en la Cámara de Diputados fue la más conflictiva que se haya vivido en el país por la negativa de la izquierda a aceptar su triunfo, y tuvo que realizarse con el concurso de la fuerza pública. Esta situación acarreó una limitación en la capacidad de gobierno de Calderón pues le hizo perder legitimidad política, lo que dificultó la gobernanza. Esta pérdida de gobernanza, comprendida como pérdida de confianza de la sociedad en los actos de gobierno, no fue tan lejos como para poner en peligro la gobernabilidad de México, comprendida como la capacidad de llevar a cabo las decisiones y actos decididos por las instituciones del Estado. El país seguía siendo institucional y la administración gubernamental cumplía sus funciones con regularidad.

En términos políticos estos seis años estuvieron marcados por la tensión generada en las elecciones; pese a ella y en parte para aliviarla, se hicieron importantes avances en términos de reformas electorales y en la administración pública. Algunos de los más importantes fueron los siguientes: En 2007 se efectuó una reforma electoral que llevó al cambio de todos los integrantes del Instituto Federal Electoral, IFE, modificó las reglas de participación de los partidos y disminuyó el gasto en campañas políticas poniendo límite al dinero que se podía destinar a pagar los medios de comunicación, para evitar que estos continuaran convirtiéndose en una fuerza electoral por sí mismos. En 2012 se llevó a cabo una nueva reforma política en la que destacaron varios cambios; se permitieron las candidaturas independientes, es decir se podía contender a puestos de elección popular sin hacerlo a través de un partido político; se estableció la figura de consulta popular, de iniciativa preferente y de reglas para la suplencia en la presidencia de la república.

Sin embargo, no se llevaron a cabo importantes modificaciones constitucionales que se venían debatiendo desde hacía años y eran indispensables para modernizar la vida política de México, efectuar una verdadera transición democrática y transformar a fondo el viejo sistema de poder gubernamental. En particular se detuvieron tres cambios: la posibilidad de la reelección de los presidentes municipales y legisladores para un segundo período de gobierno; la reducción a 100 Diputados federales y 32 Senadores para integrar el poder legislativo, ya que en ese momento y hasta la actualidad se eligen 500 Diputados y 128 Senadores para las Cámaras respectivas y, sobre todo, la reforma más importante de todas, fundamental en los sistemas políticos donde hay más de dos partidos hegemónicos; la segunda vuelta en las elecciones presidenciales cuando no se tiene al menos la mayoría simple del 51% de los votos, para evitar gobiernos de minoría. En ese sentido la reforma política de esos momentos quedó incompleta e incluso abrió la puerta a nuevos problemas, ya que al permitir la multiplicación de candidaturas sin segunda vuelta se aumentaron las posibilidades de tener gobiernos de minoría con el riesgo de pérdida de legitimidad y de gobernabilidad.

Es de llamar la atención que durante los seis años de este gobierno se modernizaron muchos sistemas de leyes y reglamentos, realizando treinta modificaciones y adiciones a la Constitución Política del país decretada en 1917. Se establecieron también nuevas leyes anticorrupción, entre la que destacó la Ley Federal Anticorrupción en Contrataciones Públicas, y aunque éste mal no se pudo erradicar de la administración pública, en lo general se trató de contenerlo. Se buscó la simplificación de la burocracia para aumentar la competitividad del gobierno y de las empresas privadas, y se logró la eliminación o simplificación de 2,841 trámites y servicios que los ciudadanos y los empresarios tenían que realizar en las oficinas de gobierno. De igual manera se establecieron leyes y reglas de transparencia obligatoria en los tres niveles de la administración pública; el federal, el estatal y el municipal, que ahora se veían obligados a dar información al público sobre el ejercicio de su presupuesto.

El rasgo de la vida política más importante de México durante estos años fue el empoderamiento de los partidos políticos. En la búsqueda de mantener el equilibrio del sistema político mexicano y recuperar la legitimidad cuestionada por la cerrada elección de 2006, el presupuesto y las prebendas de los partidos se multiplicaron y se legitimó aún más su participación con la reforma electoral. Se marcó el carácter multipartidista de la democracia mexicana y la sociedad política del país se volvió una sociedad de partidos, dialogando y aliándose entre sí más que con la sociedad civil y en lucha por alcanzar posiciones de gobierno.

La Vida Económica

Pese a la crisis política a fines de 2006 el nuevo gobierno de la república recibió una economía en muy buen estado. El Producto Interno Bruto de ese año (PIB) tuvo un crecimiento del 5.2%, el más alto en muchos años. Su reto era no sólo mantenerlo sino incrementarlo. Lo que no se pudo hacer. El cuidado de muchas variables macro económicas fue razonable a lo largo del sexenio, pero en parte por razones externas, como la nueva crisis financiera internacional provocada la especulación con capital inmobiliario durante 2008 y 2009, que afectó la demanda en el principal mercado mexicano que era el de Estados Unidos; y también por razones internas, en especial la baja productividad e innovación de la planta productiva, el crecimiento del PIB todos los años del sexenio fue menor a la cifra recibida en 2006.

Las estrategias económicas del gobierno de Calderón pueden comprenderse mejor si las ubicamos en dos vertientes. Por una parte, estaban las políticas económicas que se enfocaron al control de las variables de corto plazo y gran magnitud; como el control de la inflación, el pago y límites de la deuda internacional contratada, el control de la paridad del peso frente al dólar disminuyendo el ritmo de devaluación y el papel regulador de la Banca central manteniendo una alta reserva de divisas. En ese renglón su política económica fue bastante exitosa si consideramos la magnitud de la crisis internacional que asoló las principales economías mundiales e hizo decrecer el nivel de la demanda de los principales socios comerciales de México durante varios años, así como la multitud de factores que afectaron la economía mundial. El sector exportador manufacturero mexicano se diversificó y algunas de sus ramas crecieron levemente, disminuyendo hacia el final de sexenio la dependencia hacia los ingresos generados por las exportaciones petroleras.

Sin embargo, otras políticas económicas de largo plazo no tuvieron éxito, en especial aquellas vinculadas a propiciar el incremento de la productividad y la innovación tecnológica. La planta productiva mexicana se mantuvo con bajos índices de productividad si los comparamos con los de sus principales socios comerciales como Estados Unidos y algunos países europeos, pero también con los países asiáticos con los que comercia como China, Corea del Sur y Japón. Incluso la productividad era baja si la comparamos con la de otros países que no son socios preferenciales pero que también se ubican en América Latina como Chile, cuya manufactura si bien mucho más reducida en tamaño, consiguió el doble de productividad de la mexicana. La mayor parte de la planta manufacturera mexicana se basa desde

CAPÍTULO 5   NEOLIBERALISMO Y GLOBALIZACIÓN

entonces en la importación de tecnología y de conocimiento para su uso. La innovación necesaria para incrementar la productividad se ha centrado en importar y adaptar nuevas tecnologías más que en crear las propias.

En ello ha influido, y ya venía haciéndolo desde que comenzó la apertura neoliberal en los años ochenta, la cercanía con la frontera de Estados Unidos que facilita conocer, comprar y adaptar toda clase de tecnología. Pero más que eso está el hecho de que la mayor parte de las nuevas industrias y empresas comerciales y de servicios de gran tamaño corresponden a empresas extranjeras y a capital norteamericano, en especial grandes cadenas de corporativos y *holdings* que obtienen parte importante de sus ganancias produciendo e importando su propia tecnología, y no están interesadas en realizar la inversión necesaria para producirla en México o comprarla a nuevos proveedores nacionales. De esta manera si bien la apertura económica y comercial se sostuvo y el control de las variables macro económicas permitió que México continuara atrayendo nuevas inversiones de capital extranjero, al mismo tiempo este desarrollo dependiente limitó la creación de una base tecnológica propia. No fue por supuesto la única razón.

El Estado sólo pudo modernizar de manera limitada el sistema educativo general y los sistemas y subsistemas de investigación vinculados a la Investigación y Desarrollo (I + D). La investigación se centró más en la producción de cuadros profesionales a través de la enseñanza universitaria y sólo de manera muy limitada a la planta productiva. La dificultad en la construcción de puentes entre la I + D y la producción económica no sólo fue consecuencia de la falta de infraestructura, de las políticas de investigación o de lo limitado del conocimiento que pudiera estar guiando la investigación en México, aunque algo hay de cada uno de estos factores; sino en gran medida por que las empresas más innovadoras, productivas, ricas y competitivas son extranjeras, con intereses ya desarrollados y con proveedores preestablecidos de nuevos conocimientos científicos y de herramientas tecnológicas, por lo que su necesidad e interés de invertir en la investigación científica mexicana o de aplicar los productos o patentes que surgen de ella es muy limitada.

De hecho para estas empresas invertir en conocimiento científico y tecnología hecha en México sería atentar contra sus propios intereses económicos, ya que muchas de sus filiales son las dedicadas a producir y comercializar su tecnología. Esto por supuesto debería aumentar la importancia de la inversión del Estado en la generación de una base tecnológica nacional, y en el desarrollo de políticas de investigación para impulsar una comunidad académica que se oriente a la I + D. Sin embargo en parte por falta de recursos y en parte por el desinterés en generar políticas científicas efectivas, el gobierno mexicano no pudo realizar las inversiones y cambios necesarios para impulsar la planta científica nacional, y aunque destinó un buen presupuesto a la ciencia, los montos fueron incluso menores a los de sexenios anteriores en relación al porcentaje que significaban dentro del PIB nacional, muy inferior al 1% y lejano a los mínimos considerados por la OCDE para países en vías de desarrollo.

La baja productividad de las empresas y el sector productivo nacional no era sólo consecuencia de una baja competitividad por falta de nueva tecnología nacional o de fuerza de trabajo capacitada. Muchos otros factores como el alto interés de los créditos durante esos años y el monopolio de los sectores más dinámicos del mercado por grandes empresas extranjeras influyeron con igual o mayor fuerza en todo el sector

CAPÍTULO 5   NEOLIBERALISMO Y GLOBALIZACIÓN

empresarial mexicano. Aumentaron los créditos a las empresas mexicanas, en especial de dos fondos ya existentes, el de *México Emprende* que creció un 40% y el *Fondo Pyme* destinado a las micro, y pequeñas empresas, que creció 10 veces más. En el sexenio se crearon 51, 520 empresas, pero el 98% eran micro y pequeñas, con muy baja capacidad de crear empleo y ofrecer trabajo decente. En el sexenio se crearon dos millones y cuarto de empleos pero quedaron pendientes dos millones y medio para mexicanos que permanecieron desempleados. La combinación de todos estos factores dio como resultado que, pese a la disciplina fiscal, el bajo endeudamiento y el control de la inflación y de la tasa de cambio del peso frente al dólar, México no pudiera alcanzar las tasas de crecimiento necesarias para generar un desarrollo económico que se extendiera a toda la población que lo necesitaba.

En 2007 la tasa de crecimiento del PIB fue de 3.3%, en 2008 bajó 1.5%, en 2009 y resintiendo la crisis hipotecaria internacional el país tuvo una crisis momentánea que hizo bajar el PIB hasta −6%, recuperándose en 2010 al 5.5%, y bajando de nuevo a 3.9% en 2011, para cerrar el sexenio con un porcentaje similar de 3.9% en el año 2012. Pese a que el crecimiento del PIB fue bueno, la economía general creció sólo un promedio de 1.9% anual. El bajo crecimiento por supuesto disminuyó el ingreso promedio *per cápita* de todos los mexicanos y aumentó en los peores años el porcentaje de población en pobreza, acercándola de nuevo casi a la mitad de la población total, pues en 2010 alcanzó al 46.1%, aunque después la pobreza volvió a disminuir levemente y cerró el sexenio en 2012 con 45.5%. Si aunamos a estos pobres el casi 35% de la población que sin ser pobre tenía carencias que la volvían vulnerable, el porcentaje subía al

80.2%, pues sólo el 19.8% de los mexicanos se consideraba una población que no era pobre ni tenía carencias que la volvieran socialmente vulnerable.

Los bajos ingresos de la población que no tenía mucha capacidad adquisitiva afectaron a su vez el mercado interno. El mercado interno mexicano seguía siendo muy inferior al de sus principales socios comerciales, lo que mantuvo a la población con poco empleo y bajos salarios, con la secuela de limitados niveles de consumo y bienestar. Sin un dinámico mercado interno que es del que dependen la mayor parte de las empresas mexicanas que generan empleo, no se pueden elevar los niveles de vida y bienestar social de la mayoría. México cerró el año 2012 con una economía que había mantenido su disciplina financiera; con altas reservas de divisas en el tesoro nacional, una baja inflación y una devaluación controlada. Tuvo la inflación más baja y la acumulación de reservas internacionales más alta desde 1982 y una deuda pública estable.

Esas eran las buenas noticias. Por ellas en el año 2010 a México se le otorgó el Premio Nueva Economía al Desarrollo Económico y la Cohesión Social, por parte de la organización *Nueva Economía Forum* de España. También en el año 2013 México mejoró cinco posiciones, pasando del lugar número 53 al lugar 48, de entre 185 países evaluados por el Banco Mundial en su índice de países con mayores facilidades para hacer negocios. Las malas eran que seguía dependiendo del sector exportador y de las empresas extranjeras para crecer. También que la falta de un mercado interno dinámico impidió que su crecimiento se transformara en un desarrollo social más acelerado, por lo que si bien México se ubicaba en esos momentos entre las veinte economías más dinámicas del mundo, la pobreza no disminuyó sensiblemente ni se generó el suficiente empleo.

La Vida Social

Ante la falta de empleo, la casi imperceptible disminución porcentual de la pobreza y el aumento en el número real de pobres, el Estado aumentó la cobertura de sus programas de política social. El programa central de este sexenio se siguió denominando *Oportunidades*, a cargo de la Secretaría de Desarrollo Social, Sedesol. Intentó mantener su cobertura en cinco millones de familias, las más pobres del país, pero ante la crisis del 2008 – 2009 acabó cubriendo a seis millones de familias. En 2010 México tenía ya 112 millones de habitantes, y al final de sexenio y en parte por el incremento demográfico, el número total de pobres aumentó de 48 a 52 millones de personas. Hubo avances en los indicadores de salud, vivienda, educación y seguridad social, que aumentaron su cobertura y se dotaron de mejores servicios a millones de mexicanos en esos dos rubros, pero hubo retrocesos en el empleo, el monto de los salarios y en su capacidad adquisitiva. Aumentaron también las carencias alimentarias.

En términos sociales se mantuvieron los avances contradictorios, pues por un lado se elevaron a rango constitucional los derechos humanos y se aumentaron las facultades y la independencia de la Comisión Nacional de los Derechos Humanos en marzo de 2011, y por el otro en el país se elevaron a niveles nunca vistos los índices de violencia y atentados contra los propios derechos humanos por las acciones de la criminalidad organizada y su combate por parte de las autoridades. La inseguridad y la violencia aumentaron años tras año en este sexenio, hasta convertirse en el rasgo más notorio de la vida social mexicana. Su causa fue la multiplicación de los cárteles dedicados a la producción, transporte, distribución y venta de drogas de todo tipo, en especial marihuana, cocaína y metanfetaminas. Su destino era el creciente mercado de drogas de los Estados Unidos. Los grandes volúmenes de dinero y capital acumulado por los cárteles aumentó los niveles de corrupción de las fuerzas policiacas de ambos lados de la frontera.

La constante eliminación de líderes criminales multiplicó los grupos de narcotraficantes y los hizo más pequeños pero más agresivos al competir entre sí. El resultado fue que la lucha por el control de las actividades ilegales entre bandas llevó la violencia a las calles, el reclutamiento de criminales se hizo más fácil por la pobreza y el desempleo entre los jóvenes, y algunas ciudades y regiones completas del país se volvieron más inseguras. Las organizaciones criminales comenzaron a volverse un poder alternativo a los poderes del gobierno, desafiando el uso legítimo de la violencia del Estado en ciertas entidades. Aunque el narcotráfico y la criminalidad extendieron sus actividades por todo el país concentraron sus actividades en ocho entidades, entre las que destacaron en el sur; Guerrero, Veracruz y Morelos; en el occidente Michoacán; en el centro el Estado de México; y en el norte Tamaulipas, Chihuahua y Sinaloa. Hay que mencionar además a los fronterizos estados de Baja California Norte y Nuevo León. En las otras 22 entidades de México la violencia era episódica.

El intercambio de armas por drogas que hace la delincuencia estadounidense con la mexicana aumentó la capacidad de fuego de los grupos de narcotraficantes, y sus grandes capitales aumentaron también su capacidad de corromper autoridades. Las policías y el sistema judicial en su conjunto empezaron a ser cada vez menos efectivos para controlar al crimen organizado por la corrupción. Por esa razón en el sexenio de Calderón se recurrió cada vez más a las fuerzas del

CAPÍTULO 5   NEOLIBERALISMO Y GLOBALIZACIÓN

ejército y la marina para combatirlo, lo que inmediato demostró ser una política con altos costos sociales pues las fuerzas armadas, si bien más efectivas que las policías en los combates con la criminalidad, no están diseñadas ni entrenadas para labores policiacas. En consecuencia, los niveles de violencia fueron aumentando en una espiral que cobró miles de muertos en esos años. Se emprendió una guerra contra el crimen por necesidad pero sin una estrategia adecuada que no resolvía el principal problema, que era la falta de apoyo y de efectividad de las policías y las autoridades locales a nivel de los municipios y los gobiernos de los estados.

Los datos oficiales (Inegi, 2015a) elevan el número de muertos entre 2007 y 2012 en 121, 613 personas. La estrategia militar elevó en vez de disminuir los niveles de violencia y el número de muertos, y por otro lado hizo también más difícil retornar las tropas a los cuarteles pues ocuparon el espacio que debería de ser para cuerpos policíacos especializados, que ante la presencia del ejército y la marina no se han desarrollado. Desde el año 2000 la violencia y la corrupción provocadas por el crimen organizado y el narcotráfico se han vuelto, junto con las consecuencias de la pobreza, el conjunto de mayores problemas sociales del país. Problemas además que avanzan en círculos concéntricos sobre otras áreas de la vida cotidiana, como la actividad económica de los empresarios que al verse afectados cierran negocios, y de la población que empieza a emigrar de las comunidades y ciudades afectadas hacia otras entidades del país provocando fuertes desplazamientos demográficos. No es casualidad que en 2012 de todo el mundo México fuera el país que solicitó el mayor número de visas para trasladarse a Estados Unidos, ya que la cifra alcanzó dos millones.

La Vida Cultural

Durante estos años, y como parte del Programa Nacional de Cultura, se impulsó más a las instituciones y se buscó acercar a la población al consumo de viejas y nuevas manifestaciones y productos culturales que apoyar directamente a los creadores y artistas, característica de la política cultural que ya era notoria desde el sexenio de Fox. Muchos de los procesos de creación artística de vanguardia vinculados a las bellas artes, e incluso las manifestaciones de cultura popular como la música, el baile y las artesanías se dejaron en manos de empresas y fundaciones privadas, y por supuesto a la iniciativa individual de creadores y artistas. El Consejo Nacional Para la Cultura y las Artes, Conaculta, mantuvo la misma política que ya le caracterizaba desde su creación en los años noventa. Pequeñas cantidades para becas a creadores reconocidos y jóvenes talentos artísticos, y un fuerte apoyo presupuestal para la construcción, remodelación y mantenimiento de infraestructura artística.

Se remodelaron museos y se crearon nuevos espacios artísticos ampliando y mejorando los museos de artistas mexicanos ya consagrados, como por ejemplo el Museo Tamayo del pintor Rufino Tamayo, *La Tallera* museo del pintor David Alfaro Siqueiros, la Cineteca Nacional, espacio dedicado a preservar la memoria cinematográfica de México y a formar directores y creadores de cine, la Fonoteca Nacional y la remodelación del Palacio de Bellas Artes en la Ciudad de México. También se amplió la cobertura digital del Instituto Mexicano de la Radio y de los canales de televisión 11 y 22, en los que el gobierno había recuperado presencia. Al igual que en el sexenio de Vicente Fox en el que se construyó una de las bibliotecas más grandes de América Latina, la política cultural de Estado durante los gobiernos del PAN se

CAPÍTULO 5   NEOLIBERALISMO Y GLOBALIZACIÓN

dirigió más a ampliar las condiciones del consumo de la cultura mediante una fuerte inversión en infraestructura, que a aumentar los apoyos a los creadores o al proceso de creación artística. Estos tampoco quedaron totalmente desprotegidos ya que se mantuvo el Sistema Nacional de Creadores (SNC) y el Fondo Nacional Para la Cultura y las Artes (Fonca), aunque sin aumentos presupuestales significativos para la creación y, ciertamente, fondos muy inferiores a los dedicados a la infraestructura cultural. El presupuesto total dedicado a cultura aumentó, pasando de 6, 121 millones de pesos ejercidos en 2006 a 15, 662 millones en 2012. Mucho de esto se invirtió en construcción.

Pero en cualquier país la cultura comprende manifestaciones de vida mucho más amplias que las que se derivan de la política o las iniciativas de un gobierno particular y México no era la excepción. En el 2012 el país cerraba sus primeros dos sexenios de nuevo gobierno con manifestaciones artísticas que iban mucho más allá de lo que el Estado decidía apoyar o no apoyar. En un orden más relacionado con la cultura popular México también tuvo algunos logros en esos años. Obtuvo el primer lugar en el concurso de Miss Universo en 2010 y su primera final en un mundial de futbol soccer en los juegos olímpicos de Londres en 2012. Rompió algunos records *Guiness* en trivialidades, como la *Zombie Walk México* en 2011 que convocó a casi 10, 000 personas, el mayor número de gente bailando el tema *Thriller* de Michael Jackson, en 2009 el del mayor árbol navideño, el mayor ballet folklórico o el mariachi más grande del mundo en 2011 y 2012. Como vemos las crisis económicas nunca le han quitado el humor al pueblo mexicano. Para bien y para mal.

La vida cultural del pueblo mexicano sigue siendo fuerte y su consumo cultural es de la mayor importancia. Los datos de la Encuesta de Consumos Culturales de México 2012 mostraban una sociedad activa e insertada en la globalidad sin perder sus raíces culturales. México tenía en 2010 112 millones de habitantes y hacia 2012 se acercaba a 114 millones. En ese año el 62% de los mexicanos asistió a algún sitio o realizó directamente algún tipo de actividad cultural de carácter público fuera de sus casas. Sólo el 12% asistió a tomar cursos y talleres culturales organizados de manera formal, dedicados a educar en distintas manifestaciones de la cultura; ya fuera baile, música, pintura, literatura, ajedrez, o manualidades. Un número mayor de mexicanos, el 29%, acostumbraba salir a divertirse atendiendo a espectáculos culturales en la vía pública, generalmente con grupos de amigos o familiares. El número aumentaba al ver que el 40% de los mexicanos asistió a espectáculos artísticos como música, baile o teatro en recintos cerrados.

Pero en México el pasado convive con el presente. Así el 60% de los mexicanos asistió al menos a una fiesta tradicional del país, las celebraciones religiosas o lúdicas que llevan celebrándose cientos de años en las distintas comunidades y pueblos. Lo que es aún más interesante observar es que en pleno siglo XXI el 13% de los mexicanos elaboraron productos artesanales como objetos decorativos y funcionales para adornos, ventas o uso propio, con técnicas tradicionales y utilizando materiales locales de sus comunidades. Al mismo tiempo y siguiendo la dirección opuesta en la ruta marcada por el *mainstream*, en 2012 el 46% de los mexicanos navegó en internet por motivos culturales al menos en una ocasión para leer o descargar libros, música, revistas, películas, videos, etc. Sumaron más de 10 billones los accesos a internet por motivos culturales en México, por lo general con un contenido propio de la cultura digital global. El nivel económico de la

CAPÍTULO 5   NEOLIBERALISMO Y GLOBALIZACIÓN

Artesanía mexicana. Caballo de vidrio soplado

población no siempre le permite adquirir productos culturales en los grandes comercios establecidos, que suelen ser caros, pero la gente se las arregla para divertirse o educarse pese a ello ya que el 37% compraba productos culturales en la vía pública a bajo costo.

CAPÍTULO 6

NEOLIBERALISMO Y ALTERNANCIA: EL RETORNO AL PODER DEL PRI Y EL GOBIERNO DE ENRIQUE PEÑA NIETO 2016 – 2018

El Retorno al Poder del PRI

México se recuperaba en comparación con décadas anteriores y había sorteado con estabilidad las crisis del sexenio, aunque en lo político se enfrentaba ahora al escenario de un país divido entre tres fuerzas, el PAN, el PRD y el PRI. En lo económico la realidad era que pese a haber fortalecido la exportación manufacturera, mantener una adecuada disciplina financiera y evitar que la pobreza superara a la mitad de la población; el empleo generado era insuficiente, la población seguía siendo vulnerable por la lenta cobertura de la seguridad social y los salarios mantenían al mercado interno deprimido. Además la mitad de un país en la pobreza era un enorme compromiso de gobierno. Sin embargo la principal demanda de la población se encontraba en el aspecto social. La inseguridad y la violencia habían aumentado y los mexicanos las resentían.

CAPÍTULO 6   NEOLIBERALISMO Y ALTERNANCIA: EL RETORNO AL PODER DEL PRI Y EL GOBIERNO DE ENRIQUE PEÑA NIETO 2016 – 2018

Fue precisamente la inseguridad y la violencia provocada por la actividad de la delincuencia organizada y el violento resultado de la guerra contra las drogas que emprendió el Estado, más que la pobreza o factores económicos, lo que en gran medida provocó que el PRI ganara las elecciones presidenciales de julio de 2012 y retornara al poder. Por el PAN compitió por primera vez en la historia de México una mujer, Josefina Vázquez Mota; por el PRD compitió por segunda vez el líder más conocido de la izquierda Andrés Manuel López Obrador y por el PRI Enrique Peña Nieto. Pese a un proceso lleno de irregularidades y quejas, como todos los anteriores, la elección fue ganada por el PRI y aceptada por los demás partidos políticos por lo que Enrique Peña Nieto asumió la Presidencia de México en diciembre de 2012 para gobernar hasta diciembre de 2018.

El Pacto por México

Como en todo proceso post electoral el principal reto del partido gobernante y del nuevo presidente fue conciliar las fuerzas políticas. Eso fue lo sobresaliente en el año de 2013, la conciliación de los diferentes partidos, actores y fuerzas en torno a una estrategia a la que el partido en el poder denominó *Pacto por México*. Se trataba en especial de tratar de gobernar asumiendo que la vida política de México estaba ahora regida por tres grandes partidos, y que se precisaba de alianzas para poder votar reformas en la Cámara de Diputados y de Senadores y permitir tomar decisiones al nuevo presidente.

Este *Pacto por México* se condicionó a que primero se impulsara una nueva reforma política que diera mayor transparencia a los procesos electorales y modernizara y volviera más democrático el juego de partidos.

El *Pacto por México* fue el principal logro político del gobierno del PRI y del Presidente Peña Nieto. Se logró algo que al parecer había sido imposible en doce años de gobiernos panistas, que los tres principales partidos; PRI, PAN y PRD se sentaran a negociar y aceptaran que había que impulsar reformas estructurales en México. Se hizo además al día siguiente que el presidente tomo el poder, el 2 de diciembre de 2012. No lograría un éxito político igual en todo su sexenio. Tenía tres ejes rectores; el fortalecimiento del Estado mexicano, la democratización de la economía y la política y la participación de los ciudadanos en la elaboración de la política pública. El alto nivel de enfrentamiento que adquirió el conflicto electoral en las elecciones de 2012, el aumento de la violencia del crimen organizado y la creciente importancia de la participación de los ciudadanos que no pertenecían a ningún partido en la vida política obligó a los principales actores a llegar a acuerdos, pues se requería la participación de todos los partidos en las Cámaras para obtener consensos y votar por ellos. Sin embargo, todas las reformas estructurales se supeditaron, y el PAN fue el principal promotor de ello, a efectuar primero una reforma política profunda. En ella se centró la vida partidista del año siguiente.

Reformas Políticas

La Reforma Política finalmente se consensó entre los partidos políticos y fue votada y aprobada en la Cámara de Diputados y por el Senado de la República el 15 de diciembre de 2013. Los principales cambios se centraron en materias de carácter político-electoral. De entre la larga serie de cambios hay que mencionar cinco que redefinieron la vida electoral y política del país, al menos sobre el papel y en términos legislativos. El primero y más llamativo fue que se repuso la

CAPÍTULO 6 NEOLIBERALISMO Y ALTERNANCIA: EL RETORNO AL PODER DEL PRI Y EL GOBIERNO DE ENRIQUE PEÑA NIETO 2016 – 2018

reelección legislativa de Diputados y Senadores hasta por un período de doce años. Recordemos que en México existe una Cámara de Diputados federales y también su equivalente a nivel estatal, pues hay Diputados locales y Congresos en cada entidad del país, y todos son electos cada tres años. También existe una sola Cámara de Senadores a nivel federal que es electa por un período de seis años, mismo plazo que dura la Presidencia.

De esta manera los diputados pueden ahora ser reelectos hasta en cuatro ocasiones consecutivas-para sumar los doce años- y los Senadores dos veces. Este cambio es muy importante, pues no hay que olvidar que la Revolución mexicana de un siglo antes se hizo bajo el lema del *sufragio efectivo*, *no reelección*, precisamente para evitar que se perpetuaran los mismos grupos y personas en el poder.

La *no reelección* fue un concepto clave en la ideología del nacionalismo revolucionario y en la cultura política de México a lo largo del siglo XX. Dejó de serlo y el argumento para aceptar la reforma fue la necesidad de profesionalizar el sistema político mexicano con legisladores expertos y con más experiencia.

El segundo cambio de importancia fue la reelección de Presidentes Municipales con sus respectivos regidores, que son electos en todos los municipios del país cada tres años. Ahora también se pueden reelegir una vez más hasta sumar seis años en el puesto. Contra la reelección se planteó el argumento de que, de nuevo como en el pasado, el peligro es una clase política que se perpetúe en el poder. Pese a ello se consideró que la necesidad de profesionalizar la administración valía la pena el riesgo. Se acordó que la reelección en todos los cargos entraría en vigor a partir del año de 2018. El único puesto de importancia que no se reelige en México ahora es el de Presidente de la República, que dura un solo período de seis años.

El tercer cambio sobre el que hay que llamar la atención es el que tiene que ver con el combate a la delincuencia. Se creó una Fiscalía General con dos Fiscalías Especializadas, una en delitos electorales y otra en combate a la corrupción. Esta Fiscalía substituiría al máximo órgano de la policía nacional, la Procuraduría General de la República, PGR, y entraría en funciones a partir de 2018. El cuarto cambio también fue que se transformó el órgano electoral existente hasta 2013, el Instituto Federal Electoral, IFE, en uno nuevo, el Instituto Nacional Electoral, INE, con más atribuciones, miembros y presupuesto que el anterior. La novedad más interesante a señalar en términos electorales es que el INE centralizó el control de los procesos electorales en todo México quitando atribuciones a los consejos electorales de cada entidad.

El quinto cambio político tuvo que ver con nuevas reglas del juego electoral que también influyen en nuevas formas de gobierno. Hay que señalar sus principales rasgos pues han impactado la vida política mexicana, no sólo la electoral. Destaca ahora que se acorta el tiempo para la toma de protesta del Presidente electo cada seis años, que era el primero de diciembre y ahora es el primero de octubre de cada año electoral (recordemos que en México las elecciones presidenciales son cada seis años). En consecuencia, también se adelanta la instalación del Congreso electo el año de las elecciones presidenciales al primero de agosto, ya que antes era el primero de septiembre. Las elecciones que eran el primero de julio se adelantaron al primero de junio.

En este mismo paquete de cambios hay que señalar uno fundamental: se estableció la equidad y paridad de género en las candidaturas a todos los puestos electorales. A partir de 2018 todos los partidos

CAPÍTULO 6 NEOLIBERALISMO Y ALTERNANCIA: EL RETORNO AL PODER DEL PRI Y EL GOBIERNO DE ENRIQUE PEÑA NIETO 2016 – 2018

políticos se vieron obligados a postular el mismo número de hombres que de mujeres a los puestos electorales. Senadores, Diputados, Presidentes municipales y toda la planilla de sus cabildos tienen que estar integrados por el mismo número de hombres que de mujeres para las elecciones. La importancia de esta reforma es fundamental ya que consolida un proceso de discriminación positiva y de acción afirmativa en la búsqueda de una verdadera equidad política de género. Entre los muchos cambios electorales también hay que destacar uno muy importante, el que establece la posibilidad de gobiernos de coalición entre partidos políticos. No hay que dejar de puntualizar que por la reforma política votaron el PRI y el PAN pero el PRD, la izquierda, se abstuvo.

Los logros de la reforma política acabaron siendo los más sólidos del sexenio de Pena Nieto y el año de 2013 el de mayor éxito. Al calor de los acuerdos logrados con el *Pacto por México* muchas de las reformas estructurales se sacaron adelante los años siguientes en las Cámaras de gobierno, generalmente por alianzas entre el PRI y el PAN y con el voto en contra de la izquierda. Sin embargo la efectividad de las reformas fue muy limitada, algunas contraproducentes, y las alianzas y el *Pacto por México* estaban rotas y olvidadas en un par de años. Hubo costos políticos aparte del rápido alejamiento entre el PRI y el PAN. La izquierda se dividió y un cuarto partido apareció en la escena pública y empezó a crecer, el Movimiento de Regeneración Nacional, MORENA, acaudillado por él dos veces perdedor candidato a la presidencia, López Obrador. Se trataba de un partido más a la izquierda que el PRD y centrado en la figura de su líder, que comenzó a crecer conforme se acercó el momento de las elecciones presidenciales de 2018.

Tortillas, base de la alimentación del pueblo

Reformas Estructurales

Fueron varias las reformas estructurales que se consensaron, votaron y emprendieron en los primeros dos años del gobierno de Peña Nieto. Las reformas se dirigieron a seis sectores; cinco de ellos de carácter económico y el sexto sector fue el educativo. Las primeras son las reformas al sector energético, en especial a los hidrocarburos y la energía eléctrica: se permite ahora la inversión privada y extranjera en la explotación del petróleo de México, licitando y concesionando campos marítimos y terrestres de petróleo y gas natural a empresas internacionales y nacionales. Las segundas son las reformas al sector financiero para apoyar el desarrollo económico ampliando la cobertura del crédito privado y el impulso a la banca de desarrollo con dinero público. Las terceras son las reformas al sector de telecomunicaciones para desconcentrar la operación en pocos operadores disminuir el agudo monopolio existente, permitir la inversión extranjera al 100% y au-

CAPÍTULO 6 NEOLIBERALISMO Y ALTERNANCIA: EL RETORNO AL PODER DEL PRI Y EL GOBIERNO DE ENRIQUE PEÑA NIETO 2016 – 2018

mentar y modernizar los servicios de telefonía, banda ancha y toda clase de servicios digitales. Las cuartas son las reformas laborales para flexibilizar los contratos de trabajo y las leyes laborales; y las quintas fueron las reformas fiscales, para ampliar el cobro de impuestos. Estos cinco paquetes de leyes se orientaron a mejorar la economía mexicana. Un sexto grupo de reformas fueron dirigidas a mejorar la educación en México. Veamos cual fue el resultado de estos seis conjuntos de reformas los primeros años de su aplicación.

Reforma Energética

Sin duda la reforma energética ha sido la más significativa, busca diversificar las fuentes de generación de energía en México, así como mejorar la tecnología de las ya existentes. Se fomentan ahora en México la energía eólica y la solar, se introducen nuevas tecnologías en la generación y uso de la energía eléctrica y se explora el uso de biocombustibles. Los cambios más importantes se ubican en lo relacionado con el petróleo y los hidrocarburos. La reforma energética se aprobó en el Senado de la República el 11 de diciembre de 2013 con 95 votos a favor y 28 en contra, y al día siguiente se aprobó en la Cámara de Diputados con 354 votos a favor y 134 en contra. Se decretó como ley el 20 de diciembre de 2013. Buscaba aumentar la producción de petróleo de 2.5 millones de barriles diarios en 2013 a 3 millones en 2018 y a 3.5 millones en 2025. También aumentar la producción de gas natural de 5 millones 700 mil pies cúbicos diarios que se producían en 2013 a 8 mil millones en 2018 y a 10 mil 400 millones en 2025.

El cambio a las leyes mexicanas permite ahora la inversión privada tanto nacional como extranjera en la explotación directa de campos, mantos y pozos dedicados a la extracción de petróleo y gas natural, mediante procesos de licitación internacional abierta y concesiones por prolongados períodos de tiempo. México, que durante la mayor parte del siglo XX estuvo entre las naciones petroleras más grandes del mundo, ha visto disminuir su producción de manera muy señalada desde el inicio del siglo XXI. Pero la nación posee enormes reservas de petróleo y gas natural en las aguas profundas del golfo de México, así como campos menores en su plataforma continental cerca de sus playas y en pozos terrestres. No cuenta sin embargo con la tecnología ni el capital para explotar las aguas profundas y la principal intención de las reformas es atraer capital y tecnología extranjera para hacerlo. Precisamente abrir el petróleo al capital extranjero fue la principal crítica política y social hecha a la reforma. Dado que el Estado y por ende la Nación son los propietarios del petróleo mexicano, su privatización se decía, era un atentado al bien común.

Los defensores de la reforma energética mexicana señalaban al menos las siguientes ventajas: bajar el precio de electricidad, gas, gasolina y alimentos; aumentar las reservas probadas de petróleo y gas en un 100%; aumentar la producción de petróleo y gas en los volúmenes ya señalados; crear medio millón de empleos para 2018 y 2 millones y medio para 2025; y aumentar un punto porcentual de crecimiento económico para 2018 y dos puntos más para 2025. Más allá de cualquier crítica relacionada con el nacionalismo mexicano, ideológica, demagógica o real; los críticos señalaban las siguientes desventajas prácticas: si bien aumentaría la producción de petróleo, los cerca de 14,000 millones de barriles de reservas probadas hasta ahora se agotarían antes de 10 años sin dar tiempo a que México transitara hacia energías alternativas o hacia la comprobación de nuevas reservas, perdiendo así soberanía energética

CAPÍTULO 6   NEOLIBERALISMO Y ALTERNANCIA: EL RETORNO AL PODER DEL PRI Y EL GOBIERNO DE ENRIQUE PEÑA NIETO 2016 – 2018

Los críticos de la reforma también advertían que se transferiría gran parte de la renta petrolera al extranjero y no sería significativa la generación de empresas mexicanas privadas en torno a la cadena productiva del petróleo, y por consiguiente no se generaría capital nacional. No se preveía una disminución suficiente de los impuestos con los que el Estado mexicano gravaría a su compañía petrolera, Pemex, por lo que difícilmente se volvería competitiva frente a las grandes compañías privadas extranjeras. En resumen que el esquema de concesiones no aseguraba la creación significativa de empleo, perdiendo la oportunidad de crear y utilizar un fondo petrolero para programas especiales de desarrollo. Por último, privatizar no aseguraba que se podría contar con energéticos baratos, que en el pasado fueron la clave del desarrollo de la economía mexicana.

A cuatro años de la reforma dos hechos impedían evaluar la verdadera dimensión positiva o negativa de la misma. El más importante era la prolongada caída de los precios internacionales del barril de petróleo a menos de 40 dólares, situación que apenas comenzaba a mejorar a fines de 2017. El segundo derivaba del derrumbe del precio del petróleo, y era el escaso interés del capital internacional y nacional en participar en las licitaciones de campos y parcelas petroleras emitidas por el gobierno mexicano y por Pemex desde el año 2015. Una evaluación objetiva de los efectos de las bondades o riesgos de la reforma energética mexicana permanecía por tanto como materia pendiente, al igual de la pregunta de qué tan profunda podría llegar a ser la privatización del petróleo. Sin embargo, el ejemplo de otros países que han privatizado sus reservas petroleras muestra que al principio da beneficios a corto plazo, pero que a mediano y largo plazo acaban siendo nocivas al desarrollo nacional.

Reforma Financiera

La segunda reforma de impacto económico fue la reforma financiera decretada en septiembre de 2013 y que se ha enfocado a conseguir cuatro objetivos. El primero ha sido impulsar la Banca de Desarrollo, es decir que el Estado recupere la iniciativa financiera como motor de grandes proyectos de desarrollo y de agentes sociales que escapan al alcance del crédito privado por su nivel de riesgo o su baja rentabilidad. Hay que señalar la importancia de la Banca de Desarrollo y el hecho de que su debilidad, que ahora se busca disminuir, es causa importante de la baja competitividad del sector empresarial integrado por un 97% de empresas micro y pequeñas que no tienen acceso a crédito barato. Una Banca de Desarrollo débil también ha impedido que el combate a la pobreza pase de programas asistenciales a programas productivos, condición básica para romper el círculo de reproducción generacional de los pobres en México. Sin embargo, la caída de la tasa de crecimiento del país aunada a los bajos precios del petróleo, una de las principales fuentes de ingreso del Estado mexicano, ha impedido hasta hoy este impulso.

Los otros objetivos de la reforma financiera han sido la dotación de mayor certeza jurídica a la Banca privada para el otorgamiento de créditos y el manejo de monedas extranjeras, lo que se ha conseguido; fortalecer la solidez del sector financiero existente, lo que también se ha conseguido contando México ahora con una Banca moderna extendida a los sistemas digitales y con mayor presencia en todo el país, y por último estimular la competencia entre los bancos y buscar un mayor número de jugadores financieros. La competencia interbancaria ha aumentado con resultados positivos para los consumidores, no así el número de entidades financieras ni ha disminuido tampoco carácter

CAPÍTULO 6 NEOLIBERALISMO Y ALTERNANCIA: EL RETORNO AL PODER DEL PRI Y EL GOBIERNO DE ENRIQUE PEÑA NIETO 2016-2018

monopólico de los bancos más grandes.

Reforma de las Telecomunicaciones

La tercera reforma es la que se ha enfocado al sector de las telecomunicaciones. El 11 de junio de 2013 se hizo vigente la Ley Federal de Telecomunicaciones y Radiodifusión, una reforma estructural que aún con muchos tropiezos en cuatro años cambió el escenario de las telecomunicaciones en México. La reforma ha buscado modernizar las telecomunicaciones pasando de los sistemas analógicos a los digitales y estableciendo bandas anchas y 2.5 para la telefonía celular, el internet, la televisión, el radio y todo tipo de medios electrónicos de comunicación satelital y digital. Los resultados han sido hasta ahora bastante positivos aún con los obstáculos que se han tenido que sortear en el camino. El logro más rápido fue el paso de casi todo el espectro y la infraestructura a la tecnología digital abandonando el sistema analógico. México fue el primer país de América Latina en completar el "apagón digital" a fines del año 2015, substituyendo toda su infraestructura analógica.

El segundo campo en el que se mostraron avances fue en el aspecto legislativo y normativo para proteger los derechos a la comunicación y el cuidado de los datos personales de los consumidores. Entre ellos cabe destacar el de la "portabilidad numérica", es decir el derecho del consumidor de llevar su número telefónico y conservar su identidad cambiando de compañía, lo que no es fácil de realizar en todos los países. También hay que señalar la importancia de un Instituto Federal de Telecomunicaciones, un árbitro entre compañías y consumidores que, aunque criticado por inclinarse a apoyar decisiones gubernamentales y monopolios, sigue siendo un factor de equilibrio en el proceso de digitalización. En este rubro la mayor lucha se ha dado para mantener el derecho a la libertad de expresión y el libre acceso a la información de todo tipo en especial en internet y las redes sociales.

Lo anterior quedo claro en el momento en que se decretaron las leyes secundarias que normaban el decreto en marzo y abril de 2014. Estas tuvieron dos vertientes. La primera fue benéfica para los consumidores ya que buscaba la disminución de tarifas, ampliar la Banda Ancha, disminuir la brecha digital y ampliar la interconexión y la conectividad. La segunda vertiente no fue bien recibida pues permitía a los concesionarios bloquear, inhibir o anular los servicios a petición de las autoridades, así como otorgarles la información circulando por sus medios al igual que la ubicación de sus aparatos y clientes. Esto fue interpretado como un intento de limitar los contenidos de las redes, disminuir la libertad de expresión y comunicación y un eventual riesgo de espionaje. Ante la oposición de la sociedad civil, los partidos políticos y la comunidad internacional, esta segunda vertiente de leyes secundarias quedo pendiente de discutir, más no se han anulado. Tampoco han evitado el espionaje digital encubierto.

Aunque la competencia ha aumentado y el sector de telecomunicaciones de México es hoy mucho más abierto y moderno que hace cuatro años, sigue siendo controlado en gran parte por monopolios, lo que por otro lado es una característica internacional. Desde la promulgación de la ley se establecieron una serie de medidas para promover la competencia y la libre concurrencia, señalando a una serie de agentes económicos preponderantes del sector que debían someterse a control. En el rubro de telecomunicaciones seis compañías vinculadas entre sí son las preponderantes: Telmex, Telnor, Telcel, América Móvil, Grupo Carso y Grupo Inbursa. Todas ellas bajo la influencia del magnate mexicano Carlos Slim, y algunas de ellas controlando o

CAPÍTULO 6 NEOLIBERALISMO Y ALTERNANCIA: EL RETORNO AL PODER DEL PRI Y EL GOBIERNO DE ENRIQUE PEÑA NIETO 2016-2018

con amplia presencia en otros países de América Latina y diversos continentes. En el sector de Radio y Televisión se definió como agente económico preponderante al Grupo Televisa y a sus empresas afiliadas, controladas por la familia Azcárraga. En términos generales la competencia y la apertura han resultado un poco más efectivas en el ramo de telecomunicaciones que en el de radio y televisión.

Como en todo el mundo en el siglo XXI en México el rubro de las telecomunicaciones sigue siendo uno de los sectores con mayor expansión, crecimiento y poder económico e influencia política y social y hay que prestarle atención. Es el campo donde se hacen grandes negocios y surgen algunas de las empresas más fuertes y ricas. Pero es también el campo al que se ha trasladado la vida política y la nueva sociabilidad. México se ha digitalizado con rapidez. De sus más de 120 millones de habitantes 70 millones eran internautas a mediados del año 2017 y poseían equipos digitales. Esto significaba que el 63% de la población mexicana mayor de seis años de edad estaba conectada a internet todos los días. No era algo nuevo pero sí creciente pues 7 de cada 10 usuarios estaban conectados desde hacía 8 años y llevaban un promedio de 7.6 años navegando. Se conectaban toda una jornada, un promedio de 8 horas y 1 minuto. La mayoría poseía múltiples equipos, pues el 90% se conectaba por teléfono móvil, el 73% por computadora portátil y el 52% por tabletas. El 82% lo hacía desde su casa. El tiempo dedicado al internet había superado ya por mucho al dedicado a ver televisión, ya que sólo se veían 3 horas y 3 minutos promedio de tv; y también a escuchar radio, al que sólo se le dedicaban 2 horas y 50 minutos al día.

Los principales usos de internet en México son para las redes sociales (87%) y para enviar correos electrónicos (78%). Son cinco las principales redes sociales utilizadas: el 95% usa Facebook, el 93% WhatsApp, el 72% YouTube, el 66% Twitter, y el 59% Instagram. 8 de cada 10 usuarios usa los Smartphones para acceder a las redes sociales. Su peso no es sólo social, cada vez más es también económico pues el 50% de los usuarios habían efectuado alguna compra o transacción económica en 2017. Pero en donde se nota con mayor fuerza es en lo político pues 6 de cada 10 internautas mexicanos se interesaban y buscaban información de tipo político en 2017; la mayoría, el 97% lo hacía a través de redes sociales y el 80% buscando en sitios de noticias. La mayor información política que se buscaba era sobre propuestas de campañas (el 87%), y sobre personajes y candidatos (el 77%). Un 71% estaba interesado en buscar información sobre corrupción y transparencia, que era uno de los principales temas políticos en México (El Economista, 2017)[1]. Como podemos ver el peso de las redes sociales sobre la vida política y las campañas electorales es cada vez mayor en México y supera ya el de otros medios. El país se encuentra ya en una era de digitalización de la vida política e inicia la digitalización de su comercio.

Reformas Laborales

La cuarta serie de reformas fueron las laborales que han afectado con profundidad y de manera más polémica que las tres primeras a los trabajadores mexicanos. En México las relaciones obreras, patronales y de trabajo se regulan por el Artículo 123 de la Constitución Política y la Ley Federal del Trabajo decretada desde 1917. Las reformas laborales a ese artículo constitucional se decretaron el 30 de noviembre de

---

[1] el economista.com.mx/industrias/2017/05/18/7/datos-sobre-usuarios-internet-mexico – 2017 consultado el 14/08/2017).

CAPÍTULO 6 NEOLIBERALISMO Y ALTERNANCIA: EL RETORNO AL PODER DEL PRI Y EL GOBIERNO DE ENRIQUE PEÑA NIETO 2016 – 2018

2012, todavía bajo la presidencia de Felipe Calderón, pero apenas un par de días antes de que el Presidente peña Nieto tomara el poder. Estas leyes modificaron sustantivamente la letra y el espíritu de Ley Federal de Trabajo, orientada antes más bien a proteger al trabajador. Ahora la prioridad de las leyes es aumentar la competitividad y modernizar las características de contratación y empleo en México más que proteger al trabajador.

La hipótesis que se encontraba detrás de los cambios era que en gran medida el capital no generaba más empleo en México porqué la ley misma lo limitaba al otorgar prestaciones al trabajador o demasiados controles a las contrataciones. Ante la globalización, además, la pregunta que se formulaba era la de cómo aumentar la competitividad internacional de México y atraer inversiones extranjeras manteniendo un bajo precio de la mano de obra pero sin disminuir los derechos de los trabajadores. Se trataba pues de atraer capital extranjero y de aumentar la inversión de los empresarios mexicanos, con la idea de que así aumentaría la creación de empleos y plazas laborales que era y sigue siendo una de las principales limitaciones para que México continúe desarrollándose.

Las reformas introdujeron 362 modificaciones a la Ley Federal de Trabajo existente. Los principales cambios se orientaron a modificar los contratos haciéndolos más ligeros, a permitir la contratación y el pago por horas, a fomentar las cadenas de subcontratación de toda clase de servicios ("outsourcing"), y la emisión indefinida de contratos por breves períodos de tiempo disminuyendo la creación de plazas de empleo con antigüedad cargada a la empresa, entre los más importantes. Por otra parte entre las medidas positivas también están la mayor regulación del empleo infantil, ya que en México es ilegal trabajar antes de los 14 años de edad, el fomento a la contratación igualitaria de población discapacitada, la búsqueda de equidad de género en el empleo, el castigo con mayor fuerza al acoso laboral, el mayor acceso de los trabajadores a créditos para vivienda y una mayor legislación para disminuir los conflictos obrero-patronales.

De manera adicional y al calor de estas reformas, en el año 2016 la administración presidencial propuso nuevas leyes y reglamentos dirigidos en lo esencial a regular la vida sindical y el funcionamiento de unos 1500 sindicatos mexicanos, estableciendo nuevas condiciones para su reconocimiento legal y el control y operación de los contratos colectivos de trabajo, así como de la obligatoriedad o no de membrecía de los trabajadores y la vigilancia en el uso de las cuotas sindicales. Tras largo debate las nuevas leyes que afectan la vida sindical entraron en operación en febrero de 2017, y entre sus características más señaladas están la desaparición de las Juntas de Conciliación y Arbitraje que por casi un siglo dirimieron las disputas laborales en México, y su substitución por Tribunales Laborales que ahora dependerán del Poder Judicial.

Los defensores de estas reformas señalan que en los tres primeros años de su operación los resultados fueron más positivos que negativos. A su favor aducen que en ese tiempo el mercado laboral creció a un ritmo superior a la economía de México, ya que durante 2013, 2014 y 2015 el empleo creció 2.9%, 4.3% y 3.7% respectivamente; y la economía de México creció un 1.3%, 2.3% y 2.5% en los mismos años. También señalan que 280,000 centros de trabajo se afiliaron a organismos que otorgan créditos a sus trabajadores y que hasta mediados de 2016 se habían creado un millón 800 mil empleos. Además, señalan que durante esos años no se presentó en México una sola huel-

CAPÍTULO 6   NEOLIBERALISMO Y ALTERNANCIA: EL RETORNO AL PODER DEL PRI Y EL GOBIERNO DE ENRIQUE PEÑA NIETO 2016 – 2018

ga de jurisdicción federal, situación inédita en el país. Los que encuentran desventajas en las nuevas leyes señalan que el logro no es tan grande, ya que gran parte de estos empleos ya existían sólo que ahora la ley obligó a más empresas a formalizarlos.

También demuestran que la nueva flexibilidad laboral que permite contrataciones temporales, el pago por hora y la subcontratación, han aumentado la precariedad laboral, evitan la creación de plazas de empleo fijas y formales, facilitan los despidos y disminuyen los salarios reales de los trabajadores. Es decir que las leyes van orientadas a tratar de aumentar el número de empleos pero a costa de una menor seguridad social de los trabajadores. En cuanto a las reformas que afectan a los sindicatos sus ventajas son que combaten la corrupción sindical y dan más libertad a los agremiados, pero por otra parte establecen conflictos laborales más largos y costosos, crean una mayor burocracia, aumentan el gasto y disminuyen la eficiencia de los tribunales laborales, aunque hay mayor coincidencia en ver como positivo el paso de los problemas laborales al poder judicial. No hay que dejar de señalar que también se ve como un retroceso el mayor control del gobierno sobre los sindicatos.

Es demasiado pronto para ver los efectos de largo plazo de las reformas laborales sobre el conjunto de la economía, pero los trabajadores las empiezan a resentir. Es cierto que la flexibilización ha permitido nuevas formas de empleo, algunas muy vinculadas a una nueva organización global y digital del trabajo como el "home office", el trabajo a distancia o en casa generalmente mediante el uso de internet y equipo de cómputo; o los "call centers" que también han proliferado en México. Pero junto a esta modernidad también hay que notar lo cierto de que el "outsourcing" o subcontratación, el pago por horas y los contratos temporales están generando un empleo precario e inhibiendo la creación de plazas definitivas y formales de empleo con seguridad social. Esta última situación está afectando con mayor fuerza a los nuevos trabajadores jóvenes de México que se enfrentan a un trabajo precarizado. El empleo sigue siendo uno de los principales problemas y retos de México. Quizás el más importante, pues en él se condensan los problemas sociales, políticos y económicos del presente y del futuro del país. Por ello hay que observar sus características actuales con más detalle.

En agosto de 2017 el 74% de la población de México tenía 15 años o más y el 60% de ellos, poco más de 54 millones, constituían la Población Económicamente Activa (PEA). Se trataba de los mexicanos que efectivamente estaban desempeñando un trabajo o lo habían buscado el mes anterior. Poco más del 96% estaban efectivamente ocupados y desempeñando alguna clase de empleo, en tanto que poco menos de dos millones, entre un 3% y 4% estaban desocupados y en algún tipo de paro laboral. Si analizamos el comportamiento del empleo en México durante dos años y medio después de la reforma laboral, de enero de 2015 a julio de 2017, el resultado es positivo de acuerdo con este criterio. Si en enero del 2015 la PEA significaba el 58.8% de los mexicanos mayores de 15 años, en junio de 2017 se había elevado ligeramente hasta constituir el 59.3%, es decir la PEA subió un. 5%, pero el empleo subió más rápido que la PEA, pues si en enero de 2015 la población ocupada era el 95.4% de la PEA, en junio de 2017 había subido a 96.7%. El crecimiento fue más de un punto porcentual, en consecuencia, la desocupación bajo de un 4.5% de la PEA en enero de 2015 a 3.2% en junio de 2017 (ENOE, 08/2017). Estas cifras abonarían a que parte del objetivo de la reforma

CAPÍTULO 6 NEOLIBERALISMO Y ALTERNANCIA: EL RETORNO AL PODER DEL PRI Y EL GOBIERNO DE ENRIQUE PEÑA NIETO 2016 - 2018

laboral se estaba cumpliendo en lo que respecta a la generación de número de empleos, aunque aún habría que ver que tanto se debía a un mejor comportamiento de la economía general por otras causas, como una mayor inversión o la mejoría de los precios del petróleo.

En este tiempo también podemos observar otras características interesantes del empleo y los trabajadores mexicanos. Resalta por ejemplo el envejecimiento de la planta laboral ya que la edad promedio del trabajador es de casi cuarenta años, lo que muestra la lenta incorporación de jóvenes al mercado de trabajo y como el desempleo sigue siendo el mayor problema de la juventud. Su escolaridad promedio es la secundaria completa, poco más de nueve años de estudios. Tenemos una fuerza de trabajo alfabetizada y escolarizada pero poco especializada. Los mexicanos que consiguen empleo son empleados que trabajan más de 42 horas a la semana, pero ganan poco, unos 36 pesos por hora (2 dólares en julio de 2017). Es decir, un empleado mexicano promedio con una plaza formal venía ganando 336 dólares mensuales (Inegi, 2017). Es evidente también el aspecto totalmente terciarizado de la economía mexicana actual, ya que poco más del 60% de la población ocupada se ubica en este sector dedicado a los servicios de toda índole y al comercio, principalmente en medios urbanos.

En industrias y manufacturas trabajaba el 25% en tanto que dedicados a las actividades agrícolas, pecuarias y pesqueras sólo estaban el 12% de los trabajadores. Tenemos entonces que en la actualidad México es una sociedad urbanizada, con una población concentrada en ciudades de todo tamaño y dedicada en especial a los servicios. Por último, hay que llamar la atención a la alta informalidad aún existente pese a la reforma laboral, o bien incluso fomentada por ella ya que en las ciudades la tasa de informalidad fluctúa en un porcentaje que va del 30% al 40%, aunque disminuya al 26% en el campo. Aunque esto es un promedio nacional pues en algunas ciudades la informalidad supera el 60% y en otras es mucho menor. Recordemos que altas tasas de trabajo informal se relacionan con mayor pobreza, falta de seguridad social, precariedad en el empleo y baja calidad de vida. Esta informalidad sumada a los hechos de los bajos ingresos promedio de la población que si tiene un puesto laboral y la falta de empleo para los jóvenes, nos explican porque pese al crecimiento generado por la globalización en la que ha estado inmersa México el último cuarto de siglo, casi la mitad de la población se mantiene de manera persistente en situación de pobreza y porque la criminalidad ha podido alimentarse del desempleo juvenil.

Chiles, siempre presentes en la comida del mexicano

CAPÍTULO 6   NEOLIBERALISMO Y ALTERNANCIA: EL RETORNO AL PODER DEL PRI Y EL GOBIERNO DE ENRIQUE PEÑA NIETO 2016 – 2018

Reformas Fiscales

La quinta serie de reformas fueron las de carácter fiscal. La última década y como consecuencia de la internacionalización de la región, tanto México como los países de América Latina experimentaron un marcado aumento en sus cargas tributarias, de tal manera que estas ocuparon porcentajes más importantes de su Producto Interno Bruto (PIB). Estas reformas fiscales fueron necesarias conforme los países de la región se incorporaron al comercio internacional y abandonaron los esquemas proteccionistas. Al disminuir los gravámenes a todas las actividades de importación y exportación los Estados latinoamericanos, como el mexicano, se vieron obligados a substituir esta pérdida de ingresos aumentando los impuestos internamente. Si consideramos en promedio las 19 principales naciones de Latinoamérica, los impuestos subieron del 20% al 24% en promedio. Esto se logró mediante cambios estructurales, en especial el aumento de los impuestos directos al salario y a toda clase de rentas, así como al patrimonio. Es decir, los ciudadanos, trabajadores, empresas y propietarios pagaron más. También se logró aumentando el impuesto al consumo, que es el IVA.

Después de una polémica discusión política en el Congreso al final del año 2013, en México se decretó una reforma fiscal que empezó a operar a partir del 2014. Esta reforma recogía iniciativas que ya se encontraban operando pero incorporaba otras nuevas. En resumen, se trataba de aumentar el número de personas y empresas que pagaban impuestos, el porcentaje de carga impositiva y el impuesto al consumo de productos. Los resultados han sido positivos y negativos. Por un lado, los ingresos del Estado mexicano por recaudación fiscal han aumentado año tras año desde entonces. Por otro lado la reforma dañó la base de micro y pequeña empresa en México y llevó al cierre de miles de establecimientos, ya sea porque no podían pagar los gastos de la modernización fiscal o porque los nuevos impuestos eliminaban su escaso margen de ganancia.

Esto no sólo fue visible en el comercio sino en los trabajadores por cuenta propia, proveedores de servicios artesanales, técnicos y profesionales. Muchos micros y pequeños empresarios se retiraron del mercado y otros se trasladaron al sector informal en especial en las grandes ciudades. Ante este panorama cada año se ha revisado la reforma y se trata de eliminar, ajustar o crear nuevos impuestos. Las empresas y medianas y mayores han podido modernizar y digitalizar su control fiscal y en general pagan más impuestos, los servicios se han encarecido y los costos se han trasladado al consumidor.

El Estado ha aumentado su captación por este rubro pero la mayor parte de empresarios micro y pequeños, así como los profesionistas y trabajadores han visto disminuir su salario por impuestos. La reforma era necesaria pero sigue siendo inadecuada e insuficiente. De los 19 países latinoamericanos más importantes México sigue siendo el que percibe menos ingresos tributarios como porcentaje de su PIB. Si Cuba, Argentina y Brasil logran más del 35% de su PIB vía impuestos, México sólo alcanza del 11% al 12%.

Para darnos una mejor idea de lo esto significa consideremos que los países miembros de la OCDE logran un 33% de su PIB a través de impuestos. En cuanto al IVA, es decir el impuesto directo a los artículos que se consumen México tiene un mejor desempeño, pues con el 16% de IVA que se cobra en México alcanza el promedio mundial de los países de la OCDE que es el 15.5%. Supera el promedio del IVA que se cobra en América Latina que es del 10% y ocupa el

CAPÍTULO 6   NEOLIBERALISMO Y ALTERNANCIA: EL RETORNO AL PODER DEL PRI Y EL GOBIERNO DE ENRIQUE PEÑA NIETO 2016 – 2018

sexto lugar en esta región. Pese al IVA México continúa teniendo bajos ingresos tributarios. Podemos preguntarnos como hace el Estado mexicano para mantener su gasto. La respuesta es el petróleo. Pese a la reforma energética que ha privatizado segmentos productivos de la explotación petrolera, los gravámenes sobre los ingresos petroleros y la compañía estatal Pemex son altos, y aunque varían año con año dependiendo del precio del petróleo fluctúan entre el 20% y 30% de los ingresos totales del Estado. Pero el problema de México no es tanto que tenga bajas tasas impositivas sino bajos índices de recaudación.

Esto obedece a varias causas. La baja recaudación en México se debe a exenciones impositivas del IVA a diversos productos y del impuesto a la renta de ciertos grupos. Muchas veces son por tratarse de grupos vulnerables o productos básicos, pero también por presiones de poderosos grupos económicos o políticos y por supuesto por la evasión de grandes tributarios mediante la corrupción. También influye la pobreza de más del cuarenta por ciento de la población y el gran tamaño del sector informal que no paga impuestos. Hay que señalar que en México existe cada vez más una conciencia de la necesidad de pagar impuestos, pero se espera que el pago de impuestos genere relaciones recíprocas entre la sociedad y el Estado. Es decir, empresarios, trabajadores y la sociedad en general están dispuestos a pagar más impuestos en la medida en que estos sean visibles en una real mejoría de los servicios públicos de salud, educación y seguridad, y en especial que se combata la corrupción y la evasión fiscal.

Las Empresas Mexicanas

El tema de los impuestos nos lleva también a hablar de las empresas en México. La base empresarial formal en México es la columna vertebral de la economía, sin embargo, el país mantiene un amplio

Obrero mexicano

sector informal en el que se mezclan pequeñas empresas y trabajadores independientes y que, en su mayoría, se dedican más a la subsistencia que a la acumulación. El sector informal constituye un amplio colchón para acoger a la población en tiempos de crisis. En los centros urbanos de México se ha acomodado a los productos y servicios de la globalización, y en sus redes se encuentran toda clase de actividades de intermediación y de productos globales, convirtiéndose en una "globalización desde abajo" (Alba et al., 2015). En ese sentido el sector informal es muy elástico, acompaña y crece con la globalización y su tamaño es mayor en las grandes ciudades que en las pequeñas, y en el norte y centro-occidente del país que en el sur y el este de México. Es en especial fuerte en la Ciudad de México, Monterrey, Guadalajara, y Tijuana. En ese sentido su tamaño puede abarcar entre el 30% y 40% de las unidades económicas y los trabajadores de

CAPÍTULO 6   NEOLIBERALISMO Y ALTERNANCIA: EL RETORNO AL PODER DEL PRI Y EL GOBIERNO DE ENRIQUE PEÑA NIETO 2016 – 2018

México.

《Cuántas empresas hay en México》 El tamaño del sector informal y la flexibilidad de muchas empresas para cruzar los límites entre lo formal y lo informal hacen difícil una medición precisa. Pero tenemos datos duros que nos acercan. Uno de los más precisos dado que se enfoca a medir de manera directa a toda clase de establecimientos, incluso los informales en las calles, señala que existen 5 millones, 039 mil 911 negocios en todo el país (INEGI, 2017, Directorio Estadístico Nacional de Unidades Económicas, Denue). Destaca entre estas empresas que la mayoría, 2 millones 109 mil, más del 40%, se dedican al comercio al menudeo y un 15% más a otros pequeños servicios. 《Pero cuál es el tamaño de estas empresas》

Otra fuente que sólo contabiliza empresas con locales o establecimientos nos dice que existen 4 millones 048 mil 543 empresas; de las cuales el 97.6%, 3 millones, 952 mil 422 eran micro (es decir atendidas por el dueño y menos de cinco empleados en caso de haberlos); 79 mil 367 eran pequeñas (hasta 10 empleados), y sólo 16,754 eran medianas (entre 11 y 50). Las micro pues constituían el 97.6% de todas las empresas de México y generaban el 75.4% del empleo; las pequeñas eran el 2% y tenían el 13.5% del empleo y las medianas eran el 0.4% con el 11.1% del empleo (Inegi, Encuesta Nacional Sobre Productividad de las Micro, Pequeñas y Medianas Empresas en México, Enaproce, 2015b). Una tercera fuente que no cubre todas las empresas existentes sino que se enfoca sobre todo a las empresas con mayor formalidad y tamaño nos permite ampliar esta información.

Así, en agosto de 2017 se reportaba que las empresas más sólidas y formales de México eran 696 mil 159 y el 90% de ellas estaban ubicadas en el sector de comercio y servicios y el restante en la industria.

La mayor parte, 640 mil 372 sólo ocupaban hasta 10 empleados; otras 42,856 tenían entre 11 y 50; 9,160 entre 51 y 259 empleados y sólo 3,771 empresas tenían el tamaño para emplear más de 250 personas (Secretaría de Economía, Sistema Empresarial Mexicano, SIEM, agosto de 2017). Como podemos ver, aunque México tiene algunas grandes empresas altamente competitivas y de clase mundial, con amplia presencia internacional como Cementos Mexicanos, Cemex, la Panificadora Bimbo, la telefónica Telcel y demás empresas del magnate Carlos Slim entre otras, las Pymes siguen siendo la realidad del mundo empresarial mexicano.

Reforma Educativa

La sexta y última de las reformas a considerar es la reforma educativa, lo que nos permite conocer la situación actual de la educación en México. Para mejorar la calidad de la enseñanza de la educación en México y alinearla con los parámetros internacionales de la OCDE, se decretó una reforma educativa el 26 de febrero de 2013 que modificó el artículo tercero de la Constitución mexicana que regula la educación, y el 73 que especifica las atribuciones del Congreso de la Unión. En lo esencial se planteó aumentar los poderes del Congreso de la Unión sobre los procesos educativos generales que imparte el Estado, establecer una ley general del servicio profesional docente y un instituto nacional que se encargue de la evaluación educativa. En otras palabras, la reforma básicamente se centró sobre el sector magisterial, los maestros.

El magisterio mexicano desde la revolución ha sido un importante actor político y fue hasta el 2000 un importante aliado del gobierno. Es el sindicato más numeroso no sólo de México sino de toda América Latina ya que llegó a contar con más de un millón de miembros. Como

CAPÍTULO 6 NEOLIBERALISMO Y ALTERNANCIA: EL RETORNO AL PODER DEL PRI Y EL GOBIERNO DE ENRIQUE PEÑA NIETO 2016 – 2018

tal su peso en la política mexicana fue fundamental. En las nuevas condiciones del país dejo de serlo y se le achacó el retraso y lentitud en mejorar la calidad de la educación mexicana, desde la primaria hasta la educación media superior. Si bien el sindicalismo y la politización del magisterio son dos causas que por distintas razones han influido de manera muy importante en la disminución de la competitividad de la educación mexicana en el contexto de la globalización, otros elementos como la falta de programas educativos apegados a la realidad de los recursos humanos nacionales y de la cultura de los mexicanos, la baja inversión en tecnología, la búsqueda de estándares internacionales que poco significan para las necesidades de México, y políticas educativas sin continuidad que se modifican cada sexenio, han sido más determinantes.

La reforma educativa planteada ha tenido desde el principio un ingrediente político y laboral que ha prevalecido sobre la modernización misma del proceso pedagógico. En estos cuatro años y en medio de fuertes conflictos, más visibles en algunos lugares como la Ciudad de México y los estados de Oaxaca y Guerrero, la reforma le ha quitado poder al sindicato magisterial y se ha dedicado centralmente a evaluar y transformar laboralmente la carrera magisterial. Para que sea efectiva falta aún la instalación de una verdadera reforma de contenido de los programas, de valores, procesos y métodos educativos, un incremento sustantivo en la infraestructura educativa y una revolución digital para permitir acceder a la juventud mexicana a la sociedad del conocimiento.

México ha efectuado interesantes avances en materia educativa, en especial en lo que corresponde a la cobertura de los servicios y la ampliación de la escolaridad en la educación básica. En 2015 tenía una población en edad escolar de 3 a 24 años de 47 millones de personas, de los cuales 32 millones 575 mil 518 recibían educación. Es decir que el sistema escolar mexicano alcanzaba a cubrir al 68% de la gente que lo necesitaba. La cobertura variaba, pero el 63% de los niños de 3 a 5 años asistía a la escuela preescolar, el 96.4% de los de 6 a 14 años asistía a la primaria (6 años) y secundaria (3 años) y 44% de los de 15 a 24 años asistían a las escuelas de educación media superior o superior. El sistema educativo mexicano presentó tres importantes avances entre el 2000 y el 2015: aumentó la cobertura en la educación media superior y la educación superior, ya que pasó de 32.8% a 44%, ampliando su matrícula a un 11.3% más de los jóvenes de 15 a 24 años. Bajo la tasa de analfabetismo de la población mayor de 15 años, que se redujo del 9.5% al 5.5% entre el 2000 y el 2015 y también aumentó el promedio de escolaridad de la población mayor de 15 años, que pasó de 7.8 a 9.6 años entre el 2000 y el 2015.

Cabo San Lucas

CAPÍTULO 6 NEOLIBERALISMO Y ALTERNANCIA: EL RETORNO AL PODER DEL PRI Y EL GOBIERNO DE ENRIQUE PEÑA NIETO 2016 – 2018

Los números de la educación en México son los siguientes. En educación básica hay 25 millones, 980 mil 148 estudiantes, de los cuales 4 millones 804 mil 065 son menores de seis años y reciben educación preescolar; 14 millones 351 mil 037 reciben educación primaria y 6 millones 825 mil, 046 estudian secundaria. En educación media superior hay 4 millones 813 mil 165 estudiantes, de los cuales 72 mil 334 estudian para profesional técnico y 4 millones 740 mil 831 cursan el bachillerato. En educación superior hay inscritos 1 millón 782 mil 205 personas, de los cuales 34 mil 625 estudian la escuela normal para maestros, 1 millón 634 mil 184 son estudiantes de licenciaturas universitarias y tecnológicas y sólo hay 13 mil 396 estudiantes de posgrado en el país (Inegi, 2015a y 2017; SEP, 2017). En total poco más de 32 millones y medio de mexicanos reciben educación. En 2017 poco más de la cuarta parte del país se encontraba estudiando.

CAPÍTULO 7

EL MÉXICO CONTEMPORÁNEO Y LOS RETOS DEL FUTURO

La Población

En el año de 2010 la población de México era de 112 millones 336 mil 539 personas. En marzo de 2015, el censo de México arrojaba que la población total de país había pasado a ser 119 millones, 530 mil 753 personas y en agosto de 2017 la proyección de población era de 123 millones 364 mil 426 (Conapo, 2017). Es de llamar la atención una novedad demográfica en el país: la tasa de crecimiento de la población que había venido disminuyendo años tras año desde 1970 no disminuyó por primera vez en 45 años y se mantuvo estable. Si de 1990 a 2000 la tasa de crecimiento de la población fue de un 1.9%, del 2000 al 2010 fue de 1.4% y del 2010 al 2015 se mantuvo en 1.4%. De los mexicanos el 48.6% eran hombres y el 51.4% mujeres Esta diferencia de género se debe a que en México la mayor mortalidad infantil entre mujeres se compensa por qué ellas tienen una esperanza de vida mayor, ya que los hombres viven un promedio de 73.1 años y las mujeres de 78.9 por lo que hay un mayor número de mujeres de la tercera edad que de hombres. (OMS, 2017; Inegi,

CAPÍTULO 7   EL MÉXICO CONTEMPORÁNEO Y LOS RETOS DEL FUTURO

2017). De cualquier manera, México sigue gozando del bono demográfico de las últimas décadas, ya que la edad mediana de la población era de 27 años en el 2015. Se trata pues de una población joven, que demanda sobre todo empleo y educación profesional. Si recordamos que 39 años es la edad promedio de las personas que tienen empleo formal, es claro que el mayor desempleo se centra en los jóvenes y que los mayores retos para México se encuentran en como encausar a su juventud.

La Juventud Mexicana

Los organismos internacionales como la ONU o el Programa de las Naciones Unidas para el Desarrollo, PNUD, consideran como juventud a los grupos de edad de la población que tiene entre 15 y 24 años de edad. Así también lo considera en México el máximo órgano de control estadístico, el Inegi. Sin embargo en el caso de México dado el alto porcentaje de población que se incorpora con lentitud al mercado de trabajo y aún necesita cursar estudios, y con fines de aplicación de programas de política pública, muchas encuestas oficiales amplían el lapso de juventud hasta el siguiente grupo de edad, extendiéndola de los 15 hasta los 29 años, que es la juventud a la que nos referimos aquí. En 2015 la juventud mexicana constituía la cuarta parte de la población del país, el 25.6%: De ellos el 9% tenía entre 15 y 19 años, un porcentaje casi idéntico, el 8.9% tenían entre 20 y 24 años y el 7.7% de 25 a 29 años.

En base a una serie de encuestas recientes (Enhpccm, 2010; Imjuve, 2011; Encucum, 2012; Inegi, 2014) que tomaron muestras representativas de la población juvenil de ambos sexos, podemos señalar que los jóvenes de México presentan de manera aproximada las siguientes características que nos permiten darnos una idea de cómo son. En cuanto a empleo remunerado el 56% trabajaba y el resto no tenía empleo ni lo había tenido, aunque la mitad de los que no trabajaban aún seguían estudiando. Como vemos de un 20% a un 24% de los jóvenes de ambos sexos ni estudian ni trabajan. Es en el grupo de edad de los 20 a los 30 años donde se concentra la mayor necesidad de empleo. De las mujeres el 25% de las jóvenes eran amas de casa. El 48% aún estudiaba y la escolaridad promedio del total era de 9.8 años de estudios, que en México es el nivel de educación secundaria concluido.

El 60% de los jóvenes eran solteros y por lo general aún vivían con sus padres y el resto eran casados o vivían con parejas. Sin embargo, el 52% ya había iniciado su vida sexual a una edad promedio de 17 años, generalmente con novios o novias, amigos a amigas. En cuanto a prácticas sexuales, soltería y pareja la conducta de hombres y mujeres es prácticamente igual de los 15 a los 30 años y no hay diferencias sensibles de género. En comparación con la generación de sus padres, las relaciones sexuales son una práctica común previa al matrimonio, se consideran ya parte del ritual de noviazgo y búsqueda de pareja y son aceptadas y realizadas en igual porcentaje por hombres como por mujeres. El matrimonio en consecuencia ha perdido su carácter de rito de paso a la vida sexual.

Aunque no todos pueden estudiar, tanto los que lo hacen como los que no pueden siguen considerando que los estudios y no el trabajo temprano son el principal camino para lograr la movilidad social. 《Qué los motiva a estudiar》 Conseguir empleo y obtener mejores ingresos más que alguna profesión en particular. Si algunos ni estudian

CAPÍTULO 7   EL MÉXICO CONTEMPORÁNEO Y LOS RETOS DEL FUTURO

ni trabajan muchos otros trabajan y estudian, y la incorporación de los jóvenes mexicanos al mercado laboral es temprana pues lo hacen a los 18 años en promedio, aunque por supuesto hay un porcentaje importante de trabajadores menores de edad. En cuanto a sociabilidad los niños y jóvenes mexicanos aún mantienen fuertes lazos de familia al menos hasta los 18 años. Hasta esa edad son los padres primero y los maestros después los que se encargan de influir en sus opiniones y gustos. Lo hacen preferentemente en tres ámbitos: en sexualidad, en preferencias políticas y en la actitud hacia las drogas y el alcohol.

La opinión de los adultos importa poco en cambio en los consumos digitales, en moda, música y diversiones. Después de los 18 años la influencia más importante en opiniones y consumos es la de los amigos y después de los 25 la de la pareja. Cinco son las principales diversiones de los jóvenes mexicanos: el internet, la televisión, el cine, los deportes y los paseos en ese orden de importancia. Hasta los 18 años la compañía preferida es la de los padres, de los 18 a los 29 la de los amigos y la pareja, y después de esa edad se centra en la pareja. Sin embargo, existe un alto nivel de incomunicación. El 25% de los jóvenes de los 15 a los 29 años no comenta sus problemas ni sus preferencias con nadie, ya sea con adultos o con jóvenes de su misma edad.

Los Jóvenes Mexicanos y la Política

En cuanto a política el 40% de los jóvenes piensa que es complicada mientras que el 60% la considera sencilla. Más de la mitad de los jóvenes están poco o nada satisfechos de las manifestaciones de la democracia mexicana y el 76% piensa que los partidos políticos no han mejorado la democracia, dato alarmante pues como hemos visto pese a todas sus limitaciones los partidos políticos mexicanos han podido mejorar la vida política del país en comparación con décadas anteriores. En México los partidos políticos han ayudado a debilitar y en parte desmantelar el sistema presidencialista del pasado. Esto ha sucedido recientemente por lo que sería lógico que los mayores de treinta años, acostumbrados a la política del pasado, siguieran pensando en el Estado mexicano como presidencialista y que los jóvenes percibieran un México más democrático, o al menos movido por el juego de los partidos políticos.

No es así pues para el 68% de los jóvenes la figura del presidente es tan fuerte como la de los partidos políticos, y sólo el 45% piensa que los ciudadanos influyen en la política de alguna manera. Es decir la mayor parte de la juventud mexicana percibe que se sigue viviendo un México presidencialista aunque en muchos sentidos esto ya no es cierto. Quizás por ello el 85% de los jóvenes declaran que poco o nada les interesa la política, el 96% no participa en partidos políticos y el 91% tampoco lo hace en asociaciones civiles o grupos ciudadanos. Con una tendencia muy similar a lo que sucede en la mayor parte del mundo democrático globalizado, la juventud mexicana participa poco en la política formal del país. Aunque en virtud de las opiniones y la intensidad de participación juvenil en las redes sociales, que suman millones de comentarios, así como su presencia en movimientos sociales espontáneos, habrá que preguntarse si se trata de que la juventud está poco politizada, o más bien si la vida política contemporánea en México es ya la que se ha trasladado a otros ámbitos y dimensiones digitales de expresión y participación juvenil, ante el descrédito de partidos políticos y gobernantes. Situación, de nuevo, muy similar a

CAPÍTULO 7   EL MÉXICO CONTEMPORÁNEO Y LOS RETOS DEL FUTURO

la de la juventud en numerosos países en el globalizado siglo XXI donde la mayor participación y activismo político juvenil se da en las redes sociales.

Mujer y Familia

Como ya vimos poco más de la mitad de la población de México es femenina. Conforme el país se ha adentrado en los caminos de la globalización las últimas tres décadas se han dado grandes cambios en las relaciones de género. Muchos de estos se reflejan en la familia. Las transformaciones demográficas de la familia comenzaron de hecho hace medio siglo. En 1965 la familia mexicana tenía un promedio de 7 hijos y nueve integrantes. En 1990 su número se redujo a tres hijos y cinco integrantes. En el 2015 era de 2.2 hijos y de 3.9 integrantes. En números cerrados la típica familia mexicana en el 2017 es mayoritariamente nuclear y de cuatro personas: madre, padre y dos hijos. La mitad de los hogares (el 50.9%) son biparentales y tienen esta composición, es decir están presentes la madre, el padre y los hijos. Una cuarta parte (26.5%) son monoparentales, es decir, sólo está presente la madre o el padre con los hijos. De estos hogares monoparentales el 94% está a cargo de la madre y sólo el 6% a cargo del padre. Es decir que la cuarta parte de todos los hogares mexicanos está a cargo de una mujer. El resto de los hogares, el 32.6%, es unipersonal o extenso, es decir personas que viven solas u hogares donde conviven varias generaciones, parientes o amigos (Conapo, 2017; Inegi, 2015a).

Mujer y Trabajo

La presencia pública de la mujer mexicana es cada vez mayor desde que en números crecientes abandono el ámbito doméstico y se incorporó a los mercados de trabajo asalariado en todo el país. En la actualidad las mujeres representan el 38.1% tanto de la Población Económicamente Activa (PEA) como de la Población Ocupada, (27 millones 410 mil mujeres en la PEA y 20 millones 620 mil ocupadas); en tanto que los hombres significan el 61.9% de ambas categorías (33 millones 448 mil en la PEA y 32 millones 330 mil ocupados). Es decir que en México cuatro de cada diez plazas de empleo las ocupan mujeres y seis los hombres. Existen más mujeres asalariadas en las ciudades que en el medio rural, pues redondeando cifras 9 millones y medio trabaja en el sector servicios (9 millones, 507 mil 916), cinco millones en el comercio (4 millones 959 mil 656) y poco más de 3 millones en las manufacturas (3 millones 211 mil 617); en gran medida porque las actividades laborales de las mujeres que trabajan en el campo son las peor remuneradas y más vulnerables. (STPS, 08/2017).

La presencia de la mujer en el mercado laboral ha ido acompañada de una mejoría en sus niveles de vida y creciente empoderamiento social, pero las mujeres que trabajan ganan en promedio un 30% menos que los hombres, se promocionan más lentamente y enfrentan un mayor acoso laboral y sexual. La situación más difícil la enfrentan las trabajadoras que también son madres. La tasa de participación económica de las mujeres de más de 15 años con hijos es del 44.1%, y de ellas el 97.9% combinan las labores domésticas con el trabajo. Trabajan el 72% de las mujeres que son madres solteras, el 72% de las divorciadas y el 68% de las separadas (Inegi, 2015a; Conapo, 2017). Siete de cada diez mujeres con hijos trabajan o buscan trabajo. La búsqueda de una mayor equidad laboral femenina es uno de los temas de política pública y social más importantes en México.

Mujer, Violencia y Equidad de Género

El mayor poder social de la mujer mexicana, al igual que su presencia pública cada vez más importante no ha significado solamente una mayor autonomía y autosuficiencia económica, sino que ha provocado también una mayor tensión en las relaciones de género y un reto a la cultura machista y masculina, como ha pasado en los demás países del mundo. Por ello hay que mencionar que la violencia de género es uno de los problemas que México se empeña actualmente en combatir. Es un problema del que el país es consciente y del que se ocupan en la actualidad tanto numerosas organizaciones feministas y de la sociedad civil, como distintas y nuevas políticas públicas. Es en especial importante señalar la búsqueda de una nueva normatividad para la emisión y aplicación de leyes con perspectiva de género, así como las actividades destinadas a sensibilizar al poder judicial y a las autoridades policiacas.

La gravedad del problema lo amerita y para ello basta citar algunas cifras. Más del 60% de las mujeres mexicanas consideran que han sufrido en algún momento de su vida violencia de algún tipo; la mitad considera que este abuso ha sido emocional y el 40% señala que en algún momento de su vida ha vivido algún tipo de violencia sexual.

Aunque esta suele ser verbal el 34% reporta algún tipo de violencia física y el 30% resienten discriminación en el trabajo. (Endireh, 2017). Aunque estas cifras son peores en otros países del mundo, combatir la violencia contra las mujeres es prioritario para la política pública en México. Mucho se ha avanzado desde que se consiguió a nivel nacional la reivindicación de los derechos políticos de las mujeres, cuando obtuvieron tras larga lucha el derecho a votar el 17 de octubre de 1953; pero la equidad de género es a futuro uno de los temas más importantes y urgentes dentro de la agenda social y política en México, tanto para la sociedad civil como para los partidos políticos y la administración pública.

Los Adultos Mayores

México ha gozado los últimos treinta años de un bono demográfico producto de la alta tasa de natalidad de las décadas anteriores, por lo que las características de su población han estado teñidas de los problemas juveniles, en especial la alta demanda por educación y empleo común a otros países en vías de desarrollo. Esta situación ha empezado a cambiar y el número de adultos mayores es creciente. En términos internacionales la categoría demográfica de adulto mayor suele ubicarse a partir de los sesenta años, como lo ha considerado por ejemplo la Organización Mundial de la Salud (OMS, 2015). Esta edad está actualmente a revisión por la mayor longevidad y el incremento de la esperanza de vida en numerosas naciones. En términos médicos, de salud pública y demográficos, en México se respetan por lo general los sesenta años de edad; aunque para las políticas públicas, las leyes laborales y los derechos de jubilación la tercera edad o categoría de

CAPÍTULO 7 EL MÉXICO CONTEMPORÁNEO Y LOS RETOS DEL FUTURO

adulto mayor se considera a partir de los sesenta y cinco años. Si consideramos la edad internacionalmente aceptada de sesenta años como inicio de la vejez, tercera edad o para ser considerado adulto mayor, queda claro que el proceso de envejecimiento en México es acelerado. Entre el año 2000 y el 2015 este grupo de edad aumentó un 76% en el país. En el 2000 eran 6.9 millones, en el 2010 eran 9 millones 424 mil y constituían el 8.7% de la población; y en el 2015 eran ya más del 10% de los mexicanos, al llegar a 13 millones 928 mil personas. Al igual que la mayor parte de los países del mundo, México nunca había tenido tan alto porcentaje de gente adulta y se considera que será el grupo de población que experimentará el mayor crecimiento de aquí hasta el año 2050, cuando las proyecciones demográficas calculan que llegarán a ser 36 millones y medio, hasta la cuarta parte de la población total (Inegi, 2015a; ENOE, 2017; Conapo, 2017).

El envejecimiento muestra también las grandes diferencias regionales de un país como México, pues la capital, la Ciudad de México, tiene hasta el doble porcentaje de adultos mayores que Quintana Roo, la entidad que tiene menos, producto de la distinta antigüedad de los asentamientos y los procesos migratorios. De hecho 19 entidades de las 32 que integran México aumentarán al doble la proporción de adultos mayores que tienen actualmente tan pronto como llegue el año 2030. El envejecimiento de la población es por supuesto una conducta demográfica de carácter mundial que le presenta no sólo a México sino al mundo nuevos retos. La transición demográfica acarrea también múltiples transiciones y nuevos problemas en lo que respecta a la atención médica y al tratamiento de nuevas enfermedades propias de la vejez, en los aspectos económicos por la falta de esquemas de jubilación adecuados, sociales en lo que respecta a la dinámica familiar, el cuidado de los ancianos y enfermos y el uso del tiempo libre; y hasta epidemiológicos por la mayor incidencia de enfermedades crónico-degenerativas ya conocidas.

Plantío de maguey, base del tequila

Combate a la Pobreza y la Desigualdad en México

Al igual que en la mayor parte de los países modernos la pobreza ha sido compañera fiel y constante de la construcción de México como Nación. Desde la Conquista y durante los tres siglos de Colonia que se le consideró la Nueva España se sentaron las bases de una histórica desigualdad social, al igual que se establecieron privilegios, relaciones preferenciales para grupos particulares y una cultura política de expoliación. Estos rasgos sobrevivieron durante la Independencia en el siglo XIX, después de la Revolución en el siglo XX, y se mantienen

CAPÍTULO 7 EL MÉXICO CONTEMPORÁNEO Y LOS RETOS DEL FUTURO

aunque son anacrónicos y poco funcionales en el mundo competitivo y dedicado al consumo del siglo XXI. En el mundo tecnológico actual la pobreza ya no es la base, sino que obstaculiza la creación de riqueza social y es un reto para el desarrollo y el futuro de cualquier nación.

Durante la Colonia los pobres de México fueron sobre todo los pueblos originarios y la población americana sometida y explotada. Su empobrecimiento fue total. Se degradaron no sólo sus bases económicas de subsistencia sino también sus estructuras sociales y políticas y su cultura. Se crearon las condiciones para una reproducción ampliada de la pobreza nacional que duró siglos más allá de la Colonia. Pero la pobreza se compartió con los mestizos conforme aumentó la colonización y durante la Independencia, en el siglo XIX, los pobres no eran ya sólo los indígenas sino las nuevas identidades nacionales provocadas por el mestizaje, la aculturación y el incipiente desarrollo urbano. Es indudable que la pobreza en México empezó a retroceder después de la revolución que se inició en 1910. En 1930 se calculaba que entre el 70% y el 80% de los mexicanos eran pobres y su número empezó a disminuir desde entonces, aunque con mucha lentitud.

El combate a la pobreza de las últimas tres décadas ha sido ha sido más intenso, en particular a partir de 1990 y sin embargo su retroceso sigue siendo lento e insuficiente. En el siglo XXI y como consecuencia de la urbanización, la mayor parte de los pobres viven ahora en las ciudades y no en el campo y no son ya en su mayoría indígenas sino mestizos. El modelo de desarrollo neoliberal con el que México amplió su inserción en el mundo y participó con mayor fuerza en la globalización ha generado escenarios de crecimiento económico, algunos de ellos muy importantes para el país, pero también ha aumentado la diferenciación social y la desigualdad entre regiones, grupos de población y oficios. Ante la realidad de que el mercado por sí sólo no contribuiría a disminuir la pobreza, el Estado mexicano tomó en sus manos este objetivo. Para ello ha desarrollado distintos tipos de políticas sociales cuyas características han sido ser de carácter focalizadas más que universales, diferenciadas más que generales y cambiantes de sexenio a sexenio. Se ha priorizado la infraestructura y se ha transitado del asistencialismo y las dádivas a la entrega de dinero en efectivo y a la oferta de créditos a grupos particulares.

La ausencia de un carácter universal (como seguros de desempleo, jubilación, asistencia médica y servicios públicos básicos subsidiados para todos los mexicanos), el cambio de estrategias sexenales, la falta de recursos, el hecho de que las políticas sociales se acomodan al modelo económico y no al combate directo a la pobreza, pero en especial el uso político y electoral de los programas sociales, han provocado que la pobreza disminuya con mayor lentitud en México que en otros países miembros de la OCDE. En México la pobreza se ha combatido los últimos treinta años con programas de asistencia social, que como ya vimos han tenido distintos nombres en los diferentes sexenios: Programa Nacional de Solidaridad (Pronasol) de 1988 a 1994; Programa de Educación, Salud y Alimentación (Progresa) de 1995 al 2000; el abandono de políticas asistencialistas por las de creación de capacidades se dio con el programa Contigo del 2000 al 2006; su continuación con la misma óptica con el programa Oportunidades y Vivir Mejor del 2007 al 2012; y finalmente el programa Prospera, acompañado de otros tres que se ocupan de ayuda económica para adultos mayores, comedores comunitarios y seguro de vida para jefas de familia, vigentes del 2012 al 2018. Además en 2004 el Esta-

CAPÍTULO 7 EL MÉXICO CONTEMPORÁNEO Y LOS RETOS DEL FUTURO

do mexicano elevó a categoría de ley la obligación de medir y combatir la pobreza con la Ley General de Desarrollo Social en México, LGDS.

Las mediciones de la pobreza se han realizado en México con dos metodologías distintas. La primera fue la de *líneas de pobreza* que establece no un índice sino tres conjuntos incluyentes de población que se encuentra en distintos niveles de pobreza, y que la mide en función del ingreso en dinero de los hogares: La primera es la *pobreza alimentaria*; se refiere a la insuficiencia de todos los ingresos de un hogar para adquirir la canasta básica de alimentos. La segunda es la *pobreza de capacidades*, son los hogares que pueden adquirir la canasta básica de alimentos pero no pueden cubrir los gastos de salud y educación. La tercera es la *pobreza de patrimonio*, son aquellos pobres que sí pueden pagar los anteriores pero no pueden hacerlo con su vivienda, vestido y transporte. Al observar el comportamiento de la pobreza en México de acuerdo con esta metodología que privilegia el ingreso, se notan leves avances entre 1990 y 2010: la *pobreza alimentaria* pasó del 21% al 19% de la población, la *pobreza de capacidades* del 30% al 28% y la *pobreza de patrimonio* del 53% al 52%. Es decir, en función del ingreso poco más de la mitad de los mexicanos son pobres aunque sólo una quinta parte tiene carencias alimentarias.

Pero esta medición es insuficiente y a partir de 2008 se mide la pobreza con una nueva metodología, la de la *pobreza multidimensional*. Surge porque los hogares en México, como en América Latina y otras regiones del mundo, no tienen una economía doméstica totalmente mercantilizada y muchos de los satisfactores que definen el bienestar de un hogar no provienen de salarios ni rentas directas sino de los subsidios, transferencias y derechos otorgados por la familia o el Estado. La metodología de *pobreza multidimensional* considera todos los ingresos y recursos de los hogares a partir de los datos de la Encuesta Nacional de Ingreso y Gasto, Enigh; que comenzó a operar en 2006 y mide seis tipos de carencias e identifica dos tipos de pobres. Las carencias que identifica son: educación, salud, seguridad social, espacios de vivienda, servicios de vivienda y alimentación. También identifica dos tipos de pobres por ingresos; los de pobreza moderada y los de pobreza extrema. Según esta metodología y estas categorías la evolución de la *pobreza multidimensional* en México los últimos años es la siguiente.

En 2008 la población en situación de pobreza abarcaba al 44.5% de los mexicanos. En 2012 había subido al 45.5% y en 2014 volvió a subir al 46.2%. En 2008 de todos los pobres el 33.9% se encontraba en situación de pobreza moderada y el 10.6% en situación de pobreza extrema. En 2012 habían subido al 35.7% y al 11.7% respectivamente. En 2014 volvió a subir al 36.7% la población en pobreza moderada en parte porque bajó al 9.5% la de pobreza extrema. En 2008 la población que no era pobre pero experimentaba alguna de las seis carencias era el 37.5% de los mexicanos, en 2012 había bajado al 34.7% y en 2014 bajo de nuevo al 33.3%. En 2008 los mexicanos que no eran pobres ni tenían carencias eran el 18% de la población, en 2012 eran 19.8% y en 2014 el 20.5%. En resumen que en 2014 había 55.3 millones de pobres en México, de los cuales 11.4 millones se encontraban en pobreza extrema. Aunque ambas metodologías no son comparables, las cifras finales en números gruesos nos ubican a los pobres de México en torno al 50% de la población; (46% si aceptamos los últimos datos de la *pobreza multidimensional*), la que no es pobre pero si vulnerable sería un 30% y el 20% restante estaría en buenas condiciones sociales y económicas. La pobreza se mantiene

CAPÍTULO 7   EL MÉXICO CONTEMPORÁNEO Y LOS RETOS DEL FUTURO

como el principal problema social a resolver para México.

En el largo plazo, es decir si consideramos las cifras de los últimos cincuenta años, podemos observar que existe una disminución de la pobreza y una mayor movilidad social intergeneracional, que se dio tanto con el modelo proteccionista vigente hasta 1982 como con el neoliberal. Esto ha ido acompañado de un aumento en la esperanza de vida, de una mejoría en la calidad de vida y en los servicios de salud, así como un mayor nivel educativo. Los mexicanos ahora en general viven mejor que sus padres y abuelos. Esto aumenta por supuesto si comparamos con la situación del país hace 75 años. Si nos limitamos al modelo de desarrollo adoptado por México desde hace tres décadas observamos un proceso de crecimiento económico significativo, una mayor diversificación y competitividad de la economía mexicana y un considerable aumento de los niveles de consumo de toda la población.

Pero la política social presenta lentos avances. Sus impactos positivos son visibles en tres aspectos; la disminución de la pobreza extrema y del hambre, una disminución de las carencias relacionadas con la disponibilidad de infraestructura por una mejoría en el acceso a la vivienda y en los servicios de la vivienda, y un aumento en los años de escolaridad. Un avance menor se observa en los servicios de salud con la creación del sistema denominado *Seguro Popular*, que ha aumentado la cobertura aunque no la calidad de los servicios médicos. Sin embargo, las carencias se han mantenido e incluso incrementado en lo que respecta a seguridad social, seguridad laboral y capacidad adquisitiva del salario real. Es decir, no ha aumentado la pobreza de la población pero si su vulnerabilidad. En términos generales y en el mediano y largo plazo la proporción de mexicanos en situación de pobreza ha tendido a bajar, aunque los logros se pierden con suma rapidez y por su vulnerabilidad caen de nuevo en la pobreza fácilmente.

　　Por otra parte, la movilidad social si se ha incrementado levemente las últimas tres décadas, por lo que la globalización parecería aumentar el tamaño de la clase media mexicana en relación a los ingresos y consumos, aunque ésta sea más vulnerable social y laboralmente que en el pasado. Hasta el momento esta mejoría social, que si es visible, parece ser frágil y dependiente del comportamiento de los mercados internacionales por lo que puede experimentar retrocesos con facilidad. Aún no sabemos que tan duradera es la tendencia hacia la movilidad social relacionada con la mejoría de los ingresos. Sabemos que abarca a un segmento pequeño de la población. Tampoco sabemos si hay capacidad de ampliarla hacia otros segmentos significativos de población, lo que hasta ahora con la baja capacitación tecnológica y el desempleo juvenil no se ha logrado.

　　El crecimiento de México ha aumentado la concentración de los ingresos y en ese sentido también la diferenciación social y regional. Observamos un desarrollo con una concentración muy desigual de recursos en una minoría social y en media docena de zonas metropolitanas del país en perjuicio del campo y de las ciudades medias, y una menor pobreza en el norte y centro de México en comparación con el sur y el sureste. Si bien se ha logrado incrementar la movilidad social y disminuir levemente la pobreza, ha aumentado la vulnerabilidad de otra parte de la población. La mitad de los mexicanos ya no son pobres, ese es el logro. Pero la pobreza de la otra mitad es el reto, al igual que disminuir la vulnerabilidad en cuanto a seguridad social, salud y educación que todavía persiste en el 30% de los que ya no son pobres. Por otra parte, si no tomamos en cuenta las grandes diferencias regionales y urbanas y observamos el promedio nacional, si puede

CAPÍTULO 7   EL MÉXICO CONTEMPORÁNEO Y LOS RETOS DEL FUTURO

confirmarse una tendencia hacia la disminución de la desigualdad social en México al menos en el lapso entre 1990 y 2010.

El grado de cohesión social medido por un coeficiente de Gini que compara la razón de ingreso entre los pobres extremos y la población que no es pobre ni vulnerable, y que también considera la densidad de las redes sociales de apoyo con que se cuenta, nos muestran una disminución de la desigualdad en México en esos veinte años, ya que el índice pasó de 0.562 a 0.500 (donde cero es menos desigualdad y uno más desigualdad). Pero este proceso se fracturó, pues la desigualdad bajó muy levemente hasta 2012, cuando el índice de Gini fue de 0.498 y aumentó de nuevo en 2014 al subir a 0.503 (Enihg, 1992, 2000 y 2017; Coneval, 2014 y 2017). La disminución de la desigualdad de las últimas décadas se debió al aumento y diversificación de las exportaciones de México, tanto en lo que respecta a las manufacturas como al auge de los precios y la demanda de productos básicos y materia prima, como el petróleo. Esto tendió a elevar la participación laboral formal e informal y acabó beneficiando con empleos también a los mexicanos en el extremo inferior en la cadena de la distribución, disminuyendo la desigualdad.

Pero el fin del auge de la demanda mundial de productos básicos que se vivió la primera década del siglo XXI y hasta el 2012, y la caída de sus precios como fue el caso del petróleo mexicano; al igual que la menor demanda en el mercado norteamericano de productos manufacturados en México parece haber detenido este proceso igualitario. Después de una veintena de años de convergencia hacia los ritmos de desarrollo de los países miembros de la OCDE, México empieza a alejarse de ellos. La divergencia en el desarrollo ha comenzado y la desigualdad que ha empezado a aumentar levemente a partir de

2012 podría continuar así los próximos años si no se fortalecen las instituciones destinadas a combatir la pobreza, se disminuyen las políticas sociales de subsidios y se aumentan las de creación de competencias entre los pobres; al mismo tiempo que se aseguran de manera duradera los mecanismos de redistribución del ingreso. Con distinta intensidad y en diferentes tiempos México comparte estas tendencias recientes de auge y contracción de la pobreza y la desigualdad con muchos países de América Latina (Bértola y Williamson, 2016; Campos-Vázquez, 2016; Duryea, 2016; Cornia 2014).

La Identidad étnica de los Mexicanos en el Siglo XXI

México ha sido desde su creación un país multicultural y continúa siéndolo. Cinco siglos de historia no han borrado la presencia de sus habitantes originarios, aunque han servido para disminuir sensiblemente su número acelerando el proceso de mestizaje, aculturación y ciudadanía entre ellos. De las culturas y lenguas indias existentes en México en el momento de la Conquista hace 500 años, sobreviven 65 en el siglo XXI, distribuidas en todo el territorio de la nación pero especialmente numerosas en el sur y sureste de México. La población originaria no vive sólo en el campo, sino que desde hace medio siglo la mayoría de los indígenas mexicanos viven en las ciudades. Si bien 20 de estas 65 lenguas se encuentran en peligro de extinción, otras aumentan su número absoluto de hablantes aunque su número relativo disminuya ante el crecimiento demográfico del resto de los mexicanos.

El número total de hablantes de lenguas indígenas aumenta en México. En el año 2000 eran 6 millones 044 mil 547 y significaban el 7.1% de la población total, el 2010 eran 6 millones 695 mil 228, el

CAPÍTULO 7   EL MÉXICO CONTEMPORÁNEO Y LOS RETOS DEL FUTURO

6.7% del total y en 2015 habían subido a 7 millones 382 mil 758. La lengua con mayor número de hablantes es el náhuatl, con 1 millón 725 mil 620 hablantes en 2015. A ella le sigue el maya que se habla en la península de Yucatán con 859 mil 607 personas. De las 65 lenguas indígenas 20 son mayenses, es decir tienen un tronco lingüístico común y se hablan en cinco estados del sureste de México. La tercera parte del total de hablantes de lenguas indígenas en México, dos millones y medio, lo son de alguna de las 20 lenguas mayenses. Además del maya yucateco las más importantes de ellas son el tseltal y el tsotsil que se hablan principalmente en Chiapas, con medio millón de hablantes cada una.

En un proceso de reivindicación de las raíces culturales de México desde 1992 se modificó su Constitución para reconocerlo como un país multicultural y multiétnico. En el año 2002 se reconocieron las 65 lenguas indígenas como lenguas nacionales y se emitió la Ley General de Derechos Indígenas que les otorga los mismos derechos lingüísticos que el español. Si bien México es el país de América Latina con el mayor número de hablantes de lenguas amerindias, dado el tamaño de su población no es el de mayor porcentaje en relación al total de su población. Guatemala tiene el 52.8%, Perú tiene el 35% y hasta el pequeño Ecuador tiene más, con el 10%. La raíz indígena de México se encuentra sin embargo en el corazón de la identidad y la cultura nacional. La identidad mexicana es un mestizaje entre las culturas indias y la cultura española de los siglos XVI a XVIII. Sin embargo, la independencia en el siglo XIX y en especial la revolución en el XX, pusieron a las identidades indias por delante de la española para construir una ideología política y un imaginario social.

México como una nación mestiza y el nacionalismo revolucionario del Estado mexicano moderno revivieron y también inventaron un pasado indígena que ayudo a generar y difundir una identidad nacional unificada más allá de las diferencias regionales y culturales internas. El "ser" mexicano se sustenta en los símbolos de la resistencia indígena de la Conquista y una identidad indígena mítica a la que se le adjudica un pasado histórico. Pero la revaloración de lo indígena en México en el siglo XXI pasa ahora por recuperar primero las múltiples culturas y lenguas indígenas más que considerar una sola. Cierto que la lengua es el identificador más fuerte y duro de una cultura. Pero la lengua solo nos da una idea de la población mínima que puede ser considerada indígena en México. Los indicadores genéticos nos muestran una menor importancia del mestizaje y una mayor fuerza de la herencia amerindia que lo que el discurso nacionalista mexicano suele plantear, y nos muestra un mapa genético donde los mexicanos son más amerindios y de origen asiático que europeos.

Pero la genética es sólo una pista. De manera más importante están los indicadores de identidad cultural y auto adscripción étnica incluso entre las personas que ya no hablan sus lenguas maternas pero se consideran indígenas. Los últimos años México ha revalorado su raíz indígena y su población, especialmente la más joven, muestra un mayor orgullo e interés por reconocerse públicamente como parte de un grupo étnico originario amerindio. La población que sin hablar una lengua indígena se reconoce como tal ha aumentado en México en mayor número que los hablantes. Así, en el 2010 el de los mexicanos se reconocieron a sí mismos como indígenas, el doble de los que hablaban alguna lengua originaria. En el año 2015 eran ya el triple de mexicanos que se reconocían a sí mismos como indígenas en relación a los que hablaban alguna lengua nativa. 25 millones 694 mil 928 personas se reconocieron como indígenas amerindios, el 21.5% de la población total de México.

Plataforma petrolera en el Golfo de México

Migrantes y Remesas

Con más de tres mil kilómetros de frontera entre México y Estados Unidos el paso de población entre uno y otro país tiene una historia de siglos. Más si consideramos que gran parte del sur de Estados Unidos perteneció a México hasta el siglo XIX, y en muchos estados como Texas o California hay población mexicana que permaneció en su lugar de origen y es aún más antigua que la estadounidense. Durante la Segunda Guerra mundial se inició un programa del gobierno estadounidense para llevar trabajadores agrícolas mexicanos al campo, supliendo la mano de obra enviada a la guerra. Después de la guerra continuó de manera informal la migración temporal y estacional de trabajadores mexicanos a los Estados Unidos para desempeñar tanto trabajos agrícolas como urbanos. Se establecieron rutas migratorias y también redes sociales y laborales muy antiguas entre trabajadores mexicanos y empresarios norteamericanos, que se extendieron por décadas.

La migración temporal mexicana a los Estados Unidos comenzó a ser cada vez más numerosa y desde los años setenta era ya un fenómeno social claramente identificado que se fue intensificando conforme México se internó en los caminos de la globalización y las fronteras se volvieron más permeables con el Tratado de Libre Comercio que entró en vigor a partir de 1994. Los últimos veinticinco años la migración legal e ilegal de Mexicanos a los Estados Unidos se multiplicó, en especial ante las profundas diferencias salariales entre los dos países y la amplia demanda de fuerza de trabajo poco calificada en los Estados Unidos, trabajando ahora los migrantes mexicanos tanto en el campo como en las ciudades y estableciendo patrones migratorios más prolongados. Esto hizo que México fuera durante muchos años el país con el mayor número de inmigrantes del mundo (13 millones en 2013) lugar del que fue desplazado por la India a partir de ese año (que tiene 16 millones de inmigrantes fuera de su país). Los otros países con mayor número de inmigrantes fueron Rusia y China.

En el año 2016 había 12 millones 027 mil mexicanos migrantes fuera de México y 11 millones 700 mil estaban en los Estados Unidos. Hay que señalar que contra lo que pudiera pensarse la mitad de los mexicanos migrantes son personas capacitadas; profesionistas, estudiantes o empresarios. La otra mitad es mano de obra poco calificada. De estos inmigrantes mexicanos alrededor de seis millones son indocu-

CAPÍTULO 7   EL MÉXICO CONTEMPORÁNEO Y LOS RETOS DEL FUTURO

mentados, por lo general son los trabajadores poco calificados. El restante son trabajadores, profesionistas o estudiantes mexicanos con estancia legal en los Estados Unidos. A su vez, los Estados Unidos registra entre 11 y 12 millones de indocumentados, la mitad de los cuales son mexicanos. La administración de Donald Trump (2017 – 2020) inició una agresiva política para expulsar a los indocumentados muy centrada en los de origen mexicano, incluyendo el proyecto de construcción de un muro fronterizo de más de tres mil kilómetros. De manera independiente a esta política el número de indocumentados mexicanos en los Estados Unidos ya había empezado a disminuir desde 2015 y 2016, con la administración del presidente Obama. Tan sólo en esos años se calcula que disminuyó en medio millón de personas.

El beneficio para México no ha sido sólo disminuir la presión de trabajadores sobre su economía, que no ha podido crear el suficiente número de empleos que necesita su población durante los últimos veinte años, sino recibir una gran cantidad de remesas en dólares enviados por los trabajadores a sus familiares. El valor de las remesas enviadas por trabajadores legales e ilegales a sus familias en México fue de 26 mil 970 millones de dólares en el 2016. Fue una cantidad histórica que superó la cifra más alta que se había alcanzado de 26 mil 059 millones de dólares en 2007. Hay que poner en contexto su importancia para el país. En 2016 la primera actividad generadora de divisas para México fue la exportación automotriz, que alcanzó un valor de 113 mil 316 millones de dólares, seguida por las exportaciones agroalimentarias que valieron 28 mil 001 millones de dólares, las remesas fueron la tercera fuente de divisas; la cuarta fue el turismo con 19 mil 185 millones de dólares, y la quinta las exportaciones petroleras con 18 mil 743 millones. Los estados del centro y occidente de

México; Michoacán, Jalisco y Guanajuato son los que más migrantes envían y los que reciben la tercera parte de las remesas, en tanto que los estados del sureste son los que históricamente menos han participado en el proceso migratorio.

El 50% de las remesas proviene de California, Texas e Illinois y la devaluación del peso frente al dólar las ha hecho más redituables. México no es el país que recibe más remesas de inmigrantes que se encuentran en Estados Unidos. Otros países reciben mucho más. En 2016 India recibió 72 mil 178 millones de dólares, China 63 mil 978 millones, y Filipinas 29 mil 66 millones. Después de México los países que más remesas recibieron fueron Nigeria con 20 mil 695 millones de dólares y Egipto con 20 mil 391 millones. Es evidente que la política migratoria de Trump responde más a una retórica administrativa y a una estrategia electoral que a un daño real provocado por el trabajo de los inmigrantes mexicanos, que han resultado durante un siglo útiles y funcionales a la economía estadounidense; al punto que sectores completos de las actividades agrícolas y de servicios del sur de Estados Unidos se benefician y se han organizado sobre su fuerza de trabajo, más barata que la estadounidense. El endurecimiento de la política migratoria de los Estados Unidos si dañaría a la sociedad mexicana, al igual que la eventual construcción de un muro fronterizo, pero hasta ahora ambas acciones, centrales a la "política de la era Trump" deben ser tomadas con escepticismo en cuanto a su capacidad o posibilidad de ser llevadas a cabo.

CAPÍTULO 7   EL MÉXICO CONTEMPORÁNEO Y LOS RETOS DEL FUTURO

Nueva Odisea Nacional: la Lucha Contra la Violencia y el Crimen Organizado

De manera desafortunada la violencia no disminuyó durante estos últimos años, ni la vuelta del PRI al poder significó una mejora del combate al crimen organizado. Podemos señalar que hubo una continuidad en las políticas de seguridad interna y una continuación de las estrategias de combate al crimen inauguradas en el sexenio de Felipe Calderón en 2007. De tal manera que ahora podemos evaluar diez años en los que la lucha contra el crimen organizado y los cárteles de la droga se combatió como una guerra a cargo no sólo de las policías, sino también del ejército y la marina. La política fue la misma y los resultados fueron similares. Se combatió directamente a los criminales en sus regiones de operación y en sus sitios públicos de operación, con el resultado de aumentar las bajas no sólo criminales sino también civiles.

Se eliminaron numerosas cabezas de los cárteles, pero la eliminación de los capos sólo ha provocado su multiplicación. Y la división de los cárteles llevó a la creación de otros más pequeños y mucho más violentos. A la eliminación de jefes y bandas ha solido corresponder una mayor violencia entre los sobrevivientes que vuelven a pelear por controlar regiones y mercados y que eliminan a los productores y distribuidores rivales. Los nuevos cárteles también empiezan a migrar en busca de nuevos territorios y se enfrentan a bandas rivales. Por ejemplo el cártel "Jalisco Nueva Generación" se movió en estos años del occidente de México donde operaba, hacia la frontera norte del país ante la extradición a los Estados Unidos del gran capo Joaquín

Guzmán Loera "El Chapo Guzmán", para tratar de apoderarse de los mercados del Cártel de Sinaloa comandado por "El chapo" pero que ahora se encontraba sin líder. Esto por supuesto generó grandes enfrentamientos entre las bandas rivales, y es sólo una muestra de por qué y cómo se reproduce la violencia.

La dificultad para investigar, detener y desactivar a las bandas de criminales ha dado como resultado más que el enfrentamiento con las fuerzas del orden, el enfrentamiento entre los criminales elevando las cifras de muertos. Sacar al ejército y a la marina a las calles si bien ha mantenido a los criminales fuera de muchos espacios ciudadanos, también ha aumentado la violencia de los enfrentamientos. Y también los muertos. A cuatro años de iniciado el sexenio de Enrique peña Nieto, cincuenta meses para ser exactos, entre diciembre de 2012 y enero de 2017, el número de muertos contabilizados por la violencia del crimen organizado era de 90 mil 649 personas ejecutadas o muertas violentamente. Un número bastante similar al del sexenio anterior, el del panista Felipe Calderón en el mismo lapso de tiempo. Pero la violencia no es igual en todo el territorio nacional, sino en diez entidades bien definidas. Las cinco más afectadas en estos cuatro años han sido el Estado de México, Guerrero, Chihuahua, Jalisco y Sinaloa.

El crimen organizado se mueve en torno a la producción y/o traslado a los Estados Unidos de drogas como la marihuana, la cocaína y las metanfetaminas, entre las más usuales. El enorme incremento de la demanda de estas drogas por parte de los consumidores norteamericanos y la facilidad de su distribución en el territorio norteamericano realizada por las redes criminales de los Estados Unidos, a pesar de los esfuerzos de las autoridades estadounidenses, ha vuelto muy lucrativo el tráfico de drogas a los Estados Unidos por parte de los cárteles mexicanos. Es un negocio que significa miles de millones de dólares y que facilita la corrupción de autoridades tanto de México como de los Estados Unidos. La legalización del consumo de la marihuana en muchas regiones de Estados Unidos sólo aumenta el atractivo de este negocio.

El poder de los cárteles mexicanos además ha aumentado por la venta ilegal de armas de alto poder provenientes de los Estados Unidos hacia los traficantes de drogas mexicanos. La represión y el combate por la violencia en territorio mexicano no ha disminuido la intensidad del tráfico de drogas pero si elevado el número de muertos y la inseguridad nacional. Al combate directo se debe sumar, para ser efectivo, en primer lugar, fuertes controles sobre los procesos de lavado de dinero en el sistema bancario y financiero no sólo mexicano sino internacional, en especial el estadounidense, además de considerar una

Playa del caribe mexicano

legalización controlada de la producción de marihuana en México. Hay que exigir o esperar además de los Estados Unidos un efectivo control de la distribución y venta de drogas una vez que estas llegan a su territorio; al igual que la eliminación de la venta de armas de alto poder a las bandas mexicanas por parte de los traficantes de armas estadounidenses. Sin estas cuatro medidas adicionales al combate armado será muy difícil que el combate a las drogas sea efectivo y que disminuya la violencia del crimen organizado en México en un futuro cercano.

CAPÍTULO 8

PERSPECTIVAS DE MÉXICO: UNA ÚLTIMA MIRADA A LA NACIÓN

Crecimiento Económico

La nación que hoy observamos presenta enormes cambios respecto a la que describimos al inicio de la década de los ochenta. El más visible y positivo se puede observar en su economía. Hasta hace un cuarto de siglo la plataforma exportadora de México descansaba fundamentalmente en el petróleo. México era un país petrolero y su economía, y no sólo los ingresos fiscales del Estado mexicano, dependía del petróleo. Ahora el petróleo es la quinta fuente de ingresos con una exportación de 19 mil millones; muy lejos de los volúmenes y valor de exportación de las manufacturas que representaban en 2016 al menos unos 150 mil millones de dólares; de las remesas de los migrantes que fueron más de 23 mil millones, y del turismo que aportaba unos 20 mil millones. Desde su ingreso a la OCDE la economía de México ha crecido y se ha diversificado ampliamente, producto no sólo del TLC (Nafta) sino también de la docena de tratados comerciales firmados con 46 países de todo el mundo y de su apertura global hacia el comercio y los capitales internacionales.

De esta manera México ha llegado a ser la economía mundial número once en cuanto al Producto Interno Bruto (PIB) medido por la paridad de su poder de compra. (OCDE, 2017). Destaca la importancia de sus exportaciones automotrices, de televisores de pantalla plana, de productos y piezas digitales y de su sector agroalimentario. Después de una década de pérdida de productividad, visible desde 1999, la productividad de los factores de producción vistos de manera global estaba en recuperación a partir del 2009 y continuaba hasta el 2016 (OCDE, 2016 y 2017; Secretaría de Economía 2017). Pese al limitado impacto de las reformas estructurales estas han vuelto más competitivo al sector energético en lo que a producción de gas, petróleo y electricidad se refiere; a las telecomunicaciones con la digitalización y apertura de los medios; y al sector financiero modernizándolo y abriéndolo internacionalmente. Estos tres sectores han impactado de manera positiva a muchos otros aumentando la productividad y volviendo al país más competitivo.

Al menos hasta 2016 México demostró ser resistente a la baja en los precios mundiales del petróleo, a la disminución generalizada de la intensidad del comercio internacional y al endurecimiento de la política monetaria de los Estados Unidos. Los resultados mezclados de apertura comercial y de reformas estructurales lo permitieron, al igual que ayudo a la exportación la depreciación del peso frente al dólar. Por otra parte la economía mexicana se sostiene principalmente por su mercado interno más que por su comercio exterior, y este se mantuvo. El aumento en los precios del petróleo y la posibilidad de aumentar los flujos de capital privado hacia los campos petroleros mexicanos apunta a un factor positivo en años próximos, al menos en lo que respecta al crecimiento de la economía a corto plazo, pero muchos otros factores

CAPÍTULO 8 PERSPECTIVAS DE MÉXICO: UNA ÚLTIMA MIRADA A LA NACIÓN

representan riesgos en un futuro inmediato. El mercado mundial se encuentra en una etapa de bajos precios de las materias primas y de una contracción del comercio internacional. La revisión del TLC con Estados Unidos y Canadá puede llevar a una disminución de la inversión extranjera directa (IED) de esos países; al mismo tiempo que desequilibrar la balanza comercial al impactar negativamente la demanda, pues América del norte representa las tres cuartas partes del comercio exterior mexicano.

En resumen, el crecimiento económico de México considerado en conjunto como país es visible y positivo la última década. Sin embargo si consideramos ramas específicas de la economía no vinculadas a la exportación; como la agricultura y la ganadería dedicada al mercado interno, o los servicios y el comercio al menudeo, o la pequeña industria; que son actividades que dan empleo a las tres cuartas partes de los mexicanos, podemos observar que su ritmo de crecimiento es inferior y que algunas como la agricultura tradicional se encuentran en crisis. Como consecuencia existen grandes disparidades espaciales y geográficas en cuanto a ritmos de crecimiento económico, que se concentra en seis de las doce principales zonas metropolitanas del país en comparación con los medios rurales y las ciudades medias. El crecimiento es mucho más visible en el norte y centro de México y menos en el sur y sureste. De hecho, entre 2004 y 2014 el PIB *per cápita* aumentó un 25% en los cinco estados con mayor crecimiento respecto a los cinco estados con menor crecimiento económico, mostrando el aumento de la divergencia espacial del crecimiento nacional y el rápido aumento de la desigualdad regional (Inegi, 2016).

Competitividad de México

En 2017 una reconocida medición de los países más atractivos para hacer negocios, atraer capital y fomentar las empresas internacionales y nacionales ubicaba a México en el lugar número 47 comparándolo con 197 países de todo el mundo, miembros o no de la OCDE y con todo tipo de gobiernos y economías (World Bank, 2017; OCDE, 2016). México continuaba siendo el país mejor calificado de toda América Latina y el Caribe. En el *ranking* le seguían en la región latinoamericana Colombia en el lugar 53, Perú en el lugar 54 y Costa Rica en el lugar 62. La medición se enfoca en las regulaciones que afectan a las empresas de todo tipo, pero en especial a las medianas y pequeñas que son las más frágiles. Se analizaron once áreas de competitividad y se les asignó un lugar respecto a los 197 países. Los lugares que ocupó México por área fueron: en *apertura de* negocios el 93, en *manejo de permisos de construcción* el 83, en *obtención de electricidad* el 98, en *registro de propiedades* el 101, en *obtención de créditos* el 5, en *protección de los inversionistas* el 53, en *pago de impuestos* el 114, en *comercio entre fronteras* el 61, en *cumplimiento de contratos* el 40, y en *resolución de insolvencias* el 30. Su punto más fuerte era la facilidad para la obtención de créditos, donde también ocupó buenos lugares en años anteriores.

Sólo a manera de comparación podemos mencionar que entre los mejores lugares para hacer negocios en 2017 se encontraban Nueva Zelanda en el número uno, seguido por Singapur, Dinamarca, Hong Kong y China. Es importante recordar que aquí no se miden naciones sino oportunidades y que el sentido de esta medición va de la mano de

CAPÍTULO 8 PERSPECTIVAS DE MÉXICO: UNA ÚLTIMA MIRADA A LA NACIÓN

mejorar las empresas de los propios países, al mismo tiempo que sirve para atraer a más y mejores empresas con capital extranjero. Si bien con altibajos México ha tendido a mantenerse como un país atractivo para las inversiones. Se aleja de los indicadores fuertes de los países más desarrollados de la OCDE, pero se ha conservado dentro de las economías emergentes más dinámicas del mundo ocupando la posición número once como economía, y esta en la cuarta parte de los países de todo el mundo con mejores oportunidades para hacer negocios, como otros estudios más detallados sobre los negocios en México también lo muestran (Baker Mckenzie, 2017; Moore Stephens, 2017).

Hecho en México

Retos del Desarrollo Social

El último cuarto de siglo México ha experimentado un importante crecimiento económico con un lento desarrollo social y un éxito limitado en el combate a la pobreza. Esto ha provocado un incremento de las desigualdades entre las regiones y las clases sociales. El país presenta un crecimiento con desigualdad. Desigualdad entre actividades productivas, entre regiones, entre grupos de ingreso, entre géneros y entre culturas. El 10% superior de la población percibe en promedio hasta 20 veces más que el 10% inferior, cuando la diferencia promedio de ingresos entre los países de la zona OCDE entre los grupos extremos es de 9.6 veces. La pobreza relativa medida cómo el porcentaje de la población que gana menos del 50% del salario promedio, es del 21%, cuando en los países de la OCDE es del 11% (OCDE, 2016, 2017). Las diferencias salariales entre los estados del norte y del sur de México son casi el doble.

Aún más, el 1% de la población recibe el 21% de los ingresos y rentas del país. Los empleos de las mujeres perciben entre un 16% y un 30% de ingresos menos que los de los hombres y la población que habla lengua indígena es cuatro veces más pobre que la que no la habla. En el extremo superior podemos tener una idea del proceso de acumulación y desigualdad de los últimos años si vemos que en el 2014 la riqueza de los cuatro mexicanos más acaudalados era; la de Carlos Slim de 77 mil millones de dólares, Germán Larrea 13 mil 900 mdd, Alberto Bailleres 10 mil 400 mdd y Ricardo Salinas Pliego 8 mil mdd. Juntos equivalían al 9.8% del Producto Interno Bruto (PIB) del país. En 2002 en cambio el valor de sus empresas sólo representaba el 2% del PIB (Esquivel, 2015). Es evidente que la concentración del ingreso ha acompañado al crecimiento mexicano e incrementado la desigualdad los últimos quince años y es una de las razones por las que el empleo en el sector informal de la economía decrece muy lentamente, cuando lo hace, y fluctúa entre el 30% y el 50%, dependiendo de regiones y ciudades.

Pese a su crecimiento y su innegable avance en los campos

CAPÍTULO 8   PERSPECTIVAS DE MÉXICO: UNA ÚLTIMA MIRADA A LA NACIÓN

económicos y políticos México se mantiene también entre las 25 economías más desiguales del mundo, desigualdad que se mantiene cuando comparamos al país con los otros 35 países miembros de la OCDE y sus 5 socios claves o "key members" (China, Brasil, Suráfrica, India e Indonesia). Hay que señalar sin embargo que su desigualdad es inferior a la del otro país latinoamericano que también es miembro de la OCDE, Chile, que en 2017 fue el más desigual entre los países miembros (0,465), seguido por México (0,459) y los Estados Unidos (0,394) en el índice de Gini. Como vemos mayor desigualdad no significa mayor pobreza sino peor redistribución de los beneficios del crecimiento y esta tendencia es común a todos los países del mundo, incluidos los de la OCDE, donde la desigualdad de ingresos creció un 1.5% anual entre 2000 y 2013 (OCDE, 2016). Pero ya que estamos comparando con estos países hay que decir que la tasa de desempleo ha sido menor en México en todo el período mencionado y que en 2017 los mexicanos presentan una de las tasas más altas de satisfacción con su calidad de vida.

En lo económico México sigue presentando interesantes escenarios de inversión y crecimiento en el mediano y largo plazo. Si bien la renegociación del Tratado de Libre Comercio de América del Norte, Tlcan, con Estados Unidos y Canadá en el 2017 y 2018 puede introducir obstáculos para las actividades económicas en el corto plazo, parece muy difícil disminuir la densidad de las relaciones empresariales existentes en el largo plazo, pues en gran medida México, con tres mil kilómetros de frontera con los Estados Unidos, ya se ha integrado a la economía de América del Norte desde hace muchos años. Integración muy difícil de detener aún con la política antimexicana de Donald Trump y la demagógica intención de construir un muro.

Por otra parte pueden esperarse cambios y modificaciones en los estilos de gobernar y en el equilibrio entre los partidos políticos si una alternativa de izquierda, representada por el partido MORENA y su líder López Obrador ganara las futuras elecciones presidenciales que se realizarán en 2018. Sin embargo, difícilmente se verán cambios sustantivos en la Constitución mexicana ni en el sistema político considerado de una manera amplia; con su división de poderes, sus reglas democráticas formales y la lucha por el poder orientada institucionalmente a través de partidos y elecciones. Menos cambios podrían esperarse aún si las elecciones presidenciales fueran ganadas por los candidatos de los partidos políticos más importantes y tradicionales, identificados con la derecha (PAN), centro-izquierda (PRI) e izquierda (PRD), por utilizar una clasificación comprensible a todos pero que ya poco dice de las verdaderas ideologías políticas de los partidos mexicanos en el siglo XXI.

En lo social y cultural se presentan por otra parte los mayores retos de México en el futuro: Diseñar nuevas políticas que den mayor efectividad al combate a la pobreza, elevar la calidad educativa y no sólo los niveles de escolaridad como se ha venido logrando; aumentar también la efectividad de los servicios de salud, cuyo incremento se ha visto más en cantidad que en calidad. Disminuir la inequidad de género y la violencia estructural hacia las mujeres, lo que implica un profundo cambio de valores y prácticas culturales y no sólo de leyes. Ocuparse de una manera especial de los rezagos de los adultos mayores y de la población marginada, en especial la de origen indígena. México necesita también empezar a generar las condiciones institucionales y estructurales para construir dos pilares de política social en el largo plazo sin los cuales será muy difícil disminuir la desigualdad so-

CAPÍTULO 8   PERSPECTIVAS DE MÉXICO: UNA ÚLTIMA MIRADA A LA NACIÓN

cial en el futuro y no sólo la inequidad de los ingresos. Estos son un sistema universal de pensiones y jubilaciones para los adultos mayores y un seguro también universal de desempleo para todos los mexicanos. Objetivos difíciles pero indispensables. México se ha lanzado a un proceso de desarrollo lleno de tensiones y contradicciones, pero también de logros y de avances. Esta hoy mejor que en el pasado, y aunque su modernidad tiene muchos grupos sociales perdedores su mejor opción hacia el futuro es continuar hacia adelante, no detenerla. Disminuir la desigualdad, no disminuir el crecimiento.

Ángel de la independencia, símbolo de México

Un Siglo de Cultura Mexicana

La Cultura Popular

La cultura popular mexicana durante el porfiriato y hasta el fin de la etapa armada de la revolución en 1920 seguía siendo muy tradicional y apegada a las formas de vida y a los consumos de las sociedades tradicionales. Podemos considerar dos espacios en la que se desenvolvía. Por una parte estaban las sociedades rurales e indígenas, donde vivía el 80% de la población mexicana. Las fiestas relacionadas con los calendarios agrícolas, y las festividades y ritos de los santos y ceremonias de la iglesia católica a lo largo del año marcaban los tiempos del ocio, de la fiesta y de las celebraciones. Variaban por supuesto las manifestaciones de la cultura popular en las distintas regiones rurales de México. En particular cada grupo indígena desarrollaba sus propias festividades y formas de celebrar, por lo general en un sincretismo cultural entre las antiguas creencias amerindias y la religión católica. Variaban las comidas, los disfraces, los bailes y las tradiciones de músicos y música popular en los distintos pueblos. Y México era muy rico en la variedad de sus culturas indígenas vivas, como todavía lo es.

La sociedad rural mestiza era más homogénea en cuanto a sus formas de celebrar, y participaba de una serie de fiestas y diversiones que solían ser una adaptación híbrida entre las viejas culturas indígenas y la cultura popular española enraizada en México, a través por supuesto del tamiz de la religión católica. Así con motivo de las fiestas santas a lo largo del año se desarrollaban ferias con bailes, música, corridas de toros, peleas de gallos, juegos de azar, comidas y dulces especiales. La familia extensa agrupada en tres generaciones era la norma, así como un arraigado catolicismo. La cultura popular en esa minoría que era todavía la población urbana de México ya tenía un sello propio, pero aún conservaba mucho del tiempo, los estilos, olores y sabores del campo. La población de las ciudades todavía se

CAPÍTULO 8 PERSPECTIVAS DE MÉXICO: UNA ÚLTIMA MIRADA A LA NACIÓN

agrupaba en barrios, iglesias, capillas y oficios y guardaba sus lealtades y simpatías a su propia gente. Siempre hubo en México una clase popular y un proletariado urbano y mestizo cuya cultura fue modificándose poco a poco con mayor rapidez que la cultura campesina o indígena.

Pero a partir de la década de los cincuenta la cultura mexicana popular empezó a transformarse tanto en el campo como en las ciudades. El "milagro mexicano" aumentó los ingresos de las clases populares, modificó las formas de consumo y desató una explosiva migración a las ciudades. A partir de los setenta la mayor parte de la población de México ya era urbana. La televisión, el radio y el cine impusieron nuevos valores estéticos y la sociedad mexicana empezó a introducirse a una nueva época de consumos globales. La revolución digital, los teléfonos celulares y el internet, accesibles en el siglo XXI a grandes capas de población han transformado la cultura mexicana popular. Sin perder la idiosincrasia y los contenidos de las culturas locales, las diversas ciudades y regiones de México han adaptado en formas híbridas y en un nuevo mestizaje digital la estética y los imaginarios globales.

La Literatura Mexicana

La literatura mexicana es de las más extensas y variadas en lengua española. Se desarrolló tarde en la Nueva España, o al menos quedan pocos ejemplos de ella en parte por las severas prohibiciones para publicar pese a que la primera imprenta fue traída a México en 1539. La edición de libros no se generalizó sino hasta después de la independencia. Pero han quedado esplendidos ejemplos en especial del estilo Barroco del siglo XVII en el teatro de Juan Ruiz de Alarcón, en la poesía de Sor Juana Inés de la Cruz, precursora del feminismo y en los ensayos y poemas de Carlos Sigüenza y Góngora. A fines de la Colonia en el siglo XVIII destacó en la novela picaresca Francisco Fernández de Lizardi. En el México independiente, durante la primera mitad del siglo XIX surgen novelas históricas y costumbristas como las siete escritas por Justo Sierra O'Reilly (*El Filibustero*, 1841) y cuentos como los de Manuel Payno (*El Fistol del diablo*, 1845). El naturalismo francés reinó durante la segunda mitad del siglo XIX y los primeros veinte años del XX, aunque luego coexistió con una novela mexicana propia que fue variando a lo largo de esos años pero en la que tendieron a imperar los temas rurales con influencia naturalista.

En algunos sentidos el naturalismo literario mexicano fue indigenismo. Autores importantes fueron Ignacio Manuel Altamirano con sus novelas fundacionales *Clemencia* de 1870 y *Navidad en las montañas* de 1871. Otra importante novela suya, *El Zarco*, se publicó de manera póstuma en 1901. También fueron literatos importantes su maestro el periodista Ignacio Ramírez *El Nigromante*, y el poeta Guillermo Prieto. Otro escritor de importancia fue Eligio Ancona que publicó cuatro novelas en la segunda mitad del XIX. La publicación en 1903 de la novela "Santa" de Federico Gamboa, sin romper totalmente con el naturalismo establece una primera distancia con personajes y paisajes rurales y da inicio a la novela urbana en México. La literatura volvió los ojos otra vez al campo con la que se llamó la Novela de la Revolución iniciada con Mariano Azuela con "Los de abajo" (1915), y continuada por algunos otros hasta los años cuarenta, entre los que cabe destacar a Martín Luis Guzmán con "La Sombra del Caudillo" (1929), los libros de José Miguel Romero, y el de Rafael Muñoz "Vámonos con Pancho Villa" (1932). Agustín Yáñez con su novela "Al filo del Agua" (1947) marca el fin de la Novela de la

CAPÍTULO 8   PERSPECTIVAS DE MÉXICO: UNA ÚLTIMA MIRADA A LA NACIÓN

Revolución y el inicio de la novela moderna en México.

Pero a medio camino entre el fin del porfiriato y las primeras décadas de la revolución se dieron varios movimientos literarios fundamentalmente de poetas, como *el modernismo* de Amado Nervo y Manuel Gutiérrez Nájera, los originales libros de José Juan Tablada (1871 – 1945) y Ramón López Velarde (1888 – 1921). Destacó también la prosa y la poesía desarrollada por el grupo llamado de *El Ateneo* (1909 – 1913), con cuatro figuras paradigmáticas de la cultura mexicana como Alfonso Reyes, Antonio Caso, José Vasconcelos y Pedro Henríquez Ureña; que además de ser escritores fueron políticos y científicos. A contracorriente surgió el extraño y rebelde movimiento de *Los Estridentistas* (1921 – 1927) de los años veinte, liderado por Manuel Maples Arce y Arqueles Vela. Muy distinto fue el importante movimiento de *Los Contemporáneos* (1928 – 1940), que surgió en la década de los treinta y tomando la literatura con toda seriedad acercó las corrientes más novedosas de la literatura mundial a México, en conflicto con la estética planteada por la literatura de la revolución y el marxismo, y en cierto sentido también en oposición a los *Estridentistas*. Exponentes distinguidos de *Los Contemporáneos* fueron Xavier Villaurrutia, Carlos Pellicer, Salvador Novo y José Gorostiza. De este último hay que recordar el importante poema *Muerte sin Fin* (1939) que marcó a una época de jóvenes literatos. En el ensayo, la crítica literaria y muchos otros géneros estos años también destacó como figura señera y totémica, por encima de los demás, Alfonso Reyes (1889 – 1959) maestro reconocido de las letras mexicanas desde que muy joven publicó su *Visión de Anáhuac* (1917).

Nuevos estilos y tendencias literarias encontraremos después en las novelas de Juan Rulfo como *El llano en Llamas* (1953) *y Pedro*

Páramo (1955) o en los cuentos fantásticos de Juan José Arreola de *Confabulario* (1952) y *Bestiario* (1959). Son representantes distinguidos de lo que se llamó la *generación de medio siglo*, un grupo de escritores que se alejan en estilo y fondo de los temas naturalistas, indigenistas y revolucionarios de la literatura mexicana junto a otros como Rosario Castellanos, Emilio Carballido, Jaime Sabines y Elena Garro. Después de los sesenta varias generaciones coexisten y van creando la literatura mexicana contemporánea década tras década. En los sesenta surge la literatura de *La Onda*, urbana, juvenil y contestataria representada por José Agustín y Parménides García Saldaña; y en los setenta *Los Infrarealistas*, de corte anarquista y nihilista que pretendían "volarle la tapa de los sesos" a la literatura oficial.

Interesantes como fueron ambos movimientos no tuvieron larga duración. Tampoco "le volaron la tapa de los sesos" a nadie y la literatura mexicana siguió su camino. Desde los años sesenta la generación de medio siglo fue suplida por un grupo de escritores con una presencia sostenida hasta la actualidad en las letras nacionales aunque ya casi todos hayan muerto. Entre los que destacan Carlos Fuentes (*Las Buenas Conciencias*, 1959), Salvador Elizondo (*Farabeuf*, 1965), Juan García Ponce (*La casa en la playa*, 1966), Carlos Monsivais (*Amor Perdido*, 1977), José Emilio Pacheco (*Las batallas en el desierto*, 1981), Fernando Benítez (*Los indios de México*, 1989); Sergio Pitol (*La vida conyugal*, 1991). Entre la nueva generación de escritores destacan Juan Villoro (*El testigo*, 2004) y rompiendo la tradicional misoginia literaria Guadalupe Nettel (*Después del invierno*, 2014) y en poesía Malva Flores (*Galápagos*, 2016). Los mejores representantes de la poesía joven de México se pueden encontrar en los ganadores de dos reconocidos premios anuales, el *Elías Nandino* y el *Pre-*

CAPÍTULO 8 PERSPECTIVAS DE MÉXICO: UNA ÚLTIMA MIRADA A LA NACIÓN

mio Bellas artes de poesía Aguascalientes.

Pero por encima de todos hay que destacar la obra de Octavio Paz (1914 – 1998). Los ensayos y labor editorial de Paz lo volvieron uno de los escritores e intelectuales más importantes del siglo XX, en especial en el ámbito de la lengua española. Desde la publicación de *El laberinto de la soledad* en 1950, una reflexión sobre la esencia de México y de lo mexicano, su obra ensayística fue cuantiosa, destacando también sus libros *Posdata* (1970) que fue una continuación de *El Laberinto de la soledad*, y *Sor Juana Inés de la Cruz o las trampas de la fe* (1982). Paz es uno de los más grandes poetas hispanos de todos los tiempos y fue ganador del Nobel de literatura en 1990. Su poema *Piedra de Sol* (1957) es, junto al ya mencionado *Muerte sin fin* de José Gorostiza, uno de los poemas paradigmáticos de la literatura mexicana del siglo XX.

El siglo XXI es testigo de un original movimiento literario que crece cada vez más en México, y es el auge de la literatura escrita en lenguas indígenas. Tiene sus raíces en una revaloración y una puesta en marcha de Academias de estudio de las principales lenguas amerindias y la elaboración de gramáticas y diccionarios modernos que las explican desde hace treinta años. De allí surgió una primera generación de indígenas con conocimientos científicos de sus propios idiomas. La siguiente generación ha comenzado a producir textos de creación literaria en los que destacan los jóvenes. Los aportes más creativos se dan en la poesía y el cuento, aunque también hay interesantes ejemplos de crónica y novela. Las lenguas más habladas son las que tienen una mayor aportación de textos, en especial el náhuatl en el centro de México, el mixteco y el zapoteco en Oaxaca, el maya peninsular en Yucatán, Campeche y Quintana Roo y el maya tseltal y tsotsil en Chiapas, aunque otras lenguas indígenas con menos hablantes también tienen interesantes creadores en diversas regiones del país. El futuro de estas literaturas es un enigma, pero todo indica que la creación literaria en México en las lenguas originarias continuará y mejorará con el paso de los años.

La Plástica Mexicana

La pintura en México es un arte muy antiguo; desde los magníficos ejemplos de las pinturas murales y cerámicas de las culturas prehispánicas hasta la pintura virreinal que se desarrolló en los tres siglos de la Colonia donde imperaban los temas religiosos, el retrato y la vida cotidiana. En el siglo XIX el paisajismo tuvo algunos esplendidos pintores como Hermenegildo Bustos, Pelegrín Clavé y el más original de todos por la introducción de la modernidad en sus paisajes, José María Velazco durante el porfiriato. A fines de ese período también destacan el pintor Saturnino Herrán (1887 – 1918) con un indigenismo modernista (tríptico *La Leyenda de los volcanes*); el arquitecto Antonio Rivas Mercado, constructor de uno de los monumentos emblemáticos de México, *El ángel de la Independencia*, y el escultor Jesús F. Contreras (*"Malgre tous"*, escultura en el Paseo de La Alameda de la Ciudad de México). El movimiento armado de la revolución introdujo grandes cambios estéticos y una explosión artística que multiplicó los pintores mexicanos durante el siglo XX. Muchos pintores ya habían empezado su obra antes de la revolución, como Joaquín Clausell (1866 – 1935), con cuadros de alta calidad influidos por los pintores impresionistas franceses -fue amigo de Pisarro y corresponsal del escritor Emile Zolá- o el excéntrico y genial Gerardo Murillo "Dr. Atl" (1875 – 1960), que cultivo todo tipo de géneros (y de pleitos) incluyendo la pintura mural pero destacó en los paisajes

CAPÍTULO 8   PERSPECTIVAS DE MÉXICO: UNA ÚLTIMA MIRADA A LA NACIÓN

volcánicos del Valle de México.

La revolución significó una renovación total de la plástica mexicana, en especial con el desarrollo de la pintura de gran formato. El muralismo mexicano se desarrolló de la mano de la institucionalización de la revolución y de su cristalización como Estado. Los pintores muralistas pasaron de la pintura de caballete, en la que ya eran reconocidos, a la de los muros de edificios públicos y privados de todo tipo, tratando de reivindicar el viejo sentido de las pinturas murales prehispánicas, italianas y de distintas partes del mundo. Eran parte de un programa político más amplio con influencia comunista que trataba de vincular el arte a las necesidades populares. Los muralistas mexicanos más reconocidos fueron Diego Rivera, José Clemente Orozco, David Alfaro Siqueiros, seguidos muy pronto por una nueva generación como Rufino Tamayo, Roberto Montenegro, Jorge González Camarena y Fernando Castro Pacheco.

El muralismo se levantó sobre los muros de México y los llenó durante medio siglo, en especial en el período de 1920 a 1960 y creó lo que se llamó la *escuela mexicana de pintura*, con temas revolucionarios, socialistas e indígenas. No todos los pintores de esta escuela fueron muralistas, pues otros como Frida Kahlo, Adolfo Best Maugard, María Izquierdo, Raúl Anguiano, el grabador Leopoldo Méndez, o Miguel Covarrubias, entre muchos otros, destacaron por sus formatos tradicionales; y aunque algunos se alejaban de los temas típicos de la revolución para desarrollar una obra más personal e íntima en sus distintos estilos, como Frida Kahlo o Adolfo Best Maugard, la escuela mexicana de pintura en general mantuvo su esencia mexicanista e indigenista. Pero como sucede en el arte las nuevas generaciones de artistas plásticos vieron a estos pintores demasiado vinculados al gobierno y al pasado, y al igual que con la literatura y la novela de la revolución mexicana, se desató una violenta ruptura a fines de los años cincuenta con lo que se llamó entonces precisamente *la generación de la ruptura*.

La *generación de la ruptura* bajó la vista de los murales, y de los años cincuenta a los ochenta la lanzó para ver de nuevo hacia Europa y los Estados Unidos alimentándose de las nuevas vanguardias artísticas. Empezó a influir en el arte mexicano el patriarcal Marcel Duchamp, cuya sombra se extendió sobre todas las vanguardias del siglo XX, pero también el expresionismo abstracto de la mano del grupo CoBrA, y de De Kooning, Mark Rothko, Jackson Pollock y Franz Kline. Influyó en ellos el nuevo realismo y el arte "Pop" de Lichtenstein, Andy Warhol, y David Hockney; así como el hiperrealismo de Edward Hooper. En la siguiente generación se siente la presencia en los pintores mexicanos del renovado expresionismo de Francis Bacon, el realismo sórdido de Freud, y posteriormente hasta de la nueva figuración de Yves Klein. Algunos de los integrantes más interesantes de *la ruptura* que luego siguieron sus propios caminos estéticos fueron Manuel Felguérez, Alberto Gironella, Lilia Carrillo, Vicente Rojo, Roger Von Gunten, Fernando García Ponce, Gabriel Ramírez, Francisco Corzas y Arnaldo Coen.

Junto a ellos también ocupan un lugar fundamental en la pintura moderna mexicana Juan Soriano, Francisco Toledo, los hermanos Rafael y Pedro Coronel y José Luis Cuevas, entre muchos otros. A partir de la ruptura la plástica mexicana se abre al mundo no sólo en la pintura sino también en la escultura, la arquitectura, la fotografía y el cine. Han pasado varias décadas desde *la ruptura*, aunque la mitad de sus pintores siguen en activo, como Felguérez, Rojo, Von Gunten, Ramírez, Coen y Toledo. Entre la generación que les siguió destacan

CAPÍTULO 8 PERSPECTIVAS DE MÉXICO: UNA ÚLTIMA MIRADA A LA NACIÓN

Gabriel Orozco y Daniel Lezama; y hay que seguir la pista de creadores jóvenes como Marcela Armas y de menos de cuarenta años como Mario de Vega, Nuria Montiel y Jorge Satorre. En México encontramos ahora una estética globalizada, heterodoxa y cambiante. Se puede hablar de centenares de autores y artistas más que de escuelas, de influencias más que de tendencias; de estilos y lenguajes más que de dogmas o mensajes ajenos a las formas. En ese sentido la cultura mexicana se ha unido al mundo, perdiendo identidad nacional pero ganando universo.

Banderas y manos mexicanas

CAPÍTULO 9

RELACIONES MÉXICO-CHINA: 16 COSAS QUE HAY QUE SABER

1. - Existe un controvertido y poco aceptado planteamiento, conocido como "la hipótesis 1421", de que el comandante chino Zheng He al mando de una "flota del tesoro" de juncos descubrió América y circunnavegó el globo antes que Colón y Magallanes respectivamente. Su prueba más fuerte es la existencia de un mapa de la tierra, del que se duda pues se trata de una copia del siglo XVIII que repite errores de viejos mapas europeos. La hipótesis es hasta ahora poco creíble, pero hay que mencionarla por su constante repetición[1].

2. - Las relaciones culturales entre México y China son muy antiguas. Más allá de los planteamientos de un eventual descubrimiento de América por un navegante chino en el siglo XV, las relaciones históricas pueden conocerse de una manera sólida a partir de la expedición de Miguel López de Legaspi a las Filipinas en 1564 enviado por el Rey Felipe II de España: ...*Os mando que para hacer dichos de-*

---

[1] La "hipótesis 1421" surgió con la publicación del libro de Gavin Menzies 1421, *el año en que China descubre el mundo*, Grijalbo, Barcelona, 2003. Ver también a Enrique Dussel, *La China* (1421 – 1800). (*Razones para cuestionar el eurocentrismo*), en enriquedussel.com/txt/china-dussel.pdf consultado el 1 de septiembre de 2017.

CAPÍTULO 9 RELACIONES MÉXICO-CHINA: 16 COSAS QUE HAY QUE SABER

*scubrimientos enviéis dos Naos del porte y manera y con la gente que allí pareciere, los cuales enviéis al descubrimiento de las Islas del Poniente y hacia los Molucos, que procuren traer alguna especiería para hacer un ensayo de ella y vuelvan a la Nueva España, para que se entienda si es cierta su vuelta...*①. A raíz de la vuelta de la expedición de Legaspi en 1565 se estableció el Tornaviaje, es decir una ruta segura y repetida por posteriores embarcaciones entre México y el oriente. El documento más conocido del que se tiene noticia es el siguiente: *Desto de la China ay dos relaciones, y es, que a los diecisiete de noviembre del año de mil y quinientos y sesenta y cuatro, por mandato de su magestad se hizo una armada en el puerto de la Natividad a la mar del sur, cien leguas de México, de dos naves y dos Pataysos* * *para descubrir las islas de la especiería, que las llaman Philippinas, por nuestro Rey, costaron más de seiscientos mil pesos de Atipusque hechas a la vela...* ②

3.- Como el título del anterior documento citado señala, la expedición hacia el oriente y Filipinas, que inició el puente para una centenaria relación de México con China fue una empresa que se consideró hecha por mexicanos " ... el venturoso descubrimiento que

---

① Carta de Felipe II al Virrey de la Nueva España, Velasco, ubicado en la Ciudad de México. Citado por Rafael Bernal, *México en Filipinas*, México, UNAM-IIH, 1965: 48

② *Copia de una carta de Miguel Salvador Valencia. La cual narra el venturoso descubrimiento que los mexicanos han hecho, navegando con la armada que su magestad mandó hacer en México. Con otras cosas maravillosas, y de gran provecho para toda la cristiandad: Son dignas de ser vistas y leídas.* En Barcelona, por Pau Cortey, 1566. Impreso suelto existente en la Biblioteca de la Compañía General de Tabaco de Filipinas. Barcelona, España, en Andrés Henestrosa, Ed. *Viaje y Tornaviaje a filipinas* 1564, México, Novaro, 1975. * Hay que aclarar que *Pataysos* es un galicismo usado en el español del siglo XV y XVI para referirse a una nave ligera de guerra que sirve para reconocimiento y que acompaña a los buques mayores, semejante a un bajel. Suele llamarse también *Patache* o fragata de aviso.

los mexicanos han hecho…". Por supuesto México como nación no existía pues era parte de la Nueva España, pero los barcos, la tripulación y la realización del viaje mismo estuvo a cargo de mexicanos como la misma carta distinguía. A partir de 1565 y ya establecido el Tornaviaje se inauguró una caravana constante de navíos entre el oriente y México. Fue conocida como "la Nao de China" y también como "el Galeón de Manila", pues Manila fue el centro de acopio de toda clase de especias, metales, textiles, plantas, productos y esclavos. Gran parte de estos productos provenían a su vez de territorios chinos, por ello se le conoció como "Nao de China", de tal manera que México se vio influido de manera muy prolongada por las manifestaciones de la cultura material china. Las porcelanas, las sedas, los mosaicos, el labrado de marfil, el papel picado y hasta la moda mexicana recibió la influencia de los productos chinos. Hay que mencionar que esta influencia asiática se trianguló con la navegación de Filipinas también hacia Lima, en el virreinato del Perú.

4. - Este comercio duró lo mismo que la Colonia, pues la Nao de China viajó entre Manila y Acapulco, su puerto de arribo a América, durante 250 años. Al ser reembarcados en puertos mexicanos rumbo a España los productos chinos alcanzaron también a los puertos europeos. De esa manera la influencia asiática se fue uniendo a la cultura mexicana e incluso a la europea. *En México la nao acabó por completo con el incipiente cultivo de la seda y fue un grave estorbo para el desarrollo de la industria textil del algodón. Las telas de algodón chinas, la 'manta blanca' que vistió durante siglos a los campesinos de México era más barata que la elaborada en la Nueva España. El lujo de bordados en los trajes típicos de México, no tan sólo el de la china poblana, le debe mucho a la influencia oriental, que nos llegaba, junto con las*

CAPÍTULO 9   RELACIONES MÉXICO-CHINA: 16 COSAS QUE HAY QUE SABER

telas, de China. El uso de las especias en la extraordinaria comida mexicana fue posible por esa misma nao que nos ha mejorado los moles y los dulces típicos y nos ha entregado el ya indispensable 'tecito de canela' para la amanecida. La pirotecnia mexicana tiene también sus orígenes en el comercio con Manila, y la cerámica de talavera de Puebla se mejoró notablemente con la imitación de la que nos llegaba de China. También en la nao nos llegaron el 'papel de China', el sistema de pelear gallos con navaja y los exquisitos mangos de Manila. Así, cuando vivimos la fiesta del Santo patrono del pueblo, tan mexicana, tan nuestra, el adorno del papel de China, los 'castillos', los 'toritos', las peleas de gallos, la riqueza de la fruta, son el resultado del Galeón de Manila. [1]

5. - La influencia permeó todas las clases sociales y no sólo en la comida como ya se ha señalado, sino también en los textiles y la cerámica incluso de grupos indígenas. Un ejemplo sería el laqueado o técnica del Maque en calabazos y objetos de madera tallada y pintada, como los 'Xicalpestles' del Istmo de Tehuantepec en Oaxaca o los patrones de tejido, el 'enredo' Mixteco de la Costa (De la Torre, 2015). Hay que señalar que la técnica del laqueado se adoptó como artesanía por otros grupos indígenas como los purépechas de Michoacán. También hubo influencia de la cultura asiática en la Costa Chica de Guerrero y no sólo en Acapulco, como bien documentó el antropólogo Aguirre Beltrán [2], aunque esta influencia estuviera mediada por Filipinas.

6. - El fin de la Colonia y la Independencia de la Nueva España y

---

[1] Bernal, 1965: 85, cit. por De la Torre, 2015 s/p.
[2] Gonzalo Aguirre Beltrán, *Cuijla*, México, FCE, 1985.

de México acabaron con el comercio asiático, al menos de una manera tan organizada como estaba a través de la Nao de China, que desapareció. Las relaciones entre México y China entraron en una etapa de baja intensidad, refugiándose en las que se entablaban entre eventuales comerciantes individuales y viajeros aislados. No fue sino hasta el porfiriato, entre 1880 y 1910, que volvemos a encontrar una fuerte relación entre las dos naciones. En 1881 el mexicano Matías Romero inició las negociaciones para el establecimiento de relaciones diplomáticas que finalmente se firmaron en el "Tratado de Amistad, Comercio y navegación" en 1899. Por otra parte existía ya un fuerte flujo de inmigrantes y trabajadores chinos que se trasladaban a México desde Estados Unidos. La migración China a México debe ser entendida como parte de los movimientos de población proveniente de todas partes del mundo hacia América durante la segunda mitad del siglo XIX. El mayor flujo de la población china se dirigió hacia los Estados Unidos, atraída en principio hacia los estados de la costa del Pacífico como California y fue empleada en la construcción de la red de ferrocarriles norteamericanos. La bonaza económica que vivió México durante el porfiriato también los atrajo a este país, dedicados no sólo a la construcción sino también a labores agrícolas y después al comercio urbano como abarrotes, restaurantes y lavanderías. Llegaban contratados por compañías o intermediarios, por lo general de origen chino, que solían traerlos desde China al sur de Estados Unidos, embarcándolos en Guangzhou y bajándolos en San Francisco.

7. - El fin del porfiriato disminuyó la entrada de población China, aunque muchos chinos siguieron llegando todavía durante los años de revolución entre 1910 y 1930, de manera más autónoma e independiente que en los años anteriores. Los migrantes chinos de esta época

CAPÍTULO 9   RELACIONES MÉXICO-CHINA: 16 COSAS QUE HAY QUE SABER

tendieron a ser pequeños empresarios, se asentaron en los estados fronterizos del norte de México y fueron muy afectados durante la revolución. Muchos venían desde los Estados Unidos. Después de 1930, en parte por las prohibiciones de las leyes migratorias mexicanas hacia la migración asiática, disminuyó mucho la migración china a México, aunque siempre se pueden ubicar casos individuales en distintas regiones del país y en especial en la Ciudad de México, que por su dinamismo nunca ha dejado de ser atractiva para los inmigrantes de todas las nacionalidades.

8. - Después de la declaración de la República China en 1912, y posteriormente de la República Popular China por parte del Partido Comunista Chino y el Presidente Mao Zedong en octubre de 1949, México y China mantuvieron relaciones amistosas y comerciales en pequeña escala y de manera informal. En el año de 1972 el presidente mexicano Luis Echeverría Álvarez es invitado a China y recibido por el presidente Mao con lo que se inauguraron las relaciones diplomáticas modernas entre la República de México y la República Popular China. Los siguientes 30 años ambas naciones fueron intensificando la densidad de sus intercambios comerciales y diplomáticos, lo que empezó a ser visible en el comercio y en el mayor conocimiento de la cultura milenaria de los dos países. Empezaron a formalizarse los primeros intereses económicos en torno a ciertos productos, en especial textiles. Las artesanías y el arte popular tanto de México como de China comenzaron a atravesar las dos orillas del mar Pacífico. En México se realizaron estudios pioneros sobre China y sobre la población China en México en instituciones académicas como la UNAM y El Colegio de México, donde se establecieron centros de estudio. Hasta el fin de siglo, sin embargo, los intercambios fueron tenues y crecieron con lenti-

tud.

9. - Es necesario mencionar que durante esos años China emite una nueva Constitución en 1982, que recibe importante enmiendas en 1988, 1993, 1999 y en especial en el año 2004. Esta nueva Constitución va de la mano con una creciente apertura de China al comercio internacional y al proceso de globalización mundial. En 2001 China se incorpora a la Organización Mundial del Comercio, OMC, (World Trade Organization) que regula el 97% del comercio mundial entre 153 gobiernos y en el año 2003 es parte de la Organización para el Comercio y Desarrollo Económico, OCDE, (OECD) a la que ingresa como "Key partner". Como parte de este proceso de apertura comercial y de su creciente actividad económica, China adquiere una mayor presencia en la economía mundial y en México, donde multiplica su intercambio económico.

10. - Desde los años setenta y ochenta China empezó a considerar a México como parte de su estrategia de crecimiento económico, lo que aumentó después de la firma del TLC y su entrada en vigor en 1994. China incrementó su presencia comercial en México. Entre 1990 y 2010 ambos países tuvieron un impacto notable en su comercio exterior, que aumentó en un 37.6% anual, aunque el ritmo de déficit de México aumentó un 41% anual en el período. Desde el 2009 China es el primer exportador mundial y desde el 2010 el primer importador y la segunda economía mundial. México pasó de tener un déficit en la balanza comercial con China de 457 mdd en 1994, a 2 mil mdd en el 2000, a 54 mil 854 mdd en 2013 y a 64 mil 109 mdd en 2016. Tan pronto cómo en el año 2003 China ya era el segundo socio comercial de México, después de los Estados Unidos. Una década después, en el 2013, los intercambios comerciales entre China y México superaban

CAPÍTULO 9   RELACIONES MÉXICO-CHINA: 16 COSAS QUE HAY QUE SABER

a los que México tenía con todos los países de la Unión Europea en su conjunto. Tan sólo en el 2015 el valor del intercambio fue de unos 80 mil mdd, aunque México sólo exportó 10 mil mdd.

11. - El déficit crónico en la balanza comercial no debe hacernos dejar de ver que el mercado asiático y China en particular sigue siendo un área de oportunidad para las exportaciones mexicanas, que de hecho han aumentado en volumen y valor. Por supuesto que este mercado difícilmente podrá suplir la enorme demanda de los Estados Unidos, con el que México mantiene por el contrario un superávit comercial, que fue de un 12% de la balanza comercial en el 2016. Sin embargo las oportunidades de hacer crecer las exportaciones mexicanas al mercado chino siguen siendo muy grandes, y su importancia estratégica es aún mayor si consideramos el endurecimiento de la política comercial norteamericana hacia las exportaciones mexicanas de la "era Trump" y la revisión del Tratado de Libre Comercio de América del Norte.

12. - Pese al crecimiento de los intercambios y a que China es el segundo socio comercial de México, hacia el 2015 su mercado sólo representaba el 9% de los movimientos comerciales del país. Dependiendo de los años podemos observar desde 1990 que entre el 35% y el 40% de lo que México exporta son manufacturas de bajo valor agregado, y entre el 60% y el 65% materias primas. Las importaciones de China en cambio en todo el período han sido casi en su totalidad manufacturas, de las cuales el 90% son bienes intermedios y de capital.

13. - Con su gran superávit comercial con el resto del mundo China dispone cada año de una gran cantidad de capital para hacer inversiones directas en muchos países. Así lo ha hecho en América Latina donde la inversión extranjera directa (IED) de origen Chino ha au-

mentado en un 2000% entre el año 2000 y el 2014. De hecho, China es el principal socio comercial y el principal inversionista en países latinoamericanos como Chile, Perú y Brasil. La inversión China en América Latina y el Caribe supera en la actualidad las del Banco Mundial y el Banco Interamericano de Desarrollo, BID, juntas. Sin embargo, si tomamos 2014 como ejemplo podemos ver que de esta inversión China en la región México sólo participó con un 1.33%. Si lo vemos acumulado desde el año 2000, el porcentaje de dinero chino invertido en México como IED es ínfimo, ya que de manera acumulada hasta el 2013 era el 0.1% del total. La mayoría de la IED en México, por supuesto, seguía siendo capital norteamericano.

14. - Esta intensa actividad comercial ha ido también acompañada de una correspondiente intensificación de la inmigración de población de origen chino. En el año 2000 había 2001 personas nacidas en China como residentes en México; en el 2010 ya se reportaban 10,700, siendo uno de los grupos de extranjeros que han crecido con mayor rapidez en el país. Pero esa es la población de origen chino que reside de manera más o menos permanente en México. Sin contar a los turistas los chinos que vienen a residir de manera temporal son muchos más. Los permisos de residencia pueden ser temporal, permanente o como estudiante. En el 2000 sólo se pidieron 508 permisos de residencia, en tanto que en el 2013 se pidieron 14,000 residencias, la cifra más alta de los últimos años. En 2015 se otorgaron 8,000. En resumen que entre 2010 y 2015 50,000 ciudadanos chinos solicitaron permisos de residencia temporal, permanente o como estudiante. La mitad de los que lo hacen vienen a trabajar y una tercera parte son estudiantes. En 2013 los chinos duplicaron sus permisos de trabajo respecto al 2010 y se expidieron 2 mil 312 Tarjetas de Residencia Perma-

CAPÍTULO 9 RELACIONES MÉXICO-CHINA: 16 COSAS QUE HAY QUE SABER

nente (TRP). Para darnos una idea de la importancia de la inmigración china, los estadounidenses que solicitaron la TRP el mismo año fueron apenas un poco más, 2mil 526.

15. - Una contabilidad más conservadora de la población nacida en China que reside de manera permanente en México nos muestra que en 1990 eran 1,240 personas y representaban el. 9% de los nacidos en el extranjero excluyendo a los Estados Unidos; en el 2000 eran 1,847, el 1.1%; en el 2010 eran 7,486, el 3.3%; y en el 2015 eran 8,860, el 3.3% [1]. Si consideramos que los residentes en México nacidos en el extranjero eran casi un millón de personas en el año 2015, los chinos representaban un pequeño porcentaje, pero si tomamos en cuenta que el porcentaje de todos los residentes en México nacidos en el extranjero se duplicó entre el 2000 y el 2015, el ritmo de crecimiento de los nacidos en China fue superior, ya que se triplicó en el mismo período.

16. - Como parte de su proceso de internacionalización China ha extendido la enseñanza del idioma chino mandarín (Putonghua) en todo el mundo. Lo ha hecho a través de institutos gubernamentales denominados Institutos Confucio, y de oficinas menores llamadas Aulas Confucio, que dependen de la Oficina Nacional Para la Enseñanza del Chino Cómo Lengua Extranjera, (Hanban). Empezaron a funcionar a partir de 2004 y se han establecido más de 500 institutos y 700 aulas en 120 países. En México se firmaron convenios para establecerlos desde el 2006. Existen cinco: El de Yucatán que fue el primero en

---

[1] Este porcentaje excluye a los nacidos en Estados Unidos, que en el 2015 eran 739,168, el 73.4% de los residentes nacidos en el extranjero viviendo en México. www.conapo.gob.mx/es/omi/inmigrantes_residentes_en_mexico_por_region_de_nacimiento_2015_grafico. consultado el 1 de septiembre 2017.

establecerse en el 2007, y en el 2008 se abrieron los de Chihuahua, Nuevo León y dos en la Ciudad de México. El más grande es el de la UNAM en la Ciudad de México, que tiene convenios con la Universidad de Beijing. Uno de los más exitosos ha sido el de Yucatán a cargo de la Universidad Autónoma de Yucatán, UADY, que tiene convenios con la Universidad Sun Yat-Sen a través de Hanban. En diez años de operación ha tenido 4,100 alumnos de chino mandarín y en el 2017 tenía más de 1000 alumnos inscritos. Ha abierto Aulas Confucio en las ciudades de Campeche y Cancún en colaboración con las Universidades de Campeche y del Caribe. El Instituto Confucio de la UADY ha sido reconocido por Hanban como uno de los mejores Institutos Confucio no sólo de América Latina sino del mundo.

FUENTES UTILIZADAS

AGUIRRE Beltrán, Gonzalo (1985), *Cuijla*, México, FCE.

ALBA, Carlos, Gustavo Lins y Gordon Mathews, (coords.) (2015), *La globalización desde abajo*, México, FCE/El Colegio de México.

Baker McKenzie (2017), *Doing Business in México* 2017, México, Baker & McKenzie Abogados, S. C.

BERNAL, Rafael (1965), *México en Filipinas*, México, UNAM-IIH.

BÉRTOLA, Luis y Jeffrey Williamson, eds., (2016), *La fractura. Pasado y presente de la búsqueda de equidad social en América Latina*, Buenos Aires, FCE/BID/INTAL-LAB.

CAMPOS-VÁZQUEZ, Raymundo M., Cristóbal Domínguez Flores y Graciela Márquez (2016), "Desarrollo humano en México a largo plazo", en Luis Bértola y Jeffrey Williamson, eds. *La fractura. Pasado y presente de la búsqueda de equidad social en América Latina*, Buenos Aires, FCE/BID/INTAL-LAB pp. 147-180.

Consejo Nacional Para la Cultura y las Artes (2010), *Encuesta nacional de hábitos, prácticas y consumos culturales*, ENHPCC 2010, México, CONACULTA.

Consejo Nacional de Población (2017), *Proyecciones de la población 2010-2050*, México, CONAPO, en www.conapo.gob.mx consultado el 30 de julio de 2017.

Consejo Nacional de Población (2015), *Inmigrantes residentes en*

México por región de nacimiento, México, CONAPO.

Consejo Nacional de Evaluación de la Política Social (2017), *Informe de evaluación de la política de desarrollo social* 2016, México, CONEVAL.

—— (2014), *Informe de pobreza en México* 2014, México, CONEVAL.

COOK, Sherbourne F. y Woodrow W. Borah (1977), *Ensayos sobre historia de la población. México y el Caribe*, 2 vols. (1a edición 1971), México, Siglo XXI.

CORNIA, Giovanni Andrea, ed. (2014), *Falling inequality in Latin America. Policy changes and lessons*. Oxford, Oxford University Press.

DE LA TORRE Yarza, Rodrigo (2015), *Agenda. 450 Aniversario del intercambio cultural transpacífico a bordo del galeón de Manila*, México, CIESAS.

DENEVAN, William M. (1992), "Recent research and a revised hemispheric estimate", en William M. Denevan, ed. *The native population of the Americas in* 1492, Madison, University of Wisconsin Press.

DURYEA, Suzanne (2016), "Desafíos para políticas sociales en un contexto macroeconómico menos favorable", en Luis Bértola y Jeffrey Williamson, eds. *La fractura. Pasado y presente de la búsqueda de equidad social en América Latina*, Buenos Aires, FCE/BID/INTAL-LAB pp. 611–629.

DUSSEL, Enrique (s. f.), *La China* (1421–1800). *Razones para cuestionar el eurocentrismo*, en enriquedussel.com/txt/china-dussel.pdf consultado el 05–09–2017.

DUSSEL Peters, Enrique, coordinador, (2016), *La relación México-*

FUENTES UTILIZADAS

China. Desempeño y propuestas para 2016 – 2018, México, UNAM/Cámara de Comercio de México en China/Centro de Estudios China-México/Unión de Universidades de América Latina y el Caribe.

ENIGH (2017), *Encuesta nacional de ingreso y gasto de los Hogares* 2016, comunicado 392/17, México, INEGI.

—— (2000), *Encuesta nacional de ingreso y gasto de los hogares* 2000, México, INEGI.

—— (1992), *Encuesta nacional de ingreso y gasto de los hogares* 1992, México, INEGI.

ENOE (2017), *Resultados de la encuesta nacional de ocupación y empleo del segundo trimestre de* 2017, México, INEGI.

ESQUIVEL Hernández, Gerardo (2015), *Desigualdad extrema en México. Concentración del poder económico y político*, México, OXFAM.

GOLLÁS Manuel (2003), *México crecimiento con desigualdad y pobreza*, México, CEE Documento de trabajo III, El Colegio de México.

HAYASHI Martínez, Laureano (s. f.), *Modelo de desarrollo compartido*, en http://modelo/de/desarrollo/compartido/1970/parte/I. pdf. consultado el 31 – 08 – 2017.

HENESTROSA, Andrés, ed. (1975), *Viaje y Tornaviaje a Filipinas* 1564, México, Novaro.

Instituto Mexicano de la Juventud (2010), *Encuesta nacional de la juventud*, México, IMJUVE.

Instituto Nacional de Estadística, Geografía e Informática (2017), *DENUE interactivo marzo* 2017, México, INEGI.

—— (2016), *Directorio estadístico nacional de unidades económicas*,

DENUE, México, INEGI.
—— (2015a), *Principales resultados de la encuesta intercensal* 2015, México, INEGI.
—— (2015b), *Encuesta nacional sobre productividad de las micro, pequeñas y medianas empresas en México*, *ENAPROCE*, México, INEGI.
—— (2014), *Encuesta nacional de consumo cultural de México*, *ENCCUM* 2012, México, INEGI.
—— (2012), *Quinta encuesta nacional sobre cultura política y prácticas ciudadanas*, *ENCUP*, México, INEGI.
—— (2010a), *Estadísticas por tema. Población, hogares y vivienda. Grupos de edad según sexo* 1950 *a* 2010. *Distribución por edad y sexo. Población total por grupo quinquenal de edad según sexo* 1950 – 2010, en http：//www3. inegi. org. mx/sistemassisept/ default. aspxñt = mdemo03ds = es = dc = 17500 consultado el 03 – 09 – 2017.
—— (2010b), *Censo de Población y Vivienda* 2010, México, INEGI.
International Bank for Reconstruction and Development (2017), *Doing Business. Equal opportunity for all*, Washington, The World Bank.
LERNER, Victoria (1968), "Consideraciones sobre la población de la Nueva España (1793 – 1810) según Humboldt y Navarro Noriega", en *Historia Mexicana*, vol. 17 no. 3, pp. 327 – 348, México, El Colegio de México.
McCaa, Robert (1995), "《Fue el siglo XVI una catástrofe demográfica para México》 Una respuesta basada en la demografía histórica no cuantitativa", en *Cuadernos de historia*

no. 15, pp. 123 – 126, en users. pop. umn. ed/rmccaa/no cuant/nocuant. htm., consultado el 6-sept – 2017.

MENZIES, Gavin (2003), 1421, *el año en que China descubre el mundo*, Barcelona, Grijalbo.

Moore Stephens (2017), *Doing Business in Mexico* 2017, México, Moore Stephens México, S. C.

Organización Mundial de la Salud, (2017), *La salud de México en cifras*, OMS, en www. paho. org/mex/index. phpñoption = com_content&view = category consultado el 6 de julio de 2017.

Organización para la Cooperación y el Desarrollo Económicos (2017), *Estudios Económicos de la OCDE*, México 2017. *Visión General*, Paris, OECD.

—— (2016), *Economic outlook database no. 101-june* 2017, Paris, OECD en https: //stats. oecd. org. aspxñDataSetCode = EO consultado el 15 – 09 – 2017.

ORDORICA, Manuel y José Lezama (1993), " Consecuencias demográficas de la revolución mexicana" en *El Poblamiento de México, tomo IV*, México, CONAPO.

ORTEGA Villa Luz María, ángel Manuel Ortiz Marín y Verónica Santillán Briceño (2016), " Rasgos socio culturales de los jóvenes en México. Bienestar, cultura y política", en *Estudios Sociales* vol. 24 – 25, no. 47, enero-junio, Hermosillo, Sonora, México.

RODRÍGUEZ Chávez, Ernesto y Salvador Cobo (2012), *Extranjeros residentes en México*, México, Instituto Nacional de Migración, Secretaría de gobernación.

ROSENBLAT, ángel (1967), *La población de América en* 1492. *Viejos y nuevos cálculos*, México, El Colegio de México.

SANDERS, William T. (1976), "The population of the central mexican simbiotyc region. The basin of México, and the Teotihuacán valley in the sixteenth century", en William M. Denevan, ed. *The native population of the Americas in* 1492, Madison, University of Wisconsin Press pp. 85 – 150.

Secretaría de Economía (2017), *Directorio de establecimientos del sistema de información empresarial mexicano*, *SIEM*, https://www.gob.mx consultado el 10 de septiembre de 2017.

Secretaría de Educación Pública (2017), *Sistema nacional de Información estadística educativa*, México, SEP, en www.snie.sep, gob.mx/estadisticas_educativas.html consultado el 25 – 08 – 2017.

Secretaría del Trabajo y Previsión Social (2017), *México. Información laboral. Agosto de* 2017, México, STPS.

SWADESH, Morris (1959a), *Indian linguistics groups of México*, México, Escuela Nacional de Antropología e Historia.

—— (1959b), *Mapas de clasificación lingüística de México y las Américas*, México, Universidad Nacional Autónoma de México.

TELLO, Carlos (2007), *Estado y desarrollo Económico. México* 1920 – 2006, México, UNAM.

WHITMORE, Thomas M., (1992), *Disease and dead in early colonial México. Simulating Amerindian depopulation* (*Dellplain Latin American Studies*), Boulder, Westview Press.

BIBLIOGRAFÍA MÍNIMA SUGERIDA

[1] BATAILLON, Claude (1997), *Espacios mexicanos contemporáneos*, México, Fideicomiso de las Américas/Fondo de Cultura Económica/El Colegio de México.

[2] BROM, Juan (2017), *Esbozo de historia de México*, 4a edición corregida y actualizada, México, Grijalbo.

[3] CASTAÑEDA, Jorge (2011) *Mañana o pasado. El misterio de los mexicanos*, México, Aguilar.

[4] DUSSEL Peters, Enrique, coordinador (2016), *La relación México-China. Desempeño y propuestas para 2016–2018*, México, UNAM/Cámara de Comercio de México en China/Centro de Estudios China-México/Unión de Universidades de América Latina y el Caribe.

[5] ESCALANTE Gonzalvo, Pablo *et. al.* (2016), *Nueva historia mínima de México*, México, El Colegio de México.

[6] FERNÁNDEZ Félix, Miguel y Timothy Rub, coordinadores generales (2016), *Pinta la revolución. Arte moderno mexicano 1910–1950*, México, Museo del palacio de Bellas Artes/Philadelphia Museum of Art, Filadelfia.

[7] GIRÓN, Alicia, Aurelia Vargas y Guillermo Pulido, coordinadores (2015), *China y México. Un diálogo cultural desde las humanidades y las ciencias sociales*, México, Universidad Nacional Autónoma de México.

[8] KUNTZ Ficker, Sandra, coordinadora, (2012), *Historia*

mínima de la economía mexicana 1519 – 2010, México. El Colegio de México.

[9] MAYER-SERRA, Carlos (2011), *Por eso estamos como estamos*, México, Debate.

[10] MONSIVÁIS, Carlos (2010), *Historia mínima de la cultura mexicana en el siglo XX*, México, El Colegio de México.

[11] Museo del Palacio de Bellas Artes, editor, (2016), *Los Contemporáneos y su tiempo*, México, Instituto Nacional de Bellas Artes.

[12] ORDORICA, Manuel y Jean Francois Prud'homme, coordinadores generales (2012), *Los grandes problemas de México*, edición abreviada en 4 tomos, México, El Colegio de México.

[13] PAZ, Octavio (1991), *El laberinto de la soledad*, (1a edición 1950), México, Fondo de Cultura Económica.

[14] SERRANO Migallón, Fernando (2013), *Historia mínima de las constituciones en México*, México, El Colegio de México.

[15] SOLÍS, Patricio (2016), "Estratificación social y movilidad de clase en México a principios del siglo XXI", en Patricio Solís y Marcelo Boado, coordinadores, *Y sin embargo se mueve ... estratificación social y movilidad intergeneracional de clase en América Latina*, México, Centro de Estudios Espinosa Yglesias/El Colegio de México pp. 297 – 366.

[16] WOLDENBERG, José (2012), *Historia mínima de la transición democrática en México*, México, El Colegio de México.

第一章

墨西哥简介：地域、地缘政治以及人口

在展开介绍墨西哥之前，我们有必要先来了解一下它的具体地貌以及地理空间。墨西哥三个字代表着什么？一个位处北美大陆的国家，国土面积接近 2,000,000 平方千米（准确来说是 1,964,375 平方千米），世界排名第十四，美洲排名第五。在美洲排名中，国土面积最大的国家依次是加拿大、美国、巴西以及阿根廷。墨西哥南北地面最远处的两个顶点之间距离 3,200 千米。北部与美国接壤，边境长 3,326 千米，排名世界第十。南部与两个中美洲的国家接壤。与危地马拉的国界长达 871 千米，与伯利兹的国界则长 251 千米。北部的边界线由格兰德河以及其他的人工或天然边境地区组成，而南部与危地马拉的边界线则由苏恰特河和乌苏马辛塔河组成，与伯利兹的国界由翁多河和其他自然或人工的边境地区组成。

墨西哥境内有两个山系，分别是东马德雷山脉和西马德雷山脉。最高的山峰叫作奥里萨巴山，其峰顶距海平面 5,715 米；而海拔最低的湖泊叫作萨拉达湖，其最低处为海平面以下 5 米。墨西哥以它得天独厚的地理位置著称，东西两边分别是大西洋和太平洋。西边与太平洋形成长达 7,828 千米的海岸线，因此墨西哥 32 个州中有 11 个拥有自己的海滩；东边与大西洋形成的海岸线长达 3,294 千米，6 个州得以形成自己的海滩。墨西哥的海岸线总长 11,122 千米，在美洲国家中排名第二，仅次于加拿大。拥有两个半岛，在太平洋一侧的是向南延伸的下加利福尼亚州，而在大西洋一侧的是向北延伸的尤卡坦州。

墨西哥的水资源分布十分不均匀。水流量最大的河流是乌苏马辛塔河和格里哈尔瓦河，两条河都汇入墨西哥湾。北回归线从墨西哥湾中部穿过，一年中不同时期的不同区域有 17 种气候表现，分别是 3 种热带气候、4 种干旱气候、8 种温带气候以及 2 种寒带气候。用多样性来概括墨西哥地理的特点是再恰当不过了：多样的地理条件，包括海拔、气候、水文条件以及紧邻两大洋给墨西哥带来极丰富的生物多样性。它拥有多样的微生物体以及动植物群体，在全球范围内 17 个拥有超级生物多样性（megadiversidad）的国家中排行第五，紧跟巴西、哥伦比亚、中国以及印度尼西亚，其后的国家分别是委内瑞拉、厄瓜多尔以及澳大利亚。在像墨西哥这样生物多样性如此丰富的国家里可以找到全球 70% 的生物种类和生物体。

由于地缘政治原因，它的官方名字为墨西哥合众国；而由于它的共和政治体系原因，它也被称作墨西哥共和国；当然，最通用的名字还是墨西哥。它的现行宪法是在 1917 年通过的，在此之后曾多次进行大幅度的转型调整。根据其宪法，墨西哥为联邦共和制主权国家，由 32 个"联邦单位"（entidades federativas），也就是"州"（estados）组成。每一个州都独立自主地拥有自己的宪法和政府机构，包括它们自己的州长（gobernador），这些州共同组成一个联邦共和国。共和国由总统统治，每六年通过全民直接公投选出，选民必须年长于 18 岁。总统与其领导班子共同行使国家的"行政权"（Poder Ejecutivo）。

宪法还规定国家的立法权由两院行使。参议院（Cámara de Senadores）由 128 人组成，其中 64 个名额在全国范围内通过直接公投产生（每个州两个代表），32 个名额分配给每个州的支持率最高的少数派，32 个名额按照每一选区有多名代表人的原则进行分配。参议院每六年举行一次选举及任命，和总统的选举任命同时举行。参议院也被叫作"联邦议会上议院"（Cámara Alta del Honorable Congreso de la Unión）。另一个共同行使立法权的机构是众议院（Cámara de Diputados），由500人组成，同样也代表32个州。其中的300个代表通过多数票直接选举产生，而其他200人通过比例代表制度选举产生，名额分配取决于每一个政党所获选票的比例。众议院也被称为"联邦议会下议院"（Cámara Baja del Honorable Congreso de la Unión），每三年进行一次众议员的选举。墨西哥总统不能重复参选，但从2018年开始，参议员可以重复当选，继续一个六年的任期，而众议员可以连任四个三年的任期。这样一来，参议员和众议员的最高在任年限都是十二年。宪法还确立了"司法权"（Poder Judicial）的行使机构，由审判官、法官、法庭以及不同警察机构组成，一同执行法律。

墨西哥32个州分别为阿瓜斯卡连特斯（Ags.）、下加里福尼亚（B.C.）、南下加里福尼亚（B.C.S.）、坎佩切（Camp.）、恰帕斯（Chis.）、奇瓦瓦（Chih.）、科阿韦拉（Coah.）、科利马（Col.）、杜兰戈（Dgo.）、瓜纳华托（Gto.）、格雷罗（Gro.）、伊达尔戈（Hgo.）、哈利斯科（Jal.）、墨西哥州（Mex.）、米却肯（Mich.）、莫雷洛斯（Mor.）、纳亚里特（Nay.）、新莱昂（N.L.）、瓦哈卡（Oax.）、普埃布拉（Pue.）、克雷塔罗（Qro.）、金塔纳罗奥（Q.R.）、圣路易斯波托西（S.L.P.）、锡那罗（Sin.）、索诺拉（Son.）、塔瓦斯科（Tab.）、塔毛利帕斯（Tamp.）、特拉斯卡拉（Tlax.）、韦拉克鲁斯（Ver.）、尤卡坦（Yuc.）、萨卡特卡斯（Zac.）以及第32个州墨西哥城（CDMX）。直到2016年1月，墨西哥城一直被称为"联邦区"，之后成为一个独立的联邦单位，是墨西哥的首都和三权总部所在地。

每一个墨西哥的州都由比它更小的联邦单位——也就是"市

镇"（municipio）组成。墨西哥城由16个地区（demarcaciones）组成，这些地区也被称为"区"（delegaciones）。瓦哈卡是墨西哥拥有最多市镇的州，共有570个市镇。而拥有最少市镇的州是下加利福尼亚和南下加利福尼亚州，每个州都只有5个市镇。总的来说，墨西哥拥有2,456个市镇（包括墨西哥城的16个区）。每个市镇的权力机关包括市政府（Cabildo），由市长管理；一个理事（Síndico）以及数目不定的官员（Regidores）。每个市镇每三年都会选举一次市长，18岁以上的市民有权参加本市的直接公投。2018年起，市长可以连任一个任期，也就是三年。

截至2017年9月，墨西哥的人口是123,364,426人，年出生率为1.37%（墨西哥全国人口委员会，2017）。下列为根据2015年墨西哥人口调查数据预测的2017年各州的人口数量（墨西哥全国人口委员会，2017），由大到小排列。

墨西哥州：17,363,387

墨西哥城：8,811,266

韦拉克鲁斯：8,163,963

哈利斯科：8,110,943

普埃布拉：6,313,789

瓜纳华托：5,908,845

恰帕斯：5,382,083

新莱昂：5,229,492

米却肯：4,658,159

瓦哈卡：4,061,497

奇瓦瓦：3,782,018

格雷罗：3,607,210

塔毛利帕斯：3,622,605

下加里福尼亚：3,584,605

锡那罗：3,034,942

科阿韦拉：3,029,740
索诺拉：3,011,810
伊达尔戈：2,947,206
圣路易斯波托西：2,801,839
塔瓦斯科：2,431,339
尤卡坦：2,172,839
克雷塔罗：2,063,148
莫雷洛斯：1,965,487
杜兰戈：1,799,320
金塔纳罗奥：1,664,667
萨卡特卡斯：1,600,412
阿瓜斯卡连特斯：1,321,453
特拉斯卡拉：1,313,067
纳亚里特：1,268,460
坎佩切：935,047
南下加里福尼亚：809,833
科利马：747,801

第二章

人种起源：迁徙新大陆与国家的形成

前哥伦布和前西班牙统治时期

"前哥伦布"一词指的是1492年克里斯托弗·哥伦布抵达美洲之前的时期；相应的，"前西班牙统治"是指在1504年第一批西班牙人抵达以前，更准确地说，是1521年埃尔南·科尔特斯率领的西班牙军队入侵位于墨西哥谷的特诺奇提特兰之前的时期。

在30000～40000年前的冰河世纪，游牧民族为了躲避冰河气候，陆续从西伯利亚出发，横渡白令海峡，最终在阿拉斯加上岸。这群智人大规模地南下，以捕食动物为生；他们在北至加拿大，南至巴塔哥尼亚的整个美洲大陆上生存繁衍。最早的人类遗迹可追溯到22000年前。这些骨骸来自古时候的游牧民族，他们以采集植物果实和捕猎动物为生，那时他们已经会使用石器、明火和缝制兽皮衣服。有些人定居在墨西哥，有一些继续南下，一直到美洲中部和安第斯山脉地区。最典型的代表便是生活在10000年前的"得佩斯潘人"（hombre de Tepexpan），他们的骨骼残骸在今天的墨西哥领土范围里被发现。被发现的"得佩斯潘人"骸骨属于一个拥有原始人面孔的身高1.68米的女人。

约10000年前，这些游牧民族开始逐渐定居在这片大陆上。

与此同时,农业和畜牧业开始起步并逐渐成熟,久而久之,农耕种植业变得丰富多样,其中三种主要农作物是玉米、豆类和南瓜属果实。国民主食——玉米的历史可追溯至 7000～10000 年前。可以一年收获多次的玉米让早期的墨西哥人得以获取充足甚至过剩的粮食。自此,这片大陆上最初的文明和文化开始形成,其所辐射的区域除了墨西哥和中美洲以外,上至美国南部,下至干旱美洲(Aridoamérica),这块区域也叫作中部美洲(Mesoamérica)。中部美洲文明涵盖文化的方方面面,如工具、饮食、武器和器具、语言和宗教等。这些文化方面的起源可以追溯到多年以前,但在那之后便开始了迅猛的发展,并且越来越不相同。

随着农业的发展和人们的逐渐定居,城市的中心慢慢发展起来,社会结构也越发复杂。最初的领导人都是文人勇士,因而当时的精英统治阶层主要由神甫和武士组成,他们日益丰富的学识和日趋多元化的信仰是统筹社会运行和发展的一个重要因素。和宗教信仰一样,接连不断的战争是团结社会进行集体运动的另一个重要因素。总体来说,中部美洲社会是一个神权社会,也就是说,社会的统治者既是神职人员又是军事领导者。从早期的大都市的遗址中我们可以找到墨西哥领地中最早的文明遗迹。三四千年后,玉米种植普及整个中部美洲,村落城镇开始成形,接着便出现了用石料砌成的小型城市;随着社会发展,他们所使用的石料也越来越坚固。但实际上,美洲最古老的文明是出现在公元前 3000 年—公元前 1800 年位于秘鲁的卡劳尔文明(Caral),又称小北地区文明(Caral-Supe)。

伴随着城市化的进程,人口逐渐增长,墨西哥各地区的文明也逐渐多样化。这段时间叫作前古典时期(Preclásico),大约是从公元前 2500 年或公元前 2000 年一直到两千年前的基督纪年伊始。一些在早期成熟的文化、文明对其他一些后来出现的文明造成了一定的影响,其中最古老的莫过于奥尔梅克文明和玛雅文明。被称为中美洲文化之母的奥尔梅克文明从前古典时期开始发展,并在公元前1200年左右实现早期成熟,到公元前300年已经衰落,甚至可以说是几近消失了。奥尔梅克文明出现在现今的韦拉克鲁斯州和塔巴斯科州的肥沃的河流地区。其中值得一提的城市有圣洛伦索(San Lorenzo)、特雷斯萨波特(Tres Zapotes)和拉文塔(la Venta)。最有标志性的建筑便是数米高的巨大雕塑,其文化影响力也辐射到了其他后来的中部美洲文明。

在奥尔梅克文明之后,墨西哥的伟大文明在古典时期(período Clásico)(即公元后的1000年间)逐渐发展,通常被认为是从公元1世纪开始一直到公元9世纪末。在这段时期内人们取得了各种人文科学的伟大成就。随着农业特别是灌溉技术的出现,大城市日益发展,人口出现激增现象,同时商业贸易也日渐繁荣。

还有出现在国家中心墨西哥谷的特奥蒂瓦坎文明,主要分布在特奥蒂瓦坎城(ciudad de Teotihuacán)这一地带。公元1世纪时,特奥蒂瓦坎已经是一个拥有自己的宗教信仰的村落,坐落在通往传说中的"阴间"的大洞穴之上。特奥蒂瓦坎文明的发展如日中天的同时,玛雅、萨波特克、米斯特卡等其他文明也融入其中,由此便形成了一个包罗万象的大社会。其巅峰时期是在3—7世纪,当时居民多达10万~20万人,占地约21平方千米。像太阳金字塔、月亮金字塔这样的大型建筑就是在这个时期建造的。该文明在科学和艺术方面的多元发展也影响了后来所有在墨西哥中部和墨西哥谷发展起来的文明。7世纪时,由于政治冲突、内部叛乱和气候变化等多重因素的影响,特奥蒂瓦坎开始衰落——这在一定程度上标志着中美洲北部的古典时期的结束,因为在南部,特别是在玛雅地区,特奥蒂瓦坎文明持续了近3个世纪。

古典时期被后古典时期(Posclásico)所取代,后者从9世纪末一直延伸到15世纪，即西班牙士兵到来和开始征服墨西哥的时候。在后古典时期，大部分古中部美洲的高度文明逐渐没落，特别是在科学和艺术知识方面；与此同时，大城市的建设也一一停止。但不可否认的是，其他文明起步了，比如后来恢复了城市建设的阿兹特克文明。

在古典时期，曾占领墨西哥领土几千年的其他民族文明也兴盛起来。其中最为著名的有玛雅文明、萨波特克文明、米斯特克文明、普雷佩查文明、瓦斯特克文明、托托纳克文明、奇奇梅克文明和特拉斯卡拉文明。墨西哥，或者更确切地说，中部美洲是140多种土著语的发源地（Swadesh, 1959a, 1959b），尽管我们至今仍不确定其具体的数目，但如今仅存的65种土著语言和364种语言变体来自8个语系。其中，犹他-阿兹特克语系、玛雅语系和欧托-曼格语系是最重要的三个语系。我们不能直接将语言种类的数目和文化种类的数目直接一一对应起来，但语系的分支、语言本身及其变体能给我们对原始文化到底有多少种类一个大致的概念。

玛雅文明是在墨西哥南部和东南部发展起来的，其领域覆盖了现今的恰帕斯州、塔巴斯科州、坎佩切州、尤卡坦州和克雷塔罗州这五个州，同时还遍布中美洲———一直到达危地马拉、伯利兹、洪都拉斯和萨尔瓦多。至少在10000年前，这个地方就已经出现了人类，并且在约7000年前便有了农耕的定居人口。公元前1000年左右出现了住在小村庄的具有非常明确的文化特征的群体，可以说他们便是古典时期（公元前1000年—公元前250年）的玛雅人。但值得一提的是，根据最新的考古研究，最早的文明比玛雅文明要古老得多，而且玛雅文明的前古典时期应该定位在公元前2700年左右。这样一来，玛雅文明将是墨西哥和美洲范围内最为古老的文明之一。

在古典时期，城市化、地标建筑、早期的象形文字、数学、天文学和美术——兴起,其发展随后在古玛雅时期(公元前250年—公元950年)达到巅峰。在这段时期内,这一最复杂的文明不仅在墨西哥繁荣发展,在整个美洲也越发巩固。在玛雅文明的古典时期,城市不断发展并扩大,许多城市都可以容纳10,000～20,000人,大城市人数则达50,000～100,000人。像恰帕斯州帕伦克这种大规模的城市甚至可达到90,000人,尤卡坦的奇琴伊察和坎佩切的卡拉克穆尔则达到了50,000多人。刻满浮雕的石雕、以叠涩拱建筑技术著称的地标建筑、历史上首次使用数字"零"的二十进制、能算准日月食时刻和星球运转规律并制出精准日历的天文学,还有至今仍未能破译的复杂的象形文字,这些都是玛雅人在这段时期创造的不凡成就。他们在数学和天文学方面的造诣高过当时西方世界的任何一种文明。

　　玛雅文明的社会以城邦组织的形式控制周边领土,而且相对自治。他们所有的文明发展都是通过不断的战争和联盟进行的。社会叛乱、过度战争和严重干旱构成了公元950—1000年间的社会历史。相比之下,金字塔的建设、石碑的铸造和象形文字的篆刻似乎变得不那么重要了。随着以神权政治为主导的统治阶级的垮台,许多个世纪以来玛雅文明所积累的科学文化知识逐渐消失。从此玛雅社会便进入后古典时期,时间跨度大概是从公元1000年一直到1492年哥伦布发现美洲大陆,或者说更往后一些,一直到1511年第一批欧洲人拖着西班牙船只的残骸在尤卡坦半岛的东海岸登上玛雅人的土地。

　　在墨西哥的中心,我们观察到在公元750年左右出现了另一种文明——托尔特克文明(culturas toltecas)。他们征服并占领了特奥蒂瓦坎,并在公元900—1200年间逐渐发展。托尔特克的首都位于图拉城(ciudad de Tula)。12世纪时,来自奇奇梅卡文明的北方军队控制了图拉城和托尔特克民族。由此,奇奇梅卡的文明或多或少受到了托尔特克文明的影响。同样,托尔特克文明还

第二章 人种起源：迁徙新大陆与国家的形成

流传到了自12世纪在墨西哥谷和特诺奇提特兰城兴起的阿兹特克文明，后者是后古典时期全中部美洲最大的城市。由于当地的语言叫作纳瓦特语（náhuatl），所以阿兹特克人又叫作纳瓦人。他们的文明一直持续到15世纪，也正是在这个时候，西班牙人抵达墨西哥并在随后征服了这片大陆。

阿兹特克文明发展非常迅速。因为它与墨西哥的主导文化（直到今日还是）共享相同的文化渊源。在这里稍作评论也挺有意思的："墨西哥"这个名字源于阿兹特克人，也称墨西加人。据他们本土的神话传说，他们的文化始于1111年；他们来自墨西哥北部一个叫作阿兹特兰的地方，是靠捕猎和采集果实存活的游牧民族。在他们的文明中有一位主神叫作维齐洛波奇特利（Huitzilopochtli），他让墨西加人在一片湖泊旁停下并在此驻扎建城，因为在这片湖泊上他们看到了建城的标志——一只衔着蛇、停在仙人掌上的老鹰——这也是现今墨西哥国旗上的图案。墨西加人跋山涉水一直走到墨西哥山谷并在此落地生根，于1325年筑起了特诺奇提特兰城。这当然只是神话传说，事实上我们可以在古籍上追踪到纳瓦人从3世纪到13世纪自墨西哥北部（位于今日的索诺拉州和锡那罗亚州）往墨西哥谷的迁徙足迹。八世纪起，深受托尔特克文明影响的纳瓦人（也就是墨西加人）已经在墨西哥谷安居乐业了。

图拉城没落后的8—15世纪，尤其是在主城特诺奇提特兰城建成之后，阿兹特克文明开始走向巅峰时期。据考古研究，特诺奇提特兰城于1274年建成，而不是神话所说的1325年。他们与邻国的战争和联盟练就了一支异常强大的军队，用武力征服并控制了更多的人，幅员因此日益扩张。特诺奇提特兰城与特拉科潘（Tlacopan）和德斯科科（Texcoco）这两个城邦组成了"阿兹特克三国同盟"（La Triple Alianza）。他们不断地从其他新联盟和周边城邦汲取资源，建立了墨西哥乃至中部美洲有史以来最大的帝国——墨西加帝国。附近只有一个不属于他们势力范围的地方，那就是特拉斯卡拉王国（Tlaxcala）。值得注意的是，因为同为纳瓦群族的特拉斯卡拉人在多个世纪以来一直和墨西加帝国交战，所以特拉斯卡拉在之后成为西班牙侵略者的重要盟友。

可以说，如果没有特拉斯卡拉人，西班牙人绝对不可能征服阿兹特克帝国。西班牙征服者埃尔南·科蒂斯（Hernán Cortés）于1519年9月抵达特诺奇提特兰，借助特拉斯卡拉王国和其他许多受阿兹特克人严格管制的城邦的力量，最终在1521年8月战胜并摧毁了阿兹特克帝国，同时开始了在墨西哥的征程。

西班牙统治与殖民时期（1521—1810年）

挂着西班牙卡斯蒂利亚和阿拉贡王国的旗帜，1492年，热那亚人克里斯托弗·哥伦布踏上加勒比群岛，发现了美洲新大陆。其实哥伦布在他的四次航行中都没有踏上墨西哥的土地。事实上，赫罗尼莫·德·阿吉拉尔和贡萨洛·格雷罗这两个西班牙人才是最早发现美洲大陆的人——1511年，他们在牙买加岛对面遇上海难，但所幸在尤卡坦上了岸并生存下来。其他航行队伍也陆陆续续抵达墨西哥，例如1517年弗朗西斯科·埃尔南德斯·科尔多瓦在尤卡坦海岸上的坎佩切港口登陆（但遭到了玛雅人的追杀），还有1518年，胡安·德·格里哈尔瓦也一直航行到了墨西哥湾的海岸。然而，公认的统治和殖民时期起始于1518年2月，也就是埃尔南·科蒂斯入侵美洲大陆之时。科蒂斯最先抵达的地方是墨西哥海岸上的科苏梅尔岛（la isla de Cozumel），在这里他遇到了正在避难的赫罗尼莫·德·阿吉拉尔并让他充当翻译。随后科蒂斯继续航行，一直到了塔巴斯科州的海岸——这里就是战火燃起的地方。

随后，他在韦拉克鲁斯的比亚里卡（Villa Rica de la Vera

Cruz，位于现在的韦拉克鲁斯）登陆，并深入美洲大陆，一直达到阿兹特克文明的首都特诺奇提特兰城。他也并非一帆风顺，一路上他和当地的文明有过几次冲突，其中与特拉斯卡拉人的战争便给他的军队造成了很多伤亡。然而，后来科蒂斯和特拉斯卡拉人联盟，他们在1519年11月抵达特诺奇提特兰城并一起向阿兹特克人宣战。阿兹特克帝国的君主蒙特祖马（Moctezuma）不幸犯了一个大错。当时西班牙军队虽然人力不足，但他们十分精悍，因为他们带着美洲人未曾接触过的火器以及金属制的佩剑、船舶和马。所以蒙特祖马将他们引入特诺奇提特兰城的势力范围内，想与他们商定条约。几个星期后双方仍没有达成任何协议，科蒂斯将措手不及的蒙特祖马劫为人质，由此开始了对特诺奇提特兰城的围剿行动。1521年8月，在西班牙人的枪火下，特诺奇提特兰城沦陷。但这并不是结局，持续一个世纪之久的西班牙在墨西哥的统治与殖民时期才刚刚开始。

阿兹特克帝国的垮台造成了周围其他王国的瓦解，一些王国选择和西班牙人联盟，一些国家则选择投降，但总体来说都因阿兹特克的战败而分裂了，同时，他们的军事力量也大大地被削弱。西班牙人和他们的盟友特拉斯卡拉王国控制了墨西哥谷以及阿兹特克人势力内的领土。但在墨西哥的四个主要地点，许多其他民族仍然是独立的，如北部的奇奇米卡人、南部的玛雅人、米却肯州的普雷佩查人，还有其他几十个土著文明。之后，为了控制这些土著文明，西班牙王室拉开了一场长达一个多世纪的割据战的序幕。直到1697年玛雅伊察人在现今的危地马拉贝登省的塔亚索湖落败，南部的玛雅人才完全被征服。奇奇米卡文明、塔拉胡马拉文明、雅基文明和阿帕奇文明由于在偏远的北部沙漠和山脉中，所以相对比较独立，直到20世纪才遭遇西班牙人的入侵。同样，在克雷塔罗森林中避难的尤卡坦半岛上的玛雅人和在恰帕斯森林中的玛雅拉坎东部落也难逃一劫。由于地理因素，墨西哥的许多原始文明在数百年的历史中还能维持自身文化、社会和政治组织的发展，也因此，西班牙人的入侵和统治最终才能造就这样一个多民族、多文化和多语言的社会。

西班牙人很快便完全占领了墨西哥谷——这片地方原来是特诺奇提特兰城，它即将成为后来的新西班牙殖民地的总督府和首都，这是西班牙在美洲最大最富有的殖民地。1521年8月，特诺奇提特兰城沦陷和墨西加帝国的没落，标志着墨西哥的西班牙统治时期的开始。征服这个国家实际上是一个十分漫长的过程，接下来的3个世纪被称为殖民时期，因为西班牙花了这么长时间才在它入侵的所有领域里实现了完全的统治。在这期间，远道而来的欧洲人拥有最强大的盟友——传染病。尤其是他们带来的天花，大大加速了整个殖民的步伐和进程。

欧洲人自身已经对麻疹、白喉、风疹和流感这几种疾病免疫，但是这些疾病在短短几年内便剥夺了无数墨西哥人的生命。有的城镇都是空的，居民都难逃一死。天花是在1518年被引入美洲的，它在整个城市内所引发的大规模的天花传染使得占领特诺奇提特兰成为可能；说实话，它的杀伤力比军火还要大得多。这是一个值得争论的议题。据统计，1518年居住在之后的新西班牙总督区，即今日的墨西哥的居民人口在1600万~2500万的区间内波动（Cook & Borah，1977；Denevan，1992）。但由于战争，特别是因为传染性疾病的传播，这个数目在1528年下降到不足1700万，在1568年下降到300万，并在1618年时只剩160万。也就是说，征服美洲最强有力的武器是生物武器，其威力使得美洲人口在短短一个世纪内减少了90%以上。这就是我们说疾病或多或少造成的对人口的影响仍值得探究的原因（Rosenblat，1967；Sanders，1976；Whitmore，1992；McCaa，1995）。

墨西哥城是西班牙皇权的聚集地——西班牙国王直接授权给

一位统治者，名为总督，和一套由总督、总司令、审判官、法官和行政长官组成的政府机关；当然，还有由一整套复杂的天主教会等级构成的宗教管理机制，由主教、大主教、在寺教士、在俗教士、教区神甫和修士组成。天主教会在新西班牙征服和殖民化的过程中发挥着十分重要的作用。天主教依照美洲印第安人的思想意识创造出了一种征服性的意识形态，说明其传道的义务，即向那些偶像崇拜的人布道并使那些有不同信仰的人皈依基督教。在西班牙军队所征服的所有领土上就这样开始了教堂和堂区的建设，而且几个世纪以来都没有停止过。随着军队在新的美洲印第安人国家和领土上行进，天主教会也扩大了在整个新西班牙总督区的布道范围，在每一寸占领的土地上建造村庄和教堂。

之后有越来越多的欧洲人在美洲定居下来，他们开拓新的领土，并且与当地居民结婚生子，由此出现了越来越多的混血儿。和欧洲人一起来的还有非洲奴隶，更丰富了墨西哥人种混合的现象。新西班牙总督区的领土非常广阔，其势力也已经相当稳定——南边一直到巴拿马的边界，包括中美洲的领土；在东面，它与墨西哥湾相接，除了大小安的列斯群岛以外，还包括加勒比海岛屿，特别是古巴、波多黎各和圣多明各这些重要的独立的岛屿；北部包括加里福尼亚州、得克萨斯州、新墨西哥州、亚利桑那州、犹他州、内华达州和科罗拉多州的部分地区；西边与太平洋相连。从1565年起，菲律宾群岛也被纳入西班牙的殖民地范围——这无疑是整个西班牙最大、最重要的殖民地。

殖民时期涵盖了从特诺奇提特兰城的陷落开始算起，一直到墨西哥独立之间的3个世纪。其间，在西班牙和新西班牙总督区两地都出现了众多政治、文化和经济变革。在由西班牙主导的殖民化和统治的过程中，统治者创造了许多不同的社会制度。他们通过天主教会（Congregaciones）将许多土著聚集在一起，以便更好地利用他们来工作，同时也方便天主教教士布道传教。通过监护征赋制（Encomienda）的社会体系赋税给西班牙王国，并得到授权的监护者（Encomendero）有权利用土著居民，指挥其工作并拥有他们的生产成果。西班牙就是这样控制美洲的政治和组织地方经济的，而在以新方法细分土著文明的领土和划定新的政治边界时，还是根据西班牙王国的教会、军事以及政治的等级划分机制来区别类群。

由此，新西班牙又分为几个地区——墨西哥王区、新加利西亚区、尤卡坦州都督区、危地马拉都督区、新比斯开区、新墨西哥州政府、科阿韦拉州政府、莱昂新区，当然还有由西班牙王室直接管辖、但也更自治的菲律宾群岛和西印度群岛。整个殖民时期都实行这种行政区划，但各区域自治程度根据精英阶层的政治和经济权力的不同而不同。

在殖民时代，最主要的盈利来自所开采的银和贵金属。不同的地区种植着大量的农牧业作物。他们获取香料、染料、珍贵的木材和数种不同的黄金、陶土、陶瓷和纺织品。部分土地留在土著社区的手中，人们开垦这些土地并将他们的产品或收入上交给土地的监护人；从18世纪开始则改为通过税收的形式直接将产品或盈利上交给西班牙王国。但更多其他的土地被掌控在西班牙殖民者的手中，他们种植更加值钱的经济作物。根据面积大小和生产情况，这些土地分别被称作营寨（Ranchos）、庄园（Estancias）或大庄园（Haciendas）。

但殖民地时期最大的财富是通过所谓的个人服务（Servicios Personales）剥削土著的劳动力而获得的——所有土著都必须履行为监护者、教会、祭司和政府免费工作一定天数的义务，天数可能是一周、一个月或者一年。除了产出作为初贡和赋税而上交政府的产品之外，这项工作还是积累巨大财富过程中的一个重要基础。这些财富的最终受益者是社会的精英阶层和西班牙政府，因为在这3个世纪间，大部分的财富最终到达西班牙并由此流转

第二章 人种起源：迁徙新大陆与国家的形成

至整个欧洲经济体。

过度开采资源也是墨西哥土著在历史上陷入贫穷的死循环，而且至今未能从中脱离出来的根本原因。但另一方面，在这个挖掘财富的过程中我们可以找到欧洲国家在几个世纪以来的盈利的源头。美洲富饶的自然资源是推动工业革命初步发展的基本要素；丰富的资源同时也是现代资本主义的源头，特别是在银行和金融方面，因为当时欧洲银行里的贵金属和所积累的财产都已所剩无几了。

殖民时期末，新西班牙的面积已经达到了 4,146,483 平方千米，这让它成为 3 个世纪以来整个美洲和西班牙帝国最大的地区之一。1810 年，新西班牙的人口约为 66,122,354 人（Humboldt, 1966），比估计的数目要稍微高一点（Lerner, 2017）。其种族构成大致如下：印第安人的人口从大幅下滑的状况中恢复过来，并且在这几个世纪里，人数呈现逐渐上升的趋势，他们一共是 3,676,281 人。欧洲人或"白人"占少数，他们的人数几乎没有达到 15,000，他们大多数是在西班牙出生并且属于掌控总督区的高位和财富的精英阶层。克里奥尔人也非常多，他们是出生在新西班牙的西班牙人的后代，有 1,092,367 人。紧接其后的是美斯蒂索人，即白人与美洲土著的混血人，共 1,328,706 人。考虑到西班牙或欧洲妇女在美洲人口稀少，克里奥尔人实际上也算是美斯蒂索人，因为他们是欧洲父亲和土著母亲的孩子，但是如果他们的父母承认他们的社会地位并且有良好的经济条件，他们就会被认作克里奥尔人。最后是非洲人，在 1810 年他们只有 6,000~10,000 人。被带来填补土著岗位的奴隶的后裔大约有 35,000 人，毕竟大部分的黑人贸易最终都流向加勒比的岛屿和南美地区。

这是一个种族主义强烈和阶级分层极其明显的殖民社会，牢固的社会金字塔架构使得社会流动和变换阶层几乎不可能实现。

肌肤的颜色、出生地和"血液的纯洁"是区别新西班牙人的指标，也正因如此，产生了巨大的社会差异。

墨西哥独立和建国（1810—1821）

阶级制度在人们寻求在政府机关的工作机会时以及在军队和教会谋求晋升机会时设下重重障碍。若是想成为地主，或者是想提高在社会中的声望，甚至连结婚都不是一件简单的事情。

但是，克里奥尔人和美斯蒂索人的数目逐年增加，他们都受过教育，所以也开始要求更好的条件以提升社会地位。出生在新西班牙的精英们抗议自己的处境的不公，但西班牙帝国拒绝在社会秩序方面做出任何的改变，同时对土著的剥削及其贫困长期存在。因此社会矛盾激增，紧张局势加剧。所有的不满最终酿成了一场独立运动，于1810年在新西班牙爆发。由此展开了一场漫长而血腥的战争，最终以1821年新西班牙宣布独立和西班牙王国承认其独立而结束。

1808年，当拿破仑率领法国军队入侵西班牙，同时罢黜费尔南多七世并让拿破仑的弟弟约瑟夫一世成为马德里新国王，君主制的削弱和整个西班牙帝国的衰败也给墨西哥独立创造了条件。美洲殖民地不承认新的君主并借此机会宣布独立。新西班牙总督区是第一个勇于宣称独立的地区。1810年，当时一位名叫米格尔·伊达尔戈的教区神甫在多洛雷斯镇开展了一场武装运动；面对一个缺乏法制的西班牙政府，当地许多精英因不满情绪被激发从而联合到一起，集体向一个奉法国人为君主的西班牙帝国发出抗议。紧接着新西班牙独立，美洲其他总督区也纷纷竖起独立的旗帜。当西班牙国王费尔南多七世于1813年重新夺回西班牙王位时，他试图复辟帝国君主制。但是独立的征程上没有回头路可走，所有的美洲殖民地的独立持续进行，现在直接面对的是西班牙君主，而不是篡位的法国人了。战争是血腥的，但最终西班牙被击败了。

独立战争分为四个阶段。第一阶段是由米格尔·伊达尔戈·伊·科斯蒂利亚率领的起义运动，这场运动十分成功——他组织起了一支由100,000反抗者组成的军队来对抗50,000士兵，即西班牙国王的捍卫者。此次战役以1811年1月17日伊达尔戈在哈利斯科州的卡尔德龙大桥的战败而告终。第二个阶段也相当成功。1811年1月，牧师何塞·玛丽亚·莫雷洛斯·伊·帕文趁着反叛军占领阿卡普尔科之时揭竿而起，起义一直到1813年8月才结束。莫雷洛斯死后，开始了由维森特·格雷罗率领叛军撤退的极度混乱局面和在阿古斯汀·伊图尔维德率领下向西班牙军队进军的第三阶段，时间是从1813年8月至1821年。1821年2月，伴随着"伊瓜拉计划"（Plan de Iguala）的签署，这种无序的状态结束了，反叛势力重新统一。在第四阶段，伊图尔维德转向和反叛军商定继续战争，但是两军联合组成三保证陆军（Ejército Trigarante）。伊图尔维德和格雷罗便一起率领三保证陆军前往墨西哥城，于1821年9月27日宣布正式独立。

自1821年正式独立，这个国家抛弃了"新西班牙"之名，代之以"墨西哥"这个新的名字，谨以追溯自身的起源并在意识上明确一个新的属于自己的、属于美洲的民族身份，从此开启了国家历史新的篇章。就像之前阿兹特克人给自己编撰起源神话一样重新编写国家的印第安文明历史，他们将墨西加人的印第安神秘渊源与当代的天主教信仰融合起来，比如对天主神明在墨西哥的主要化身——瓜达卢佩圣母——的虔诚信仰。所有的墨西哥人都获得了正式的公民身份。他们还建立了新的共和制度，这个新的共和国意味着社会的进步，但也残留了西班牙旧殖民社会的许多缺点。比如国家还奉行专制制度，政府官僚仍旧腐败，对土著存有种族偏见，以及社会团体的世袭制和互相袒护。

社团主义是土著社区和人民的一种社会组织形式，这种社会组织占人口的一半以上。不过，新西班牙最富有的社会也是合作式的。在西班牙统治时期这是一种十分常见的、封建的组织形式，一如手工艺匠、农民、士兵、教士和各行各业的社区组织，方便统筹所有人民进行生产活动。在一个贫穷的社会，社团主义十分必要，因为这样才能使人的生活变得更好；但对于比较富有的群体来说则没有太大效果，因为相比较用好处或金钱贿赂，受到国家的保护确实大大地削弱了他们的竞争力。

从墨西哥建国以来，社团主义限制了民主共和国社会特有的政治文化个人主义的充分发展。个人主义与18世纪资本主义的兴起有关，诸如人们在宣称独立的美洲盎格鲁-撒克逊社会以及在19世纪加拿大独立事件中所观察到的那样。至少在现代西方资本主义条件下，社团主义有抑制市场力量的趋向，因此个人主义在独立的墨西哥难以发展，而社团主义与殖民诱发出的严重的贫困困境更相吻合，这也在一定程度上解释了比起邻国美国，资本主义在墨西哥发展得更慢的原因。

独立的墨西哥（1821—1876）

1821年至1876年的这半个多世纪内，大大小小的战争和农业、工业生产力下降都说明了国家在政治和社会方面处于不稳定的状态。政治方面，不同的国家项目发生冲突，经常引起派别之间的冲突和战争。但在政治组织方面，共和制受到了所有人的认可。在19世纪编成的《墨西哥宪法》受到了《人权宣言》（即法国大革命的产物1789年法国宪法）的深刻影响，少部分内容还参考了1787年美国宪法和1812年加的斯宪法，后者是一部深受启蒙运动和百科全书派思想影响的自由宪法，曾在拿破仑主导下的西班牙君主王国实行。但这些都只是大概的想法，具体落实到如何建立纯墨西哥式的政府形式和基于共存原则制定19世纪国家宪法，国家内部展开了一场激烈的争论和探讨。

让我们一步步地来理清。墨西哥的独立在1814年10月22日的《墨西哥美洲自由宪法法令》（*Decreto Constitucional Para la Libertad de la América Mexicana*）和1822年12月18日的《墨西哥帝国政治暂行规定》（*Reglamento Provisional Político del Imperio Mexicano*）中有法律先例；后者在第一次联邦协议时重新修订——在1824年1月31日签署《联邦组织法》（*Acta Constitutiva de la Federación*）时，承认各州是墨西哥合众国的一部分。1823年7月1日，中美洲的省份宣布正式脱离墨西哥，因为他们认为自己并没有包括在这个国家之内。《墨西哥合众国联邦宪法》（*Constitución Federal de los Estados Unidos Mexicanos*）最终在1824年10月4日颁布。宪法的议论主旨在于中央（centralista）和联邦（federalista）政府之间共和协议的性质。中央政府提出建立由一个总统、位于首都的一个参议院和一个众议院组成的共和国，国家的其他地区将划为多个行政区。这些行政区由特定的区领导和由中央（即总统）委托的政府理事机关来领导，总统不是由公众投票选出的，其自身也没有一定的管理权限。联邦政府则提出将国家划分为多个联邦单位，各个联邦自愿签署加入联邦国的协议，且各个州有权以公民身份直接投票选举各州的州长和参选众议院。

在中央主义和联邦主义的规划争执背后其实是两种思想之间的激烈斗争。保守派（conservador）思想主张保留天主教会的影响以及殖民时期的社会组织框架和价值观，支持建立一个克里奥尔人的地位居于美斯蒂索人和印第安人之上的等级社会。保守党于1849年建党，于1897年解散。其主要思想领袖之一是卢卡斯·阿拉姆。保守派支持中央集权，且与自由派（liberal）相对立。自由派主张实行世俗教育，消除宗教和教会在政府运作和开放的商业经济中的影响。1822年自由党成立，并一直持续到1911年。其主要代表有何塞·玛丽亚·路易斯·莫拉、贝尼托·华雷斯和波菲里奥·迪亚斯。自由派支持联邦制政府。在这半个世纪以内，墨西哥就在这两种政治体制间摇摆不定，因而也制定出了多种版本的宪法，如上面所提及的1824年的《自由联邦宪法》，1836年保守中央派颁布的《宪法》，1843年保守中央派的《宪法》　　［这部宪法也叫作《组织基本法》（*Bases Orgánicas*），实际上是1836年《宪法》的修订版］，《改革与组织法》（*Acta Constitutiva y de Reformas*，也称《1847年宪法》，这时国家权力又回到联邦主义者手里），还有最后的1856年联邦派颁布的《自由宪法》。

党派之间的斗争让得克萨斯州的自治论人士有机可乘。得克萨斯州原来也是墨西哥的一部分，但也有一些美国殖民者在此生活。当时由安东尼奥·洛佩斯圣安娜总统领导的墨西哥中央政府在战争中落败，这些美国人便乘此机会于1836年宣布独立。1842年至1844年间墨西哥和得克萨斯重新开战，最终美国于1845年吞并了得克萨斯。在得克萨斯成功独立之后，美国开展了它的领土扩张计划，于1846年至1848年间再一次向墨西哥开战。同样的，墨西哥最终于1848年2月2日签署了名为《瓜达卢佩-伊达尔戈条约》（*Tratado de Guadalupe-Hidalgo*）的和平协议，将加利福尼亚州、内华达州、犹他州、新墨西哥州、得克萨斯州以及亚利桑那州、科罗拉多州、怀俄明州、堪萨斯州和俄克拉荷马州的部分地区割让给了战胜国美国。墨西哥就这样失去了一半以上的国土。

联邦主义与中央主义之间的内战同时也是各经济利益方和墨西哥不同地区的势力集团的战场，因为在政治和经济这两个领域，这两股力量强弱标志着整个国家各州、市领导力量的输赢。在此有必要提一下前因，由于接连不断的战争，政府强制征兵以充实国家军队,这引起了群众的不满情绪,导致许多地区想方设法要宣布独立并脱离国家的管制,比如尤卡坦半岛、恰帕斯州和科阿韦拉州。总体而言,大部分群众都有想要独立出去的想法。

其中僵持最久且局势最严峻的是尤卡坦半岛。尤卡坦有自己的一套先进的但实施不过十年的联邦宪法。国家内战期间,领土丧失、税收增加和政府控制不力等因素激起了墨西哥北部和南部土著社区的叛乱。最著名的一场叫作种姓战争(guerra de castas),这是玛雅人在那十年内的一场十分成功的反叛运动。当时的局势极其严重——1847年,也就是战争开始的第一年,尤卡坦半岛上约有50万居民,而十年后只剩30万。种姓战争的失败是尤卡坦回归墨西哥的关键因素。最终,玛雅人在邻近的克雷塔罗州的森林里隐避了整整一个世纪。

《1856年宪法》的颁布标志着联邦主义和墨西哥自由党的胜利。担任共和国总统的是来自瓦哈卡州的一个印第安人,这无形中也说明了这个国家的社会秩序已经有所变化。他的名字是贝尼托·华雷斯。自由党的国家规划似乎胜券在握。1855年至1863年间颁布了一套法律,即《改革法》,其中明确规定教会与国家要完全分离。此外还修订了《1857年自由宪法》,借此,墨西哥实现了自由主义、世俗主义和共和主义。但在墨西哥内战期间,想要乘虚而入的国家不止美国一个,法兰西帝国对在美洲大陆上扩张殖民地也抱有极大兴趣。在这样的形势下,一些保守党人士迎合拿破仑三世的想法,与法国人勾结并说服他们,或者更确切地说,彼此说服双方,认为墨西哥将成为法兰西帝国的殖民地。

后来,在其妻奥地利女大公爵卡洛塔·阿玛莉亚的提议下,拿破仑三世与哈布斯堡王朝一位可受他支配的王子马西米连诺联系,并怂恿他接受去当墨西哥国王的提议。拿破仑三世提供了一支法国军队,在其帮助下马西米连诺于1862年1月率军入侵墨西哥。墨西哥就这样开始了一段叫作法国侵略战争或第二帝国的时期，从1862年到1867年共历时5年。马西米连诺在战争中中弹身亡，法国最终被击败，但撤军是因为他们还要参加普法战争，墨西哥因此逃过一劫。1867年7月，贝尼托·华雷斯恢复了共和国，这是墨西哥自由主义最终的胜利。然而，自由党人之间又产生了新的冲突。

这个国家正处于极度混乱中，有许多武装团体想要登顶上位。1871年，华雷斯的连任引起了许多曾与法国斗争的将军的不满，因为他们也想担任国家元首，其中就有战绩突出的波菲里奥·迪亚斯将军。1871年，迪亚斯在"诺拉计划"（Plan de la Noria）期间发动武装起义反对华雷斯的连任，但失败了。1872年，华雷斯去世，在争当总统的权力角逐中获胜的是塞巴斯蒂安·莱尔多·德·特哈达。任期将至时，莱尔多试图在1876年再次参选并连任，但迪亚斯再次发动称为"图斯特佩克计划"（Plan de Tuxtepec）的武装起义；这一次，他成功了。1876年，迪亚斯喊着"绝不连任"的口号上台成为墨西哥总统。任职期间他没能做到的就是履行他上位时的承诺——从1884年他第一次连任直到1910年的这三十多年间他一直在位。

第三章

近代墨西哥：从波菲里奥统治时期至民族主义运动结束

波菲里奥统治时期（1876—1911）

波菲里奥·迪亚斯上任的时候，墨西哥正处于政治动荡、经济崩溃的时期。波菲里奥强调"少谈政治，多点管制"，施行强硬的政策并且下定决心好好整治国家。强硬的政策尽管一方面导致了频繁的镇压，另一方面也带来了道路基础设施的现代化、官僚机构和公共行政效率的提高、财政制度的优化以及墨西哥在世界经济中地位的提升。外资不断涌入，主要来源于美国、英国和法国。此外，墨西哥本国的银行效率也有所提升，带动了该国的信贷体系现代化；同时还开始了工业化进程，以满足日益增长的国内市场需求；城市与此同时也在不断扩张。新兴的石油产业在国外资金的帮助下快速发展，油井数量大量增加。

铁路网络的扩张是波菲里奥最突出的政绩之一。1876年迪亚斯上台时，墨西哥的铁路仅长580千米，而在1910年，长度达到2.43万千米。加上当时美国经济正处于扩张时期，大大地促进了墨西哥对美国的出口贸易。1910年，墨西哥对美国的出口量占其出口总量的70%。墨西哥经济对美国的深度依赖就是从那时候开始的，并且一直延续到今时今日。随着墨西哥中央银行和第一批可发行国家有效货币的银行成立，银行体系制度初步建立。1889 年，政府颁布了"信贷机构法"，1899 年，中央银行成立。

在墨西哥各州首府中，最富有的是墨西哥城，它在波菲里奥统治时期发生了翻天覆地的变化。城市铺满了大道，建满了花园和豪宅。国家开始逐步现代化，人们用上了电灯和自来水。在波菲里奥统治末期安装的第一批电话线将国家大部分地区相互联系了起来。1910 年建成了第一批剧院，随即便风靡大众。新建成的现代化医院、精神病院和监狱优化了卫生机构和教育的基础设施。军队还升级了装备，提高了工资，不再像 19 世纪般一有风吹草动就武装起义。波菲里奥很了解他的部下，因此，他除了在全国范围内将军队都统一了起来之外，还不轻易放权让他的将军参与国家事务。此外，他的军队是用于镇压和维持内部安全的，因此，墨西哥在这几年没有和任何其他国家发生战争。

这种富有成效的现代化所取得的成果大部分是通过积累土地和建立大型庄园来实现的。庄园成为这个时期最重要的生产单位。大部分的粮作物产自庄园，而大生产需要大面积的土地，因此，那些土地所有者也就自然而然成了大地主。一些传统的庄园并没有在生产方式上创新，仅仅为国内市场生产食品或消费品；而其他的则是面向外部市场、引进或发明新技术的创新业务单位。总之，土地的积累是波菲里奥时期的标志之一，在墨西哥的北部，像克雷尔或特拉萨斯这样的家族拥有多达 700 万公顷的土地；在瓦哈卡，有一个地主拥有 200 万公顷土地；在加利福尼亚州，四个地主的地产加起来有 1,100 万公顷。这意味着成千上万的农民和土著的土地被掠夺，他们通常只能在庄园里工作，收入微薄，生活环境恶劣。而波菲里奥的现代化改革的经济来源恰恰就是这些贫苦的农民。

根据 1910 年的人口普查，墨西哥有 13,607,354 人，29% 是城市人口，其余的是农村人口。大约有900万农民，其中一半是土著。数据显示，人均每日工资在25美分至30美分之间，仅仅只够糊口而已。当然，全国各地的生活条件和工资水平各不相同，但总体来说在北方的生活水平比较高，越往南情况越糟糕。在城市和大城镇，生活条件得到了改善，并出现了新兴的城市中产阶级和无产阶级，当然还有相当一部分穷人。大部分的墨西哥人口仍生活在贫困的农村地区。据估计，当时80%～90%的人口都被划分为穷人。尽管教育在一定程度上得到了改善，一些城市、大城镇和大庄园里的人有机会上学，但是仍有大约900万墨西哥人，也就是三分之二的人口仍然处于文盲状态。

迪亚斯屡次连任引起了巨大的政治意见分歧，新生精英阶层和中产阶级阶层尤为不满。他们受益于繁荣的经济，受教育程度较高，对外国的政治观点比较包容，且雄心勃勃。迪亚斯的政治把戏不再奏效，新一代的政党登场，要求获得更多的权力。无政府主义、社会主义和共产主义的意识形态也在传播，工会也在同一时期建立，为工人争取更好的工作条件。随着庄园不断扩大获得的经济效益更大，他们要求获得更多的土地，这使农民和土著的生活条件进一步恶化，许多人甚至连温饱都维持不了。不同社会阶层努力为改革创造条件，尽管他们不满意的原因不尽相同，但是他们同样都不愿苟延残喘。

最终导致革命爆发的事件是1910年的总统选举。迪亚斯同意让几个政党参加总统竞选。有几个是亲政府的党派，并支持他连任第七届和第八届总统。他由全国连任党（Partido Nacional Reeleccionista，PNR）提名，然而一个在1909年创立的党派也参加了竞选，还获得了许多不满执政党的团体的支持。这就是全国反连任党（Partido Nacional Anti Reeleccionista，PNAR），它提名的新候选人是弗朗西斯科·马德罗。马德罗的父亲是北部墨西哥最大、最富有的企业家之一。他是一位坚定的民主党反对派领导人,打着"选票有效,反对连任"的口号竞争总统。与过往一样,在选举中动了手脚的迪亚斯以 97% 的支持率获胜,而马德罗则只获得 0.01% 的选票,还被监禁了起来。

马德罗设法越狱逃往美国。随后,在 1910 年 11 月 20 日启动了圣路易斯计划(Plan de San Luis),发动了墨西哥全国性革命。11 月 20 日,北方有四个州揭竿起义,不到一个月,另外三个州也随之起义。1911 年 3 月,埃米利亚诺·萨帕塔和南部四个州的农民军队联合。在起义宣布后短短半年时间,全国每个州都有革命团体。革命团体迅速取得战斗的胜利,1911 年 5 月 10 日,帕斯夸尔·奥罗斯科和法兰西斯可·维拉领导的军队迅速占领了美墨边境上的华雷斯城广场。1911 年 5 月 25 日,迪亚斯签署了辞呈;5 月 31 日与家人一同离开了墨西哥。1915 年,迪亚斯在巴黎死去,享年 80 岁。然而,革命才刚刚开始。

墨西哥革命(1911—1928)

在接下来的 20 年里,出现了许多相互对抗的革命党派。那是国家稳定下来之前最动荡的一段时间,这段时间可以划分为不同的阶段。第一个阶段是自 1911 年迪亚斯下台到 1917 年宪法的起草和签署。1911 年 6 月,马德罗凯旋,进入墨西哥城并赢得 10 月的选举,11 月 6 日宣誓就任共和国总统。但是,许多革命团体没有就此放下武器,他们认为除了进行民主选举之外,新的革命政权必须进行更深层次的革新。

1911 年 11 月 25 日,莫雷洛斯·埃米利亚诺·萨帕塔带领他的南部军队,起义反抗马德罗政权,史称阿亚拉计划(Plan de Ayala)。萨帕塔认为马德罗没有履行他的土改承诺,要求打倒庄园主,分配土地给农民。他的口号是"土地属于农民"和"土地和自由"。萨帕塔通过军事控制占领了南部的几个州。1912 年 3

第三章 近代墨西哥：从波菲里奥统治时期至民族主义运动结束

月，帕斯夸·奥罗斯科将军因不满没被提名为战争部长、没被列入内阁，而在墨西哥北部的齐瓦瓦州发动起义。迪亚斯总统的侄子菲利克斯·迪亚斯将军在墨西哥湾的韦拉克鲁斯州起义，但是几天后被关押，只能从监狱里继续密谋反对马德罗。

1913年2月，费利克斯·迪亚斯从监狱逃出，并在墨西哥城与曼努埃尔·蒙德拉贡和贝尔纳多·雷耶斯将军一同起义。这十天的战斗极其血腥，被人们称为"十日悲剧"。叛乱分子成功将马德罗的军事首脑维多利亚诺·韦尔塔将军收归麾下。在韦尔塔将军的帮助下，马德罗总统和副总统皮诺·苏亚雷斯被叛军俘获并杀害。韦尔塔将军随后于2月份成为墨西哥总统，但是他并没有得到其他国家的承认。

3月，北方的两个将领贝努斯蒂亚诺·卡兰萨和阿尔瓦罗·奥布雷贡加入反对韦尔塔的革命。他们组织了一支强大的"立宪军"（Ejército Constitucionalista），想要恢复被韦尔塔政变破坏的宪法秩序。1913年9月，弗朗西斯科·维拉也带领一支北方分队（División del Norte）加入立宪军，起义反对韦尔塔政权。因此，1913年共有四位伟大的革命领袖在全国各地进行革命。这些领导人将是未来几年墨西哥革命最重要的角色。

从1914年1月到7月，政府军在与革命军的战斗中多次失败，韦尔塔势力式微，7月卸任出逃。8月，卡兰萨抵达墨西哥城并担任临时指挥官一职。不同的革命派试图通过国民议会达成协议，要求卡兰萨交出权力。然而卡兰萨并没有接受，而是离开墨西哥州并在韦拉克鲁斯州建立临时政府。12月，由法兰西斯可·维拉和埃米利亚诺·萨帕塔带领的北方军队和南部军队占领了墨西哥城。他们从自己的军队中抽调人手组建了一支新的军队，即"公约军"（Ejército Convencionista）。1915年1月至6月，卡兰萨和奥布雷贡指挥立宪军与比利亚和萨帕塔的军队公约军对抗，最终卡兰萨和奥布雷贡赢得重大战役的胜利，比利亚和萨帕塔因而被流放，但是他们依旧保持对各自区域的控制。

1917年2月5日，墨西哥合众国的新宪法经来自全国各地的代表投票通过。1917年5月，卡兰萨在被任命为墨西哥总统，依宪治国。许多人以为墨西哥革命至此就结束了，但是暴力事件仍未结束，因为卡兰萨总统还得继续与比利亚和萨帕塔抗争。萨帕塔在南部莫雷洛斯州拥有绝对权力，他的军队人数多达1.5万人，运用游击战战术战无不胜。他将土地分给农民，关心贫苦大众，为人正直诚恳，被视作墨西哥革命中最受人尊敬的领导。但是在1919年4月10日，卡兰萨派人前往奇纳梅卡的庄园将他杀害了。

1920年，卡兰萨的总统任期结束。他想指定一个平民作为他的继任者，而一直为他出谋划策的奥布雷贡同时也盯着这个职位。奥布雷贡因没有得到卡兰萨的任命，连同另两位将领普鲁塔尔科·埃利亚斯·卡列斯和阿道弗·德拉·韦尔塔执行"阿瓜普列塔计划"（Plan de Agua Prieta）政变夺权。卡兰萨仓皇逃离墨西哥城，但是1920年5月21日在普埃布拉州被杀害。6月，国会任命阿道弗·德拉·韦尔塔为临时大总统，在他的主持下奥布雷贡赢得墨西哥总统选举。在1920年12月至1924年11月间，阿道弗·德拉·韦尔塔和普鲁塔尔科·埃利亚斯·卡列斯一直是总统的心腹。

为了巩固自己的地位，奥布雷贡开始着手消除执政障碍。最大的反政府武装头目弗朗西斯科·维拉，在1923年7月20日被刺杀在自己的庄园里。1924年，奥布雷贡想要任命普鲁塔尔科·埃利亚斯·卡列斯为他的继任者。阿道弗·德拉·韦尔塔见上任无望，便发动政变，但迅速被镇压，因而在1924年离开了墨西哥。普鲁塔尔科·埃利亚斯·卡列斯成为正式候选人，在大选中获胜成为墨西哥总统，1924年12月至1928年一直在奥布雷贡的掌控下执政。1928年，奥布雷贡想要重掌权力，毕竟一直以来他才是幕后的操盘手。1928年7月，奥布雷贡赢得选举，但在7月17日，在一场晚宴中被一个宗教狂热分子莱昂·托拉尔暗杀。至此，卡列斯上位掌权的障碍全部清除。墨西哥革命结束。

究竟有多少人死于墨西哥革命？从1910年和1921年人口普查数据来看，死亡人数在100万到200万人之间，大约占其总人口的10%。当然，这个数字不仅包括战死的人，还包括移民和死于饥荒和疾病的人。总的来说，革命直接影响了接近340万墨西哥人的生活。

墨西哥革命给其政治体系带来了深远的变化，旧时支持波菲里奥的精英阶层大势已去，只有少数大家族依旧保留着他们的财富和财产。地主和庄园主受到的影响最大，因为墨西哥革命分割了他们的土地，分给农民和土著。土地可被耕作或继承，但不能用于交易。然而土地改革同时导致了土地生产力骤减，农民和土著仍然生活在贫困中。墨西哥革命还催生了新的中产阶层。人们得以在公共管理岗位工作，并通过建立人脉网络实现社会流动，进一步增加了中产阶级人数。阶级更高的政治家进入商业世界，成为墨西哥新一代的企业家和精英。工人的工资和城市的工资都呈现出上涨的趋势，尤其是相对于农民的收入而言。但薪水的增加仍不足以改善农村和城市的贫困状况。

卡列斯时期（Maximato：1928—1934）

很明显，总统连任并不利于墨西哥发展，它只会引来冲突。由于卡列斯的临时总统任期一直持续到1928年12月1日，他利用任期剩下的几个月将国家重要的政治人物都安排到他的身边。他还利用这个机会来消除持不同政见者，将他信任的人安插于关键的职位。他在一次演讲中强调说，独裁时代已经结束，墨西哥进入一个新的政治时期。的确如此，因为自那时起，墨西哥就开始走向制度化，设立了大量政府机构。其中最重要的是国家革命党（Partido Nacional Revolucionario，PNR），简称PNR。1929年3月4日，卡列斯通过国家革命党下令革命中的冲突各方入党，加强国家对政治生活的掌控。

而独裁政治是在卡列斯去世后才真正结束的。他在1928年离任时留下的政治影响力极大，众人都称他为革命的最高领袖，并将接下来的这个阶段称为"最高领袖时期"。卡列斯并没有继任，而是通过控制接下来的三位墨西哥总统来掌控国家。他任命埃米利奥·波特斯·基尔为墨西哥临时总统，以接任奥夫雷贡的职位，而他自己在内阁中担任军事部长，掌控军队。波特斯·基尔曾参加过革命运动，但他是一名律师和政治家，是20世纪以来第一位非军人出身的墨西哥总统。他1928年1月上任，1930年2月5日卸职。任期内最重要的政绩是1929年年末组织的总统选举。最具竞争力的两位候选人分别是卡列斯推举的工程师帕斯夸尔·奥尔蒂斯·卢比奥和反对派代表、著名的知识分子和教育家何塞·瓦斯康丝洛斯。

然而这场总统选举并不透明，候选人徇私舞弊，暴力事件频发。尽管瓦斯康丝洛斯被认为是这场选举的真正赢家，最后获得总统提名的是奥尔蒂斯·卢比奥。他于1930年2月5日上任，本应任职至1934年，却在1932年主动递交辞呈。之所以主动辞职是因为他不能忍受不断干涉甚至任命内阁成员的卡列斯。不过，尽管他执政时间很短，却创造了卓越的政绩——墨西哥加入了国际联盟，在外交方面提出埃斯特拉达原则，表明墨西哥不会以任何形式干涉其他国家内政，并承认新成立的西班牙共和国；发布《联邦劳动法》《农业信贷法》和新的《刑法》等法律。

奥尔蒂斯·卢比奥下台后，阿贝拉尔多·卢汉·罗德里格斯代替他完成任期，继续被卡列斯控制，因而墨西哥在政治方面仍是由卡列斯掌控。在罗德里格斯的任期内，墨西哥继续现代化进

第三章 近代墨西哥：从波菲里奥统治时期至民族主义运动结束

程，设立了最低工资标准，墨西哥银行接手控制外汇，墨西哥国立自治大学提出的《组织法》（Ley Orgánica）获准通过，还建成了墨西哥城的艺术宫。罗德里格斯将总统任期从4年改为6年后，于1934年召开了总统选举，拉萨罗·卡德纳斯·德尔里奥将军由卡列斯推荐获得委任，1934年12月1日就任墨西哥总统。

卡德纳斯时期（1934—1946）

然而，卡德纳斯并不是卡列斯的理想棋子。他比之前几任总统的影响都要大，他经历过漫长而辉煌的革命岁月，曾担任过国家革命党的主席和战争部长。一上任他就和卡列斯划清界限，而当卡列斯对他的政权造成威胁时，他就将卡列斯从国内驱逐了出去，一举结束了"卡列斯时期"。在他将卡列斯拘捕并将他遣送到美国的同一天，他将所有的军事首领都换成他的心腹将领。1938年，他解散了国家革命党，并创建了墨西哥革命党（Partido de la Revolución Mexicana，PRM）。卡德纳斯与之前的总统不同，他是个社会主义者。他所进行的一系列改革，在许多方面是1921年革命目标的延续。

卡德纳斯实行了墨西哥有史以来最深刻的土地改革——先前所有的革命政府加起来共将760万公顷的土地分给了农民，而卡德纳斯在仅仅6年之内就将1790万公顷的田地分给77万个农民家庭。他把那些大面积种植同一种作物的庄园也纳入土地改革的范围，如尤卡坦岛专门种植龙舌兰，拉古纳专门种植棉花。他大面积分配土地，组建村社来共同耕作田地。那些信奉社会主义和共产主义的工会形成了一个新的组织——墨西哥工会联盟（CTM），由比森特·隆巴多·托莱达诺和菲德尔·贝拉斯克斯等重要历史人物领导。1936年，墨西哥工会联盟并入国家革命党，并在1938年加入墨西哥革命党；而村社及成千上万的农民则组建全国农民联盟（CNC），它在1938年也并入国家革命党。

企业家也按行业划分为不同的商会，也都隶属于执政党。卡德纳斯采取了一系列行业合作的群众路线；执政党是国家最高权力机构，决定政治生活的方方面面。新党支持阶级斗争，呼吁"为工人争取民主"。随着墨西哥总统制的不断完善，总统的权力范围不断扩大——掌握国家政治事务决定权，任命总统继任者。在卡德纳斯的任期内，墨西哥的学校、医院和公路数量翻了一番。他致力于保护墨西哥的考古遗产，设立了人类学和历史研究所，以及开设国立理工学院为工人提供高等教育机会。他还建立了农学和各种技术学校，从政治体制内部对墨西哥进行了一场彻底的改革。

卡德纳斯还因支援西班牙第二共和国社会民主政府而为人赞颂。1939年，佛朗哥在西班牙开始施行法西斯主义，卡德纳斯派军舰大量接收西班牙公民和共和党人，并给予他们墨西哥外交庇护。1939年至1942年间，一共有20万至25万西班牙人因此受益。1939年，佛朗哥推翻西班牙第二共和国政府，墨西哥与西班牙断绝外交关系。

卡德纳斯还将墨西哥的铁路网和石油国有化。墨西哥拥有大量的石油储备，但是这些石油之前基本上都是由英国和美国的公司开采、提取和运输的。卡德纳斯对此提高税率，然而两国的公司都拒绝支付更多的税款。1938年3月18日，政府正式征用了英美的公司，此举一定程度上加重了民族主义情绪，加深了人们对革命民族主义思想和对"墨西哥是墨西哥人的"意识形态的认同。根据最新国家法律规定，石油开采是国家的权利。1938年6月7日，墨西哥石油公司"Pemex"成立，开始开采油田。总之，卡德纳斯加强了家长式的总统制、行业合作模式、国家的经济保护主义、大众政治、社会主义言论、一党制、合作社土地改革和民族革命意识形态。这些都将是之后半个世纪墨西哥的

第三章　近代墨西哥：从波菲里奥统治时期至民族主义运动结束

特点。

卡德纳斯在 1940 年卸任。激进社会主义者弗朗西斯科·荷西·穆希卡和前战争部长、保守派军人曼努埃尔·阿维拉·卡马乔都有意竞选总统一职。这两个人都是卡德纳斯的心腹，最后卡德纳斯选择了保守派的阿维拉·卡马乔作为总统候选人，后者毫无悬念地赢得了选举。1940 年至 1946 年间，阿维拉·卡马乔面对"二战"中的世界，他定下民族团结政策（política de la unidad nacional），以避免被卷入战争，除此之外，他还叫停了土地改革。

在这个时期，墨西哥源源不断地给美国提供大量的原材料，企业快速发展，创造就业机会和积累大量财富，墨西哥成功闯进全球商业世界。1942 年，墨西哥向"二战"轴心国家宣战。在战争期间，墨西哥进一步扩大了它的交通、电报和邮政覆盖范围，着重在北部建造新的水坝和进一步推进农业现代化。在政治方面，全国教育工作者联合会（Sindicato Nacional de Trabajadores de la Educación, SNTE）成立。它将教育工作者组织起来，隶属于墨西哥革命党。这是一个极为重要的工会，因为随着教师队伍的壮大，它成为拉丁美洲最大的工会，极大地增强了执政党的实力。除此之外，墨西哥政府还设立了社会保障局（Instituto Mexicano del Seguro Social, IMSS）。尽管社会保障没有全面普及群众，至少它给部分墨西哥工人提供了医疗保健和退休保障。1946 年 1 月 19 日，墨西哥的统治集团从墨西哥革命党（PRM）转变为一个新的执政党——革命制度党（Partido Revolucionario Institucional, PRI）。1946 年，曼努埃尔·阿维拉·卡马乔结束他的总统任期，获得革命制度党提名的律师米格尔·阿莱曼·巴尔德斯赢得总统选举，一直执政至 1952 年。

"墨西哥奇迹"和稳定发展期（1946—1970）

随着革命制度党的创立，米格尔·阿莱曼·巴尔德斯等新一代政治家登场。他们没有革命的记忆，但是拥有资本企业家的精神。过去军事总统轮番执政的时代结束，律师和大学生成为核心力量。现代化是那个时代的关键词。部分西方国家逐渐从"二战"的阴影中走出来，开始重建国家经济。美国则迎来了经济发展繁荣时期，因而对墨西哥产品需求量增加，同时也加大了对墨西哥的投资力度。然而，战争改变了墨西哥的经济增长模式，变成"进口替代工业化"模式（Industrialización por Substitución de Importaciones, ISI）。事实上，在战争期间墨西哥就已经开始发展自己的工业以满足国内市场部分需求，因为欧洲已经停止对其出口部分产品。此举扩大了国内市场，因为在战争期间墨西哥原材料价格高昂，国民购买力也有所增加。

墨西哥由此开始了一个向内增长的过程。城市规模和人口规模都有所增长，执政党所属企业工会和劳工也获得更好的社会福利。经济在国家的控制下持续发展。国家施行贸易保护手段，控制了许多经济要素，比如控制商品价格和制定工资标准，不让市场这只"看不见的手"进行调控。这段时间被后人称为"墨西哥奇迹"，因为经济一直强势增长至1970年，国家不断加强工业化和加大对基础设施的投资，公路网进一步延伸，汽车产业家电生产蓬勃发展。墨西哥的形象不断改善，拉动了旅游业的增长。许多地区还引入了现代风险管理系统。

米格尔·阿莱曼颁布的政策利于企业家和资本家的发展，进一步保护私人财产和私人投资。他和第二代政治家不仅限于在政治领域活动，还利用国家投资创立了强大的商业集团。与此同时，执政党不再谈论阶级斗争，开始倡导工人和雇主结盟。政府

第三章 近代墨西哥：从波菲里奥统治时期至民族主义运动结束

将津贴直接分给工会领袖，靠墨西哥工会联盟（CTM）支撑，制定反劳工政策，打压罢工运动。鉴于大城市贸易和服务行业的快速增长，政府建立了一个民间组织联合会（CNOP）来统一管理那些非生产工人的城市工人。

墨西哥的现代化进程继续推进，越发向资本主义靠近和提倡创业精神。国家整体都在改善，但是统治阶级和大企业是最主要的受益者。国家加大对大型公共工程投资，如墨西哥城大学城的建设。然而公共投资支出的增加同样也拉高了外债。在此之前，墨西哥的外债都是非常低的，然而在这一届总统时期则达到了3.46亿美元，导致比索兑美元跌幅达到了90%。在这段时期开启了史称"稳定发展"进程——谋求稳定持续增长，试图控制宏观经济指标，如通胀和赤字。米格尔·阿莱曼通过革命制度党提名阿道尔弗·鲁伊斯·科尔蒂内斯为墨西哥1952年到1958年的总统。

鲁伊斯·科尔蒂内斯施行的"稳定发展"政策包括增加公共工程，修建道路、水坝、学校和医院。他开启了"移居海滨"计划（Marcha al mar），试图将墨西哥中部的过剩人口调动到少有人居住的海岸。在他的任期内，墨西哥妇女于1953年取得投票权；国家住房研究所成立，以解决城市化带来的大众住房难问题。在能源开采方面也取得了进展，国家核能委员会的成立对石化行业多样化和墨西哥的石油生产起到了很大的推动作用。墨西哥这些年来面临的主要问题是1954年4月的货币大幅度贬值。除此之外，墨西哥的经济年年都在增长。

后来，革命制度党提名阿道尔弗·洛佩斯·马特奥斯为墨西哥1958年到1964年的总统。他是一位极富天分的律师，也是墨西哥最有魅力的总统之一。他奉行的经济政策保持了国家的增长势头，促进了私人投资。他还着重加强社会保障体系，创建了国家第二个医疗体系——国家公务员社会保障与服务研究所

(Instituto de Seguridad y Servicios Sociales para los Trabajadores del Estado, Issste)。此外，他奉行积极而精明的外交政策，具体表现在他支持并承认古巴革命，并在他的任期内接受了美国总统肯尼迪对墨西哥的访问。

但是洛佩兹·马特奥斯对内实施的政策却是苛刻的。他以暴力压制德米特里奥·瓦列霍领导的工会运动、鲁本·哈拉米略领导的农民运动以及教师运动。另一方面，他又建立国家免费图书委员会，主要负责编辑并为所有墨西哥小学生免费提供教科书；并批准公共教育部长海梅·托雷斯·博德委托诸如佩德罗·拉米雷斯·瓦斯克般杰出的墨西哥建筑师来修建大型博物馆——如国家人类学博物馆、现代艺术博物馆和总督府博物馆。洛佩斯·马特奥斯施行政策的复杂和矛盾性实际上反映了国家和政治系统复杂的情况——暴力和和平局势的更替，镇压和宽容之间的转变，政府和私人资本之间的较量。

1964年到1970年，洛佩斯·马特奥斯的内政部长古斯塔沃·迪亚斯·奥尔达斯获得革命制度党提名，出任墨西哥总统。迪亚斯·奥尔达斯也是律师，执政期间墨西哥经济稳定，达到高峰，实现了最高水平的增长，通胀率保持在3%以下。外交方面，他于1967年制定《特拉特洛尔科条约》，所有拉美国家都签署了这个禁止发展任何核武器的条约。1968年举办了奥运会，在1970年举办了世界杯足球赛。

但是，此时墨西哥国内开始产生不安的情绪，不仅是"稳定发展"的模式走到了尽头，自"二战"以来开始采用的一党专政政治体系也开始式微。新一代年轻人要求获得更广阔的政治空间和更优的权力和财富再分配制度，他们对政府打压社会运动的行为越发反感。一党制和墨西哥总统制的大势已去。显然，所谓的民主选举只不过是幌子，其实质为上一任总统直接任命其继任者上台罢了，而工人、农民和教师联盟也一直受控于执政党。

第三章 近代墨西哥：从波菲里奥统治时期至民族主义运动结束

1968年5月的法国青年和学生运动社会主义思想传到墨西哥并引起了强烈呼应。墨西哥青年们从古巴革命看到社会主义在拉丁美洲的可行性。由此，在一次警察过度镇压两间中学的学生打斗事件中，公众由不满走向反抗，后来演变为所有反政府势力都参与进来的一场全民运动。这次运动主要吸引了工会组织和左派政党的注意力，它把社会主义者、共产主义者、无政府主义者、卡斯特罗派和托洛茨基分子组织起来。运动由21个大学学生组成的国家罢工委员会（Consejo Nacional de Huelga, CNH）领导，各种意识形态都有发声的权利。

10月2日下午，国家罢工委员会在墨西哥城特拉特洛尔科的三文化广场举行全面罢工运动，吸引了成千上万的人参加。军队不由分说便严厉镇压。具体造成的死亡人数没有定论，大约在200到1500人之间，还有成千上万的人被拘留。他们想把这个运动归咎于内部的共产主义阴谋或者外国政府的渗透。然而现实情况是，这不是什么阴谋，而是一场人民群众表达不满情绪的运动。1968年标志着墨西哥战后经济繁荣的结束。奥运顺利举办，政府没有倒台，但墨西哥在1968年以后改变了，其政治制度急需变革。

1946年至1970年间，墨西哥快速发展和现代化，创造了"墨西哥奇迹"。我们可以将这个发展过程分为两个阶段。第一个阶段是1946年至1958年国内市场的拓展，第二个阶段是向外扩张，增加墨西哥原材料和工业成品出口量。其间，经济增长率高速而稳定，其中几年甚至超过了6%和8%。国家完成工业化、城镇化，政府官员去军事化；设立了重要的健康、教育和文化机构；各种基础设施项目增加，人均寿命延长，文盲率下降。墨西哥被邀请参加国际论坛的次数增多，国家政治稳定。25年内，经济增长率维持在6%和8%以上，通货膨胀率和货币贬值率都得到有效的控制。

但"墨西哥奇迹"面临两个问题：一是财富再分配制度不公平且效率低下，财富集中在少数人手中，墨西哥的贫困人口高达60%至70%之间。诚然，中产阶层的比例有所上涨，如果我们将那些有收入但是仍然缺乏基本生活必要物资的人排除在外，那么中产阶层的比例在1946年至1970年之间则从12%增至接近20%。但是，三分之二的人口都没有从这个"奇迹"中获得很大的利益。这个模式的第二个问题是政治威权主义。这一制度在确保经济稳定和安全的同时，也导致了选举为一党控制，新闻内容被操控，选择性镇压以及政治腐败。政治制度需要革新，恢复法制和提高效率，改变过时的结构。在1970年选举中，革命制度党获得迪亚斯·奥尔达斯的批准，任命前内政部长路易斯·埃切维里亚·阿尔瓦雷斯为总统。和以前的总统一样，他也是一名律师，同时也是偏右派的。但他知道审时度势，在1970到1976年间他试图"左"倾，向民粹主义靠拢。

共同发展时期（1970—1982）

该阶段分为路易斯·埃切维里亚·阿尔瓦雷斯执政时期（1970—1976）和何塞·洛佩斯·波蒂略执政时期（1976—1982）两个阶段。

埃切维里亚·阿尔瓦雷斯执政时期（1970—1976）

埃切维里亚政府改变了执政方针，试图恢复法制。埃切维里亚认为原来的"稳定发展"模式加剧了社会不平等现象，因而开创了一种新的发展模式——"共同发展"。这种发展模式被其继任者政府沿用，一直持续到1982年。在这种发展模式下，国家加大了对经济的干预力度。经济的国有化导致在农业生产、工业、商业和服务等各个生产领域的国有企业数目迅速增加，规模

第三章 近代墨西哥：从波菲里奥统治时期至民族主义运动结束

成倍增长，在全国达到一千多家。政府首先介入的是具有战略意义的部门，如钢铁或食品生产等；其他部门则被逐步介入，例如运输或电信行业；像石油、电力或电话等之前国家已经控制的部门，国家的介入力度进一步加强。

联邦政府在这六年里还大幅增加了公共开支。政府通过向国际银行贷款增加外债以及销售石油来获取资金。民间与政府高层和商会的冲突加剧，而紧张的政治局势打击了私人投资的积极性，因此国家不得不开始放贷以维持其发展模式。政府开始对许多商品给予补贴，并征收较低的税款。为了缓解紧张的局势，政府甚至免除了许多大公司的税务。这样一来，政府就不能通过税收和调整商品价格来获取资金，只能继续增加外债来获得资金。

部分贷款用来促进大型旅游项目——坎昆的加勒比海港口，也用于探索墨西哥湾坎佩切港口附近的大型油田坎塔雷尔（Cantarell）油田。新油田的开采提高了墨西哥石油产品的产量，国际每桶石油价钱同时也在持续上涨，这是由于阿拉伯成员国一致决定降低石油产量以及停止向西方国家提供石油，导致了1973年第一次石油危机的爆发。这增加了作为石油出口国之一的墨西哥的外汇，同时墨西哥也变成了国际银行放贷的理想对象。

由此，墨西哥十年来的年增长率达到6%以上，与"稳定发展"时期的增速相近。但是与"稳定发展"不同的是，这一增长率是建立在公共债务和石油销售产生的外汇上的。国内外的公共债务以每年30%的速度增长。仅仅是1969年至1979年间外债年增长率就达到了32%，从430亿比索增至6800亿比索，相当于墨西哥政府在1980年总债务的60%。墨西哥的经济仍在增长，但是它的经济模式具有极高的风险。私营企业与国家对抗，由于害怕国家进一步对其加强干预，在可预见的货币贬值之前，不断用比索买进美元存到国外银行里。

1976年，墨西哥货币比索开始贬值，改变了自1954年以来维持了22年的每美元兑换12.5比索的汇率，跌到每美元兑换20比索。这进一步加剧了资本外逃。另一方面的问题是严重的通货膨胀。十年里的头三年里通胀率保持在5%，但在比索贬值后通胀率在1977年达到了30%。尽管最低工资上调了，但是上调速度低于通货膨胀率，所以人民的购买力仍旧比较低，工人的生活状态并没有得到改善（Tello，2007；Hayashi，s.f.）。但是另一方面，国企数量越来越多，人们因而获得许多工作机会。

建筑业方面的增长则比较稳定，比如在全国建设交通基础设施。这增加了对非技术工人的需求，同时也增加了官僚机构的职位，公共部门数目增加以便管理国家事务。埃切维里亚在1968年趁机恢复法制，并且给之前最反对它的部门提供大量的岗位——大学学生和专业技术人员在这期间占据了政府创造的60%的官僚岗位。大学生就业不难，未来清晰，然而部分一直被排除在体制外的积极分子们依旧没有机会进入体制内，除此之外，政府还抑制他们在媒体面前发声或者直接打压他们，比如在那个时候记者胡利奥·舍雷尔就被免去国家日报《至上报》（*Excélsior*）负责人一职。

后来出现了一股拉丁美洲共产主义游击战的热潮，特别是在古巴运动爆发之后，墨西哥农村游击队企图暴动但是被压制了。1971年6月10日，学生在街上游行，但也被墨西哥军队镇压了。当时，政府议会军通过武力干预年轻人的游行示威，打死120人，因而被称为周四圣体节屠杀。但是，虽然国内奉行选择性的镇压政策，墨西哥的外交政策则越来越"左"或者至少是越来越开明。埃切维里亚采取了30年代卡德纳斯救助西班牙共和国流亡者一样的行动，用飞机将智利的政治难民接到墨西哥并且给他们提供工作。他还以第三世界国家领导人的身份出现在公众面前，接触不结盟国家的政府。当西班牙总统弗朗西斯科·佛朗哥将巴斯克恐怖分子处以绞刑时，他切断了与西班牙的外交关系。

此时的社会政策相对于以前更有结构性。墨西哥食品系统的创立是埃切维里亚在任期间施行的最佳利民的政策之一。他还设立了全国贫困地区和边缘化群体计划，简称 Coplamar。1973 年，他还对社会保障法进行了修改，以将农民纳入医保范围内。墨西哥政府施行的政策开始从提供福利和价格补贴变为持续改善极端贫困和饥饿情况，以及增加对部分低收入人群的补助。这些方案的有效性有限，但自那时起墨西哥的极端贫穷人数开始逐渐减少。

何塞·洛佩斯·波蒂略执政时期（1976—1982）

墨西哥第六届政府在经历了五年经济繁荣之后，爆发了经济危机和外债危机。但是这并没有削弱埃切维里亚或者革命政治党的政治力量，执政党还是顺利地提名了埃切维里亚的继任者——何塞·洛佩斯·波蒂略。他也是一个律师，1976 年到 1982 年任墨西哥的总统。在洛佩斯·波蒂略任期内，经济曾快速增长，石油产量增加，但是也债台高筑，最后墨西哥还陷入了经济危机。资本外逃和企业的不满造成了 1976 年比索大幅贬值。因此洛佩斯·波蒂略的新政府启动了国家发展计划，一共有四个项目——生产联盟、消除贫困项目、粮食生产计划和能源计划。值得一提的是生产联盟和工业发展计划，政府和企业之间得以重新签署协议，规定商业投资在第一个五年至少要增长 13%，但是后来大企业和政府之间的对抗再度爆发。

1976 年后期的货币贬值很快被控制住了，因为 1977 年在雄达日坎佩切海上确认发现巨大的新油田，改变了墨西哥的经济形势。事实上，已探明石油储量在 1976 至 1977 年间从 6.3 万桶增至 160 亿桶，在 1978 年跃升到 400 亿桶，并持续上涨超过六年。墨西哥又成了国际银行追捧的信贷对象。然而在墨西哥每年大量出口石油、外汇储备不断增加的同时，国家并没有改善负债的状况。石油的价格在这些年来一直在上涨，墨西哥的石油出口量也呈指数增长。墨西哥政府甚至认为，墨西哥的问题已经不再是贫穷，而是如何管理财富。

这种富足的状况仅仅持续了六年。国内生产总值年增长9%，公共投资增长13%，农业增长5%，通信业、建筑业和交通运输业呈现两位数的增长。粮食贫困从25%下降到22.5%，极端贫困和不平等状况也在改善。但是问题又来了：年通货膨胀率高达18%，1982年达到25%。国际银行提供无限制贷款，但年利率很高，使得墨西哥的公共债务在1977年到1982年间从3120亿美元上升至5140亿。但是正是在1976年到1982年间，世界经济格局发生了改变。发达资本主义国家受经济危机和高油价影响经济增长停滞，转向保守政策；从福利型国家转为新自由主义再分配国家；打破保护主义壁垒，让国际市场调整利率。

1979年，撒切尔夫人成为英国首相；1981年，美国总统里根上台。国际银行开始提高贷款利率，包括过去已经放出贷款的利率。主要的债务国是最不发达国家和许多拉丁美洲国家，墨西哥也是其中之一。利率的上涨幅度极大。名义利率从6%上升到17%，伦敦同业拆放（Libor）利率从7%上升到19%。墨西哥与其他拉美国家一样，公共债务翻了三倍。墨西哥经济发展模式的问题在于，执政者将高油价看作常态而利率上升是暂时的，而长期来看，实际情况是完全相反的——油价下跌，利率持续上涨。另一方面，石油的收入被用于政府的开支，加剧了通货膨胀。墨西哥连年来惊人的高速发展至此结束了。

1982年，墨西哥在偿还外债方面投入的金钱已经超过了石油销售收入的30%，而且还在继续上升。世界银行和国际货币基金组织之前承诺给墨西哥发放11亿美元的贷款，但那一年它只给墨西哥拨了4亿美元。他们还宣布降低墨西哥的信用，因为他们预计石油价格将继续下跌，墨西哥很有可能偿还不起贷款。

但墨西哥负债累累，需要用新的贷款来偿还旧债。总统开始就债务重新进行商讨，并宣布在1982年8月到1983年1月六个月内暂停还贷。这个公告间接导致了货币贬值，因为包括私人银行在内的大中小银行都马上开始将比索兑换为美元，并且尽可能地将钱都储存在境外的美国银行里。

这些资本的外逃导致比索快速贬值——1982年1月至8月间，每美元从兑换22比索升至149比索。政府将私人银行及其储备的美元国有化，总值约60亿美元。但是太迟了，因为估计已经有290亿美元已经从墨西哥转出，并且在这六年间被存放在国外。比索贬值使得墨西哥更加无法偿还公共外债，内部利率倍增，私人资本的信贷和投资活动也停止了。经济瘫痪，通货膨胀飙升，失业增加。"石油梦"结束了，墨西哥完全落入国际银行债权人的掌控中。债务重组的条件是现行经济模式的改变，国家机构需要瘦身，墨西哥政府应将国企放给私营部门运营，将银行放回到私人手中，让市场而不是国家来控制工资和产品的价格。这样一来，墨西哥便加入由美国的里根总统和英国的撒切尔首相领导的新自由主义世界里。

在接下来的六年里，墨西哥开始逐渐放松其保护主义政策，减小国企的比例，并开始奠定新自由主义模式的基础。今时今日墨西哥经济增长和发展对国际金融资本的依赖就是从那时候开始的。墨西哥1970年的外债为31亿美元，2003年排除私企债务的公共债务为774亿美元。这些年来，墨西哥国家为还贷支付了3680亿美元，相当于1970年负债金额的一百倍。负转移净额（即花销比收入多）超过1000亿美元。在这个新模式下，墨西哥不再能够自行决定发展模式，更不用说想在新的金融体系内积累盈余了。

第四章

墨西哥新自由主义的构建

新自由主义的基石：
米格尔·德拉马德里的六年任期（1982—1988）

1982年的墨西哥在经济和政治动荡中画下了句号。油价下跌、外债增加、比索贬值、资本外流和银行的国有化使得国库亏空，总统权力也被严重削弱。这些都是墨西哥前总统洛佩斯·波蒂略留下的烂摊子。然而，革命制度党仍然控制着国家政坛，其候选人米格尔·德拉马德里·乌尔塔多成为国家的新总统，于1982年12月1日至1988年11月30日期间在位。

墨西哥此前的经济增长模式基于强大的国家经济干预主义，其局限性在当时的经济环境中显现并影响到千余家半国营企业——经济模式无疑是影响国家经济发展的重要因素。国家对内管制经济活动，对外则实行征收较高进口税的保护主义政策，并在优势领域对外资紧闭大门。在政治方面，社团主义和总统制让革命制度党得以维持其内部政治势力和控制革命民族主义的意识形态。虽然多多少少遭到过质疑，但它仍然持有社会合法性。

但是，支撑着这个国家的四种主义和制度（总统制、社团主义、保护主义和革命民族主义）和建设国家的工程却开始崩裂。时代在变，国家危机严峻——货币贬值、国内外投资减少、失业率增加。显然,曾使墨西哥现代化加速和经济飞涨的"墨西哥奇迹"已经不再显灵。以进口替代战略和稳定发展政策为基础的30年和以出口和高价石油为基础的又一个12年就此结束。墨西哥不得不另辟蹊径。

放眼国际局势,资本主义社会和社会主义社会都以不同的方式进入了全球化的新阶段。在资本主义世界,美国的里根政府(1981—1989)和由撒切尔夫人领导的大不列颠政府(1979—1990)发起了一场保守主义转型,从而削弱国家和保护主义的力量并对新自由主义的市场力量产生新影响。在社会主义社会,苏联整体的生产结构缓慢发展,国家遭遇严重的经济危机,这预示着1982年11月勃列日涅夫时代的结束和政府转型的开始。十年之内统治者们轮番上台——先是安德罗波夫(1982—1984)、契尔年科(1984—1985),还有最后的戈尔巴乔夫(1985—1991)——他们将发展推向顶峰,最终以旧社会主义改造和苏联解体结束了这个时期。同时,中国紧跟国际国内的风云变幻,成功地实现社会和经济制度的现代化转型。

自由主义和全球化的风潮在那十年间涌起,墨西哥也不例外地受到了影响。在德拉马德里执政的六年间,根本政治架构作为旧增长模式的基础无法动摇,但新自由主义和全球模式的基础也在慢慢形成。处于多重的意识形态问题和危机之中的墨西哥开始尝试社会转型,将墨西哥引向贸易开放和全球化的大路上。

政治生活

第一个整改的领域是选举模式,这一领域直接决定墨西哥政府拥有直接的统治权。尽管这些变化多是表面工作,但许多新规则的确在政府、政党和其他社会角色之间的权力斗争中落定了。首先,德拉马德里总统的形象打破了自20世纪40年代以来墨西哥总统典范类型的单一性。在这之前,新总统往往由离任的总统任命，总统政治生涯很长，而且，由于新总统一般曾担任过执政党的前候选人，因此对自己的党派有很强的保护倾向。虽然德拉马德里获得了即将卸任的总统洛佩斯·波蒂略的支持，但他从未摄政，也没有任何选举经历。他曾学习公共行政和经济学专业，在哈佛大学获得研究生学位并担任过财政部副部长和计划与预算部部长。

他认为引导墨西哥走向新自由主义和全球化是十分必要的。国家险峻的形势与经济危机让他能放开双手来改变国家发展的方向。他的同行们也表示支持，其中不乏墨西哥新自由主义的铸造者——耶稣·席尔瓦-赫尔佐格·弗洛雷斯（毕业于耶鲁大学）、古斯塔沃（毕业于耶鲁大学）、此后成为墨西哥总统的卡洛斯·萨利纳斯·戈塔里（毕业于哈佛大学），以及佩德罗·阿斯彭·阿米拉（毕业于麻省理工学院）。

改革很有成效，他们的地位在政府和革命制度党中不断晋升。这激起了他们与体制内的老政治家和老干部之间的角逐，后者更倾向于政治协商而不是用技术手段或者专家政治的方法来解决问题。于是在接下来的六年里，技术官僚和政治家这两类人物在革命制度党中斗智斗勇。后来政治家们在党内发起了一场"民主流派"运动，但在党内的影响力并不大。

一些政治家离开革命制度党后成为左派的总统候选人，比如夸乌特莫克·卡德纳斯、波菲里奥·穆尼奥斯·利多和安德烈斯·曼努埃尔·洛佩斯·奥布拉多等。他们与其他左翼政治团体的主要代表，例如墨西哥共产党（PCM，1919—1981）和后来的墨西哥统一社会党（PSUM，1981—1987）的阿诺尔·马丁内斯·韦尔杜戈、何塞·渥登伯格、阿玛莉亚·加西亚和巴勃罗·戈麦斯，最终都融入了社会主义的潮流，包括由埃韦尔托·卡斯蒂略和一些像弗朗西斯科·保利的知识分子创立的墨西哥工人党（PMT，1974—1987）。后来他们一起成立了墨西哥社会党

(1987—1989)与后来的民主革命党（PRD）。

但人们认为，他们的联盟违背了新自由主义的墨西哥主要发展模式。这个联盟聚集了不少曾是革命制度党的政客，他们在1986年成立了卡德纳斯派国家重建阵线。该阵线与当时主要的左派墨西哥统一社会党于1987年联合成立了国家民主阵线（Frente Democrático Nacional），并且于1988年推选夸乌特莫克·卡德纳斯为领导人。这种模式的改变将对立党也推入这股潮流之中。但1988年选举中，革命制度党的候选人卡洛斯·萨利纳斯·戈塔里当选新总统，尽管他一直被指控选举舞弊。

第二个整改则是相关的政治改革。首先是1987年的选举改革。这项改革扩大了新政党和新政治团体的占比，改进选举方法使选举更加可靠，同时增加众议员和参议员的人数，并在首都墨西哥城创建了一个新的理事机构，称为代表大会（Asamblea de Representantes）。讽刺的是，改革实行第二年，大选中便出现了选举舞弊的情况。无论如何，这项改革奠定了墨西哥新一届政党的基础。其次是修订了宪法第115条。新条例从1983年实施并给予各市政更大的自治管理权，是团结政府和国家最小地方权力的依据。

经济生活

面对一系列经济危机，新自由主义改革让国家经济有所回升，但不可否认，这段时间的确是经济矛盾的高发期。1983年，比索大幅度贬值，年通胀率高达100%。尽管新自由主义改革中，政府与国际货币基金组织签订了新信贷协议，但情况还是每况愈下。1984年美国对墨西哥的贷款利率连续四次上升，导致墨西哥的外债翻番。1985年油价下跌，政府收入大幅减少，直接导致政府部门裁员8万名以及大部分半国营企业的倒闭和转售。要知道在这六年的初期，政府一共有1155家国企，但到

1988年底只剩下413家。

1985年，油价从原来的每桶27美元下降到23美元，1986年则跌至9美元，这导致当年GDP下降9%。但另一方面，1987年，墨西哥加入了关税总协定（GATT, Acuerdo General Sobre Aranceles）。通过这个协定，墨西哥共享了成员国的2万多个关税优惠政策。仅在这一年，墨西哥非石油的出口贸易额就达到了约20亿美元。同期通胀期间，墨西哥证券交易所（BMV）的交易增加，但1987年10月，证券交易所无法管控销售过程，因而失去了其50%的市值。11月18日，比索兑美元贬值55%。当年从1月到12月，比索贬值共192%，当年的通胀率高达160%。

为了控制局面，政府在1987年12月15日与经济龙头，如重要的企业家和工会，签署了经济扶持条约（PSE），这给1988年国家总统选举更多的回旋余地。再加上当时比索的贬值，油价才得以大幅回升，出口量逐渐增加。

这六年对于墨西哥来说就是一场噩梦——年通胀率为100%，年经济紧缩率高达20%。1982年至1988年间比索与美元相比贬值3,100%。1983年兑换1美元只需要161比索，到了1988年却需2298比索。但与此同时，墨西哥通过出口多样化、缩小国家规模并维持债务状况及其国际信用等方式，想方设法成为关贸总协定的成员国。总而言之，经历这或明或暗的六年，墨西哥奠定了新自由主义经济的基础，并十分费力地登上了新自由主义经济的世界舞台。

社会生活

这六年的社会主题是"重审道德"（Renovación Moral）。腐败是墨西哥政治制度和政治文化最显著的特征之一，但在这期间，石油工会和司法的领导人警察局长阿图罗·杜拉索被起诉并制裁，这无疑是前所未有的大事件。这场运动虽只停留在表面，但无论如何，这是在官方层面上承认并且尝试解决腐败文化问题的一个重要表现。

悲剧不仅于此。20世纪80年代社会影响最大的事件无疑是在首都墨西哥城发生的里氏7.9级大地震，导致约50万处住房受到严重损伤，2万～5万人死伤，具体的伤亡数目至今仍无定论。

人类社会的悲剧不只源于地震，还源于行动能力不足的当局，这使得公民社会组织不得不迅速做出反应。墨西哥城的公民先于政府人员集体自发并快速地协调救援工作。虽然重建工作终于落到了政府的手中，但面对这场危机的集体行动引起了公民的共识。从那一刻起，墨西哥城乃至全国范围内的民间社会成为了社会和政治生活中几乎所有领域的主导者。原本习惯于依靠一个强大国家的墨西哥社会如今已脱离专制的束缚，变得独立自治并能够自发且有组织地应付各种社会问题。从此，民间社会一直在社会上活跃着。

文化生活

墨西哥的文化也在20世纪80年代发生了巨大变化。在经济危机和全球化过程中，在新自由主义贸易和左右党派的崛起之时，墨西哥比过去几十年都要开放得多，并开始发展更具全球化的大众与精英文化。随着广播和电视等大众传媒的发展，流行文化在整个社会中传播开来。特别是在年轻人和小孩群体中，媒体使得一切都传播得十分迅速，无论是新音乐、新艺人，还是说话、思考、穿衣、饮食的方式和价值观。

当然，六七十年代好莱坞的流行文化在墨西哥乃至整个拉丁美洲盛行。扭扭舞、摇滚音乐、猫王和甲壳虫乐队及其他最受欢迎的大众文化，还有新的消费文化和对电影演员的疯狂崇拜，都是城市中产阶级日常生活中的一部分。媒体覆盖面的扩大和电视机在墨西哥家庭中的普及使得流行文化得以爆发并渗透到各个社会阶层。全球化打开了墨西哥海外大众文化的大门，并得到了年轻人的迅速响应。

电视和广播将外国音乐和歌手植入本地，流行文化从而成为社会主流。迈克尔·杰克逊、皇后乐队、滚石乐队和 Menudo、Timbiriche、Magneto 等墨西哥乐队及 TRI、Jaguares 和 Caifanes 这类本地摇滚乐手一样深受年轻人的喜爱。毒品的消费量也在增加，在年轻人之间摄入最多的则是大麻。但音乐、服装、食品、药品和酒精等新消费并没有取代传统的文化消费。人们还在听着不同流派的传统音乐，比如以维森特·费尔南德斯和何塞·阿尔弗雷多·希门尼斯为代表的兰切拉调（ranchera），人们仍伴随着热带音乐、博莱罗舞曲起舞，越来越多的新生代演绎者出现了，但也不乏忠于原版的乡下人和老年人。换句话说，顺应本地潮流的全球文化在墨西哥逐渐成型并融入到世界全球化当中。

在这十年中，还有另外两件事也对文化产生了重大的影响。第一个与高等教育有关——墨西哥宪法第三条的修订，确立了大学的自治权和学术自由权，公立大学从此能以自己的方式来组织并管理自己的资源；更重要的是，教学自由和研究自由也是合法的了。虽然这项改革是在 1980 年 6 月 9 日颁布的，实际上政府却花了几乎十年才在首都和其他州市落实。不过，这的确让墨西哥的高等教育越来越专业化和系统化。

另一个则是墨西哥数字信息新时代的到来。人们发明了计算机，到 80 年代中期，全国已经有超过 5 万台这样的设备在运行。十年后，这个数目还在成倍地增加。

1988 年 7 月 6 日的总统大选让现代化的建设迈入了新阶段，但这似乎也不是件好事。当年的三名候选人分别是革命制度党的卡洛斯·萨利纳斯·戈塔里，他曾追随德拉马德里并且是他指定的接班人；代表国家行动党的企业家曼努埃尔·克劳西尔；还有

第四章　墨西哥新自由主义的构建

左翼联盟、全国民主阵线、前革命制度党的夸特莫克·卡德纳斯。计票结果显示卡德纳斯当选，但当时，计票的电子系统崩溃了，然后当局便不加解释地宣布了萨利纳斯的胜利。左派对该结果表示质疑，但无疑是白费力气。这个六年在冲突中结束，而同一批国家领导班子将在未来的六年进一步深化新自由主义改革和全球化的发展。

新自由主义的建设：
卡洛斯·萨利纳斯统治的六年（1988—1994）

萨利纳斯政权的开始与结束是至关重要的。在1987年10月4日他当选总统候选人的第二天，墨西哥股市暴跌。自从1988年7月他赢得总统大选之后，选举舞弊的罪名一直跟着他，其在位五年间所争取的"合法性"也在1994年退位时失效了。

萨利纳斯于1988年12月1日就任共和国总统。那一年，国内生产总值只增长了1.1%，通货膨胀率为52%。自1989年以来，他紧跟上一届政府实行早已提出的社会结构改革方案，改革全面实施且针对两方面进行：一是政治方面，和其他大选时的策略一样，在与其他党派的斗争和极具争议的选举结束之后与对手握手言和，树立合法公正的形象；二是在结构上扩大新墨西哥自由主义和自由市场与经济开放的模式。萨利纳斯进行了墨西哥自革命以来最深刻的经济改革，但与卡德纳斯时期相反，国家给予市场前所未有的自由，不再过多地干涉。

政治生活

在政治方面实施的许多改革主要分为三个领域。第一个是选举。政治改革部分反映了主要反对党即由民主革命党（前身为国家民主阵线）和国家行动党联合成立的墨西哥左派联盟的意见。

为了稳定政坛局势并让对立派政党在选举活动中有一定的选举空间，政府深化改革、颁布新条例、建立新的监管机制并于1990年设立了联邦选举协会。该机构自治运行但属于政府的预算范畴，负责组织和监督全国选举流程，并避免政府参与到选举过程的监管当中。尽管还存在问题和批评声音，联邦选举协会的设立和其他新颁布的所有条例规定让社会变得更加民主，也让墨西哥从单一政党制度合理公正地转变为民主党派制度。联邦选举协会在很长一段时间内维持着它可靠的形象，一直到2006年的大选，他们的工作才受到质疑。

第二处改革更加专注于实际行动。为了实现结构性改革，萨利纳斯察觉到，其实对手就在自己的政党内。它的战略将技术官僚和技术性的决定摆在首选的位置，以寻求与其他政党之间的平衡，特别是要削弱半国营机构的力量。这些举措都是针对党内许多传统部门和政客的。随后，持旧保护主义和行业合作主义的政府与所有特权人士以及半国营企业成为工农总局、教师协会、各大油企和公共领域相关的大型企业开展活动的对象。但最大的受益者还是革命制度党的政客、议员、参议员和州市长，因为这些合作社的人支持他们的选举并为他们的政治经济力量打下基础。自由派改革中的技术官僚不得不与那些老练的政治家对抗。在反腐的斗争中每六年都得挑出一些"罪魁祸首"。德拉马德里时期，国家警局的最高首领落马。萨利纳斯时期的1992年则将华金·埃尔南德斯·加利西亚关进了监狱，他是国家石油公司的石油总工会的"道德领袖"和"大人物"兼前任秘书长，又名"拉奎纳"（la Quina）。技术官僚再次与政治家发生冲突。1994年，几次滥用职权和暴力事件破坏了萨利纳斯政府所树立的政权"合法公正"形象。

第三个则是从国家行政区划的三个层面分散管理层的权力。各州议会和市政府拥有更多的自治权和决定权。1993年，墨西哥城实现了联邦政府的完全自治，可以说是其中最重要的一项改革。

经济生活

如果说1989年是政治协商和规划结构变革的一年，那么，1990年后的舞台则属于经济改革，这改变了墨西哥的组织架构和发展方向，其影响有好也有坏。按照时间顺序来讲，1982年洛佩斯·波蒂略政府推行银行业务国有化的政策，但1990年萨利纳斯政府撤回了这项政策并开始实行银行业务私有化。政策规定，一半的银行业务保留在国家手中，另一半则归私有资本。事实上六年后，除了中央银行墨西哥银行以外，全国所有的银行和金融业务都已经转移到了私有资本当中，且90%属于外资，仅10%为国人所有。十年后，所有的墨西哥银行都归属于外资。

1982年的征收政策使国家764个银行单位减少为20个，大型银行财团均归为国有，墨西哥国民银行（Banamex）和墨西哥外贸银行（Bancomer）成为当时最大的银行。1990年开始的银行出售对墨西哥来说是一笔巨大的生意。仅在1991年就收入107亿美元，往后几年这个数目持续增长。其中获得的一部分资金用于偿还国内债务，另一部分则投入新的社会项目，特别是消除贫困的"扶助方案"（Solidaridad）。该项目大规模的实行让当局得以宣称新自由主义是"社会自由主义"——这当然是在国家有钱的时候才敢这样说。当"把自己的国家交给外国人"和"私企忽略劳工利益"等不满的声音四起时，政府试图凭借所谓的"社会自由主义"来抵抗舆论。

最终，政府把仅有的413家企业都卖出去了，包括一些隶属于国家战略领域的重要大型企业。例如，电子通讯方面，墨西哥电信公司Telmex被巨头卡洛斯·斯利姆（Carlos Slim）领导的财团收购；道路运输和航空公司、电视广播等媒介公司、化工、钢铁重工企业都被出售；所有与农业和粮食供应有关的企业都被卖出。半个多世纪以来建立起来的墨西哥企业就此灰飞烟灭。

只有负责管理发电的联邦电力委员会和庞大复杂的国家石油公司"墨西哥国家石油公司"（Pemex）还屹立着。国家不愿意冒险电力产业私有化，因为其所导致的油价飞速上涨不仅会让国家的主要生产部门瘫痪，还会激起社会的不满与反抗。在萨利纳斯执政的六年中，由于税收不足，政府仍然需要依靠销售石油来维持财政。更有甚者，曾有几年，石油收入占比国家预算总额的40%。当然，还有其他简单粗暴的办法——1992年7月发布了《墨西哥石油公司及附属单位组织法》（Ley Orgánica de Petróleos Mexicanos y Organismos Subsidiarios），将私有资本引入石油产业链中。

国家把私营企业的生产和出口量摆在第一位，而该数目的增长需依赖巨大的资本以及进军全球市场的有利途径。20世纪60年代以来相关政策的更新吸引了不少资本，并允许在边境设立财政监察机构以建立"边境加工厂"（maquiladora）。全球化打通了世界市场的通道，这时的墨西哥也加入了关贸总协定，国家的经济已有所发展，但外资还是不够。当时的目标是进军世界上最重要的美国市场，为此墨西哥计划与美国签署自由贸易协定，并加入经济合作与发展组织。

自由贸易协定与经合组织

当时美国已与加拿大签订《自由贸易协定》，墨西哥提议加入其中，所以新的《北美自由贸易协定》（Tratado de Libre Comercio de América del Norte，TLCAN）诞生了。萨利纳斯上台一个月后布什就任美国总统，双方趁机借这一协议建立政治外交关系。然而，这是漫长又艰辛的三年，在这期间，萨利纳斯和布什进行多次协商，后来也和日后接任的克林顿有相仿的会面，但该协定的签署引起了双方国家人民的强烈不满。美国商务部门担心墨西哥低廉的价格会破坏本地市场,并担心资本外流。墨西哥方面,人们担心美国资本家将利用墨西哥的劳动力,使得墨西哥本地企业无法与他们竞争并且将日益依赖于美国。除此之外,出于政治上的考虑,国内有一部分人将美国资本家视为敌人,觉得他们不可信赖,因为他们一心想要开拓并占有墨西哥的领土和资源。但这些反对的声音都不足以阻止美、墨、加三国元首于1992年12月17日签署《北美自由贸易协定》。

美国国会于1993年11月17日批准了该协定,并于1994年1月1日开始生效。对于墨西哥来说,为了积极融入全球市场,与其他国家一起提高国际地位和形象十分必要。《北美自由贸易协定》的成功签署让墨西哥在1993年成为第一个被纳入亚太经合组织的拉美国家。1994年5月,墨西哥还顺利地加入了经济合作与发展组织。

社会生活

这几年有两件大事改变了墨西哥的社会结构和动态。一是,政府实施了一种新的社会政策,又称"扶助方案",一方面要满足国内贫困群体的需要,另一方面又要使新的经济增长模式合法化。原则上来说这是一系列反贫困的方案,主要是将国家的扶助机制变为一个公共项目。政府通过直接派发现金和其他方式来帮助贫困群体。这一方案的效果是横向的——它普及到大部分公共政策并依赖许多部门的协力合作来实现。可以说,它在消除极端贫困与饥饿问题上取得了相对的成功并减少了削减公共开支的负面影响。由于公共资源与企业向私人资本的转移,许多贫困指标居高不下,社会不平等现象也呈上升趋势,但这个进度缓慢的"扶助方案"确实解决了社会当前最紧迫的需求。

二是实施新土地改革。1991年12月所修订的宪法第27条取消了墨西哥农村和土著村落中普遍存在的集体公社（ejido）的相关规定，公社所有者（ejidatario）的权力也随之消亡。历史上的土地改革与分配可追溯到1910年的墨西哥革命。在1991年宪法修订版的基础上，1992年又颁布了新的《土地改革法》（Ley de Reforma Agraria）。由此，大部分原属于国家的土地又回归到300万贫农的手中成为私有财产。

但农民拿到自己的土地之后并没有顺利脱贫。更糟糕的是，庄园和土地再次聚集在少数人手中。由于生产力取决于市场条件是否受私有制的控制，如进口产品价格下降或投入与技术的成本上涨，所以农民卖出土地之后，农业生产力反而还创下历史新低。之前公社还在的时候，农民们至少可以自己生产粮食、保持一定的生活质量并维护传统文化与社会结构。但自从卖了自己的土地，大部分人失去了生计，最终不得不向城市或美国移民，导致城市贫困率上升。城市附近的公社土地立即被购买、垄断，再被纳入城市的范围之内。由于城市土地的增值，在城市范围内从事商业性质的生产活动逐渐变得不可能。

文化生活

随着迅速的全球化和价值观的变化，墨西哥的许多传统生活领域产生了新型文化消费方式。手机、数字文化等新交流方式的发展突飞猛进。从公共行政和政府到私营企业再到学术领域，处处都能看见电脑的应用。VHS和Beta式影碟在各个社会阶层流传，越来越精致复杂的电子游戏创造了新的童年时代。尽管墨西哥有一半以上的人处于贫穷状态，但这并不能阻止盗版光盘的泛滥。墨西哥经济迅速融入全球化进程中。

如果说造型艺术是从70年代的"破裂的一代"（与旧墨西哥国家主义画派划清界限）开始革新的，那么就可以说，在欧美造型艺术表达的影响下，观念艺术（arte conceptual）于七八十年代兴起并成为墨西哥的先锋流派，代表艺术家有瓦尔加斯·卢戈，加布里埃尔·奥罗斯科等。90 年代随着数字设备的普及，人们能更快地接触到欧美的世界大都市的艺术，随之催生了墨西哥的新观念艺术（arte neo conceptual），它受后现代主义的影响并运用多种形式表现，如行为艺术（performance）、录影和舞蹈等。1993 年至 1997 年间瓜达拉哈拉市举办了多次当代艺术国际论坛；1993 年，前特蕾莎当代艺术大厅在墨西哥城开幕，从而支持非物象艺术的传播。一直到 21 世纪初，新观念主义一直活跃在墨西哥的造型与视觉艺术领域中。

墨西哥原有的艺术则被作家们高度认可。墨西哥诗人、散文家奥克塔维奥·帕斯是拉美最伟大的作家之一，著有《孤独的迷宫》(El laberinto de la soledad, 1950)、诗集《太阳石》(Piedra del sol, 1957) 等文学作品。在 70 多岁的时候他荣获诺贝尔文学奖。

自 20 世纪初革命胜利以来，初等教育一直由国家掌控，当时小学的教科书都是免费的。依据 1992 年自由主义现代化政策，墨西哥再次精心修订新版的免费的小学义务教科书。此外，以前国有的电视台、影院、电影工作室和文化空间都被私有化。

最后一年的危机

墨西哥在这段时期前五年里的发展大家有目共睹——1988 年经济危机后，在有效的管理下，一个破产的国家迅速焕发出新的发展活力。墨西哥在国际舞台上有了一定的地位，再次成为拉美国家中的佼佼者，投资也在不断流动。萨利纳斯在位的第六年，通胀率得到控制，从 1988 年的 20% 降到了 1993 年的 7%，GDP 年平均增长率为 3.2%，外债重组了一半，且平均欠下 10 亿美元。

许多人在墨西哥证券交易所进行金融投机和购买国债，而非从事生产活动。无论如何，大量的货币在流转，而且通过《北美自由贸易协议》和外资的投入，墨西哥的多样化经济正开始转变为出口制造业。如同政府先前保证的，货币并没有贬值，而且还决定在比索后面减去三个零，比索对美元从原来的3∶1变成1∶1。当年的12月经济泡沫的影响渐渐减小。

1990年至1993年期间的发展说明墨西哥已经踏上了新的征程，人们期待着"墨西哥奇迹"或者类似70年代油价上涨时期的经济繁荣美梦再次成真。但是，1994年发生的三件大事葬送了萨利纳斯的美梦并就此结束了这六年。1994年1月1日，《北美自由贸易协议》生效的同一天，在墨西哥南部的恰帕斯州，玛雅人发起了一场土著农民起义。一支叫作萨帕塔民族解放军（Ejército Zapatista de Liberación Nacional，EZLN）的左翼游击队发起武装起义，与政府军持续抗衡了两个星期。直到政府同意一片南部森林的区域实施自治，双方才妥协言和。

繁荣的黄金时期、宏观经济的好势头还有拯救了公共财政的新贷款政策，其实都是以高失业率、低薪资权益、劳动价值的剥削为代价换来的。特别是在农村土著社区，新土改实际上让人民的生活不如从前。诚然，国家扶助计划有助于缓解新自由主义模式变革的负面影响，但社会不平等现象发生的速度比扶助计划实施资源再分配的速度要快得多。实际上，墨西哥仍然没有走上社会正义的道路，新自由主义也没有解决贫困问题，不然也不会爆发玛雅农民起义。

在1994年7月举行新共和国总统选举前夕，革命制度党推选出一名由萨利纳斯指定的人作为总统候选人——路易斯·费尔南多·科洛西奥，所有人都觉得他会当选。当年3月23日大选开始不久后的几个月，他在一次集会上遇害。所有的证据表明这是革命制度党传统势力的一次阴谋，因为他们觉得自己的利益受到了萨利纳斯改革的影响，并表示不愿改革继续进行下去。

第三起事件是另一起政治谋杀案。1994年9月，被谋杀的是正是萨利纳斯身边的人，费尔南多·鲁伊斯，革命制度党的秘书长和改革派领袖。

新自由主义贸易改革的脚步无人能挡，而这些恶性事件的罪名最终也被扣在了反叛分子的身上，但大家心里都清楚，这不过是一套能让总统选举能合理和平进行的官方说辞。1994年12月1日，革命制度党的埃内斯托·塞迪略·庞塞上任，他也是由萨利纳斯亲自任命的候选人，改革因此有望继续实行下去。但19天后一连串不幸事情的发生又改变了全局形势。

新自由主义的危机：
埃内斯托·塞迪略政府（1994—2000）

经济生活

在迅速发展和众多政治经济改革中有一个薄弱环节——墨西哥通过投资和净外资的引入（包括公债和之前的石油销售）走上了资本主义道路。这似乎对新经济模式有利，但在那些年里所流入的1000多亿美元中，只有150亿直接投入到制造业生产中，另外有200多亿流向不同性质的生产贸易。然而，约650亿是墨西哥证券交易所的投机资本，或者说，那是通过银行买入新公司股份、公债或国债所获取的高利润资本。另外，这些投资还倚仗美元以保证其稳定性并吸引外资，因为如果导致墨西哥比索兑美元贬值，这些债务将倍增。也就是说，65%的投资是由投机金融资本组成的，因此大家都不希望汇率有所改变。

但汇率剧烈地波动了。1994年12月19日，距新政府成立还有19天，大部分投机资本赢利后开始撤出墨西哥的金融银行系统，部分原因来自政策改变所带来的不信任以及长年以来的政坛危机。人们担心高估了比索的价值，从而想赶在贬值之前将资金撤出。这个现象始于新总统上任的几个月前，但因政坛动荡，政府没有采取预防措施。当年下半年，墨西哥的美元储备减少，12月时，已有近 250 亿美元流出墨西哥。

没有预告也没有任何财政计划，政府宣布比索贬值 15%。一语成谶，国家剩余资本全部流出，到了年底，比索贬值及其导致的撤资现象成为既定事实。另一方面还动摇了国际金融市场和全球股票市场，产生了称为"龙舌兰酒效应"的金融危机。自 1929 年全球金融危机后，墨西哥还未遭遇过这样大规模的困境。在这六年期间，整个国家没有任何经济储备。1995 年全年比索贬值 60%，GDP 下跌 7%，年通胀率为 50%；1990 年至 1993 年间有所降低的贫困率再次上升，数百万人失业，另有数百万人的生活堪忧，不得不参与到非正规的经济生产活动中，社会全面陷入经济困难，并导致社会不平等现象剧增。

墨西哥的工商界也受到了影响。成千上万的商人开始通过自我定位到国际市场和用美元交易来实现自由贸易。由于金融危机，许多贸易合同瓦解且其贸易额被视作债务，所以当年的商业投资实际上是增加了。讽刺的是，尽管国家的生产加工业没有受到影响，但国库亏空，国家不得不求助于国际货币基金组织。最终美联储资助 210 亿美元，墨西哥才得以稳定外汇市场。然而，像贷款条件等整改政策使得社会支出大幅下降、公共投资紧缩；也就是说，公民要为大部分的公共建设掏钱。所以在墨西哥，贫困和不平等现象没有缓解，特别是有关收入和就业问题，而且其他方面的改善也十分缓慢，例如福利政策方面，人们还是难以享受基础设施与公共服务。

从宏观经济角度来看，墨西哥的经济从 1997 年中期开始复苏并恢复新自由主义政策，越发深入到全球化世界。特别是在后面三年，经济复苏得很快。1998 年至 2000 年间，大量的资本被引入出口制造业。六年来的年平均增长率为 3.6%，但年通胀率为 22.1%，所以人们的购买力其实降低了不少。共有 310 万个新的就业岗位产生，但当时的待就业群体约有 750 万人，也就是说仍有 440 万人仍处于失业状态。

尽管失业率和通胀率都很高，但墨西哥成功地遏制了这场危机，并在生产方面有所发展。不管怎么说，受危机影响的人口众多，许多人并没有顺利恢复——数百万人不仅丢了工作，还丢了自己的家，因为大部分人没有能力向银行支付抵押贷款。最糟糕的是中小型企业失去了他们的长期信用，而信用在自由贸易竞争的新模式中是至关重要的。除此之外，由于资源和资本的流失，愿意建设新自由主义社会的墨西哥企业越来越少，因为他们更青睐外资的投入和影响。还有一部分工人和小企业家未曾摆脱困境，失去了发展的方向。

根据《福布斯》每年的世界 500 强企业名单，在"十二月错误"（1994 年金融危机）前，拥有大型企业或控股公司的墨西哥亿万富翁有 25 位，总资产高达 450 亿美元。其中的 5 个大型企业集团分别是卡洛斯·斯利姆·埃卢的卡索集团（Grupo Carso，资产 66 亿美元）、恩里克·阿兹卡拉加·米尔莫的 Televisa 集团（54 亿美元）、洛伦佐和马塞洛·桑布拉诺的 Cemex 集团（31 亿美元）、阿莱霍·伊·卡洛斯·佩拉尔塔的 IUSA 集团（25 亿美元）和赫罗尼莫·阿朗戈的 Cifra 集团（23 亿美元）。危机发生的一年后，只剩下 10 人在榜，但 1996 年又上升到 15 位，到了 2000 年榜单上则有 20 多位。当时，趁着中小企业还没在投资领域中活跃起来，这些大型企业在金融危机时取得相当大的赢利且进一步增强了经济实力。这使得卡索集团一直处于领导地位，总裁卡洛斯·斯利姆·赫鲁多年以来也一直是全球的亿万富翁之一。

政治生活

尽管萨利纳斯在位时的政策对革命制度党内部进行了革新，但经济危机和暴力事件的爆发揭示了改革的脆弱性和暂时性。此后，许多政党和民间社会逐渐积攒权力并提升舆论与运动的影响力。慢慢地，政治力量向中右翼的国家行动党和中左翼的民主革命党靠拢。塞迪略通过革新选举办法才得以维持政坛的稳定。1996年7月30日，政府赋予联邦选举协会充分的自主权，让其组织并使选举过程合法化——这项改革的实施由所有的政党担保，因而具有十足的确定性。另外，政府还为各个政党提供一定的经济支持，国家也给予各州市政府更多的权力，从而有效地分散中央管理权。

民主的政坛有利于国家的稳定。政府通过更多的谈判协商和合法合理的保障来解决问题，因为当局已失去了强硬的合法性、经济实力、国际地位且不再依赖外国，不得不将社会引向民主化建设。但暴力依旧存在。萨帕塔游击战发生在偏远的恰帕斯州，政府虽避免直接镇压他们，但仍大量部署警察和军事部队，所以才从未危及政权。由于各地区的军队自治程度不同，暴力的发生也呈现区域化——程度较低的恰帕斯州和格雷罗州等地区常有流血事件发生，例如Acteal小镇的屠杀事件。

在1997年的选举过程中，反对党在全国各州市政中获得领导地位，以国家行动党和民主革命党最为突出。有史以来，左派的民主革命党首次赢得了首都墨西哥城的领导权，其候选人夸乌特莫克·卡德纳斯曾是萨利纳斯和塞迪略的竞争对手。在接下来的20年中，左派力量一直是墨西哥城的领袖。执政党没有在国家议会中获得多数支持，所以也只好与反对派进行谈判。但墨西哥仍然没有准备好去迎接一个由多个政党轮番执政的民主新政坛。2000年，革命制度党失去了国家的领导地位，国家的新纪元由此开启。

还有两项改革促进了自由发展和经济开放的新模式制度化。一个是国家最高法院的改革，26 名法官最后只剩 11 人。经过总统的批准后，改革由共和国的参议院执行。总统还任命新法官在未来的 6 年甚至 20 年任职。这意味着国家的司法力量由总统来管制，并且自由主义社会模式由此确立。另一项改革是建立三个相对自主的监管机构，从而规范企业之间的运作、打击垄断行为并维护消费者利益。

社会生活

2000 年的社会生活中有几个特点——首先，低就业率和许多家庭的破产降低了人们改善生活水平和质量的期望。失业让人感到失望，而全球化所带来的消费欲望在人们心中泛滥。往美国移民的人数与日俱增。越来越多的年轻人被卷入犯罪和贩毒团伙的非法活动当中，而贩毒现象在萨利纳斯当政期间早已初露苗头。

在深入全球化贸易的同时，新的金融贸易政策不仅有利于合法交易，还滋生了非法贸易，其中以美墨之间的毒品交易最为突出——墨西哥原来只是毒品中转站，尔后成为毒品生产国；美国则是全球最大的毒品消费国。2000 年，在墨西哥的某些城市和地区，特别是美墨边境，贩毒现象激增，城市和农村的社会组织严重受创。换句话说，在正规经济危机依然存在的情况下，非法经济活动还越来越突出。由于经济不稳定、新土地改革和移民浪潮所带来的变化，墨西哥农村旧社会迅速转型。

向大城市和美国移民的人数剧增的现象成为当时人口变化的主要特征之一。当时墨西哥已完成初步的城市化，出生率大幅下降。人口的流动也改变了家庭组成。特别是在城市中，社会家庭结构逐渐由扩展家庭向核心家庭发展。墨西哥城依旧是国家最大的城市——包括郊区在内，据估计，有超过2000万人在这个城市里居住。只有在1985年大地震至2000年期间人口增长率呈下降趋势。墨西哥的大城市也在不断发展，与此同时，墨西哥的各个地区开始出现"大都市化"的新现象。

十几个城市经过整合与发展最终成为"大都会"。其中最重要的有蒙特雷、瓜达拉哈拉、蒂华纳和普埃布拉等城市。中部和南部的许多省会城市也在不断发展。墨西哥十几个城市向大都市的过渡转型成为21世纪最重要的城市和人口现象。虽然贫困现象在1995年至1997年间如预期般反弹，但1997年至2000年间指标又下降了。原来的扶贫计划更名为"进步计划"，覆盖极端贫困和饥饿的300户家庭。通过直接或间接的社会政策，约有1000万人接收到粮食补助、现金津贴、基础设施和农村学校的早餐计划，其中有三分之一的人来自不同的土著民族。

文化生活

在这六年中，作为教育部部长的塞迪略把教育放在了优先地位。2000年，全国教育登记系统的入学人数达到了3000万人。这个数字非常显著，因为当时全国人口仅为1.028亿。青年人是这个国家人数最多的群体，所以教育和就业便是当时最迫切的两个需要。高等和大学教育的实际补助增长了32%，科技基金增加了45%（占全国GDP的0.7%）；虽然这个数目已有所增加，但仍然远远低于国际所建议的最低水平，即2%～3%。新版中小学教科书已经出版，且已经翻译成几种主要的土著语版本。

新的教育计划促进了师范学校中专业化教学专业的发展，并创立了新的理工院校。政府增加奖学金，支持研究生课程，还扩招研究人员并纳入1985年创建的国家研究系统和国家创作者体系以及于1996年为各类艺术家设立的扶助奖学金系统。据墨西哥诺贝尔文学奖得主奥克塔维奥·帕兹所说，这是自20世纪初国立美术学院（Instituto Nacional de Bellas Artes）成立以来政府支持艺术最重要的举措。

这些年来经济开始复苏，墨西哥境内数千个考古区中的300个以及另外400处历史古迹的重建工作也在同期完成。在联合国教科文组织的人类文化遗产名单上，墨西哥在原有的14个遗迹的基础上又添了7个新地方。1990—2000年，全国范围内可参观的地区从150个增加到220个。除了最著名的一些考古景区（如墨西哥谷的特奥蒂瓦坎和尤卡坦州的玛雅城市奇琴伊察），每个地区平均的年访问人数维持在4万左右。全国的博物馆从93个增加到126个，而且一直很受欢迎，每年平均接待700万人次。人们热衷于重新欣赏墨西哥的考古和艺术遗产，包括年轻的人们，由此关于墨西哥历史及其艺术表现形式的文学、影像、电视作品也随之增加。

这是国家和私营媒体为文化事业共同努力的结果。全球化让人拥抱现代化，也让人不禁回顾传统的文化表现形式。尽管如此，墨西哥的古老工艺还是遭遇了极大的冲击。墨西哥拥有50多种土著文化，在手工艺品制作方面拥有世界上最富有的物质文化遗产。但这些手工艺开始逐渐消失——它们被新式廉价工业化产品和新潮流所取代，已经变得无利可图了。据2000年统计，手工艺匠的平均年龄超过30岁，但多数年轻人都拒绝传承父辈的手艺和传统。

经济危机也影响了音像和电影作品的生产，因为这类产业成本较高。十年来，广播节目从6300个减少到2800个；尽管电视机在墨西哥家庭中全面普及（2000年，90%的家庭都有电视机），但在这十年期间电视项目也只从4800个增加到6000个以上；而电影则从105部减少到53部。值得一提的是，这些数字下降的同时，大众传媒和数字多媒体促进了视听产品在全球范围内的激增。另一方面，全球化也迅速地改变了墨西哥的电影文化。1990年有一半电影是美国片，一半是墨西哥片；而2000年，美国片占了85%，只有不到10%是墨西哥片。换句话说，2000年时全国人民都能听上广播、看上电视电影，但那些影视作品里的内容多与美国文化相关。

但全球化带来的不是趋一的、不加批判的文化，因为文化的变化是以互动、多维的方式进行的，而且是逐渐发生的，也是代代相传的。这不是文化上的变化，而是跨文化的对话，是大众传媒的延伸和扩展。新的价值观、生活方式和消费模式不是去取代，而是去丰富原有的这一切并与之融合。因此，尽管在21世纪，墨西哥人呈现出的是一种具全球化特点的文化，特别是消费欲望等方面，但他们并没有摈弃传统文化的价值，而是让两种文化共生共存，不管是说话方式、时尚、饮食还是传统音乐等方面。当然，这些文化在农村与城市之间、年轻人与老年人之间都有所区别。

文化变迁不仅源自媒体传播，还源于移民美国的现象，因为移民大多是年轻人。在整个21世纪，一直都有人移民到美国，但在这十年中这一现象尤为突出。据估计，2000年，美国境内约有1000万名墨西哥合法移民和300万非法移民，且每年有超过30万人穿越北部边境。这对墨西哥人民和社区的文化影响是巨大的。

然而，无论是合法还是非法的移民，他们都保有墨西哥人的身份认同和民族文化的骄傲。在美国甚至发展出奇卡诺文化（Chicano），这是一种新的混合身份认同，他们所拥有的民族自豪感和特征甚至比墨西哥本土人更加强烈。在墨西哥，美国文化则有选择性地被吸收——一些文化可以与当地文化相融，但也有些文化人们无法理解，或者不能被诠释，或者人们根本不想让其融入进来。全球化所带来的文化影响在不同的社会阶层中也是不同的。中上层阶级受影响较多，而对于2000年仍深处贫困之中的墨西哥人,则几乎没有受到影响。

直到塞迪略的任期结束时,墨西哥才得以克服危机并以新视角展望21世纪。

第五章

新自由主义与全球化

21世纪的政治转型：
比森特·福克斯·克萨达统治时期（2000—2006）

1994至1997年，墨西哥经历了一场非常严重的政治和经济危机。1997年之后直到2000年，国家不断设立政治谈判机制来探索弥补社会经济损失的办法，重建政党合法性和人民对政治制度的信任，特别是恢复人民对执政党的信任。70多年来，执政党不断易名以保住执政地位，彼时已经发展得十分庞大了。然而一个不依法治国的政党除了诉诸暴力外别无执政方法，而当时选举改革加强了政党制度，暴力已经失效，人民更积极有序地参与政治生活。因而，等2000年的选举到来时，时机已经成熟，革命制度党70年来首次败给反对党，失去执政地位。

政治生活

有两个主要反对党崛起了，分别是施行基督教民主的中右翼的国家行动党，以及施行社会民主的中左翼党民主革命派。总统之位的角逐并不是党派政治影响力之争，也不是不同思想纲领之间的竞争，而是回到了考虑墨西哥公民社会本身对国家政治的不同看法。民主革命党第三次推举其创始人夸乌特莫克·卡德纳斯参与总统竞选，弗朗西斯科·拉巴斯蒂达则代表革命制度党参选，国家行动党则推举了在危机时期积极抗争的公民人物——比森特·福克斯。福克斯曾担任瓜纳华托州联邦议员，1988年加入国家行动党附属联盟，后来竞选该联盟主席之位，然而他始终不认同国家行动党的意识形态。

公民参与选举投票的热情很高，有效减少了胁迫、买票和操纵选举记录等传统选举现象。比森特·福克斯赢得了总统选举。他是当时最深得民心的领导人，人民觉得他是真正为人民谋福祉而不只是关心党派利益之争。这是墨西哥数十年来最大的政治变化——进入21世纪，革命制度党失去了对总统之位的掌控，成为国家第二大政党。它迅速调整过来，接受了失败的结果，因而在国家过渡时期并没有发生暴力事件。选举当天全国得以看到总统塞迪略和革命制度党主席杜尔塞·玛丽亚·绍里一同宣布国家行动党的胜利。

然而在这六年里发生了一些重要的政治事件使得人民最初的政治热情逐渐褪去。因为事实上，仍是那些驾驭在国家军队之上的经济利益团体和当权者继续推进墨西哥的贸易自由化以及新自由主义。好的一面是墨西哥没有通过暴力实现政治变革，保持经济稳定和国家金融秩序，实现制造业出口多元化增长。坏的一面就是社会不平等加剧了，贩毒问题越发严重，墨西哥大部分人口处境贫困，就业问题和生活水平没有得到改善。

福克斯一改之前正式、外交礼节型的总统形象，用语简练朴实不带官腔。尽管这并没有提升墨西哥的政治体制的效率，却使墨西哥民主氛围更加浓厚。他让人们对公民社会与反对党联盟问政产生希望。国家选择用和平的对话方式与恰帕斯的萨帕塔民族解放军（Ejercito Zapatista de Liberación Nacional，EZLN）商谈，在2001年邀请萨帕塔前往众议院。然而，国家暴力执政依旧合法，群众的期望很快就落空了。

福克斯没有按照之前革命制度党的总统组建内阁的方式将自己政党的军人安插在自己身边，而是让公民社会代表、知识分子代表和商界代表诸如豪尔赫·卡斯塔涅达、阿道夫·阿吉拉尔·青泽，卡洛斯·阿瓦斯卡尔和路易斯·德贝尔等人加入内阁。然而福克斯时期，墨西哥与其他国家的政治外交关系并不是很好——墨西哥致力于和美国达成移民政策协议。越来越多的墨西哥移民非法进入美国境内，在2000年该人数就多达300万了；除此之外还有那1000万合法居住在美国的墨西哥人不断将国内同胞带去美国，自然而然的，美墨应尽快敲定移民协议以规范移民手续。

墨西哥方面提议在美国设立临时工配额和机制，让在美国逗留五年以上的墨西哥人成为合法居民，并保证临时工的权利。然而经过长时间的谈判，两国还是没能达成协议。2001年9月11日发生在纽约双子塔的恐怖事件使得舆论更加不利于移民政策的制定，边境管制越发严格。第二个不利于移民条约的外交事件是墨西哥在联合国会议上反对美国入侵伊朗。福克斯与布什之间以及两国政府之间的关系进一步恶化。因此，直至今日两国都没有达成移民协议。

除此之外，国家行动党在众议院的政策商谈也是困难重重。因为尽管革命制度党失去了共和国的总统职位，但它的旧党派结构和地区势力团体，诸如各州的州长、代表和参议员，仍然在全国范围内运作。另一方面，左翼党派大多都是民主革命党的联盟或附属小组，他们的政治地位也不容小觑。在这六年中，与两个政治力量谈判总是面临很大阻力。此外，立法机关和参议院也在执政党的控制之外，政府提出的很多最重要的改革措施都难以通过。

经济生活

经济领域主要有三个根本性改革。首先是税制改革,国家试图通过增收不同类型的税来扩大税基,为墨西哥提供经济资源。一个世纪以来,墨西哥一直是拉丁美洲税收最低的国家之一,利用石油出口的收入改变税收赤字状况。公共财政能获得更多的资金,但是人民的税务负担将会普遍增大,因为当时一半以上的人口都处于贫困线以下,96%的墨西哥公司都是中小型的。

第二项改革与就业监管有关。劳工改革试图深化自由的劳动关系,取消福利制度和最低工资,使劳动力更廉价,简化雇佣程序以增加就业,但同时也有进一步增加其经济体系不稳定性和脆弱性的风险。

第三项是能源领域的改革,它试图将石油的勘探、开发、转化和销售等阶段私有化,允许国际私人资本运营石油资源,目的是减少国家补贴以及提高产量;但风险是墨西哥可能会失去对战略资源的控制,增加对外部资本的依赖。此外,能源改革也提出了寻求新能源的必要性。这三项改革多次在众议院和参议院中被提出讨论,国家行动党和总统福克斯两方都没能获得足够的票数来通过改革。如果说政府开放与社会对话的渠道是这六年来的一大进步,那么执政党与反对势力的商谈就是六年来最大的失败了。

尽管墨西哥的经济增长和创造就业机会进展缓慢,墨西哥经济在这一时期的表现却好于预期。虽然在这六年内经济增长不稳定,但是在福克斯任期内货币没有贬值,外债也没有上升很多。福克斯沿用了前总统塞迪略在任最后几年的有效稳定经济的政策,维持新自由主义的发展模式。当时墨西哥与世界上许多其他国家一样都面临着资金外逃流向出口业的问题。中国进入各大世界经济组织,吸引了大量的国外投资。墨西哥也不例外,自

2001年起，原本投入到墨西哥全国各地工厂的外国资金被投到了中国的工厂，这样一来墨西哥接收到的直接外资减少，经济增长的步伐进一步放缓。

社会生活

在21世纪头几年，墨西哥的社会结构和活力保持了前几十年的趋势。人口统计数据显示，出生率持续下降，每个家庭平均生育2.2个孩子，而在城市，每个家庭仅平均生育1.8个孩子。不过危机前几年积累的人口红利大大增加了劳动力和成年人的青年人比例，因而对墨西哥新增就业岗位和优化高等教育质量提出了要求。2005年，墨西哥有1.04亿人口，35岁以下人口占68%。年轻人作为一个具有其特定年龄段需求的社会群体，活跃在社会生活的各个领域，成为社会、教育和工作需求最大的群体。

人口金字塔的其他不平衡方面也开始逐渐显现出来了。从2005年开始，墨西哥社会越发老龄化，但是国家尚未做好准备，难以满足老年人的需求和他们对更高生活水平的要求。60岁以上的人口比例已经达到8%，而且还在增长。年轻人和老年人显然成为墨西哥社会中最重要的社会群体。人口不断增加，城市化进程仍在加速。各州的首府不仅在人口上有所增长，十多个分布在墨西哥北部、中部和南部的城市都逐渐发展成了大都市。

伴随城市发展而来的是对城市功能的重新界定，对空间用途的重新规划以及诸如服务、行政、治理、休闲活动和数字技术等方面的规划。30个首府城市，特别是其中的12个大都市，成为墨西哥真正的国际化城市，主要开展第三产业活动，不再依靠农业或工业发展。在这些新的城市社会中，新的文化价值观和新的全球化数字知识盛行。互联网和社交网络在人群中开始流行，新型文化消费与墨西哥当地文化相融合，与区域文化的不同特质相磨合、与各区域不同的经济潜力相协调，然后传播到较小的城市和周围的农村地区。

不仅仅只有社会及经济方面迅速全球化了。让我们来看一组数据：2005年，全国已经有1080万台电脑，其中58%安装在家庭里，42%安装在公司里。手机的使用量更是达到了4610万台。几乎一半的墨西哥人拥有个人手机，10%的人拥有电脑。另一半被排斥于数字社会之外的人就是那些依旧处于贫困中的人口。而那些已经摆脱经济困境的人，即便生活仍有短缺，也努力融入数字社会中。另外，当时有630万台计算机已经连接到互联网。当然，一台计算机不止一个用户，因此当时一共有1710万名网民，年龄介于15至35岁之间。当时上网仍然是中产阶层和上层社会的活动，然而仅仅在几年内，它就迅速普及开来，赤贫人口里的一半都用上了互联网。再过十年，社交网络将迅速融入另一半墨西哥人的生活，即便他们仍未摆脱贫困。

贩毒分子从墨西哥贸易自由化中看到北美市场毒品需求的商机。美国的犯罪团体与墨西哥犯罪团体的联系越发频繁，走私毒品和武器的犯罪案件越来越多。全国各地的贩毒活动也开始增多，而且有组织的犯罪力量现在不仅走私毒品，还制造毒品。毒品市场以及贩毒团伙的经济重要性增加，越来越多的土地也在他们的掌控下投入毒品产业。贩毒、暴力和社会安全成为墨西哥的主要社会问题，在其32个联邦中有8个联邦问题尤为严重。在众多打击犯罪活动的措施中，最成功的一个是2001年创建的联邦调查机构（Agencia Federal de Investigación，AFI），它一直运作到2009年。尽管如此，在这六年里，有组织犯罪案件还是增加了不少。

当时实施的社会政策实质上是沿用往届总统实施的"辅助方案"和"进步计划"——不提供福利或补贴，提倡包容和平等，特别是性别平等，赋予妇女社会变革推动者的主导角色。社会政策分为几个方面：政府沿用并完善了之前的扶助政策，优先考虑通过直接资金资助和食物供应来应对消除贫困的难题，为此政府出台了"与你同在"（Contigo）和"机遇"（Oportunidades）两个方案。这两个方案取得了一定程度上的成功——赤贫和饥饿的相关指标下降了，住房基础设施配备指标也大幅度提高了，但贫困人口以及工作环境恶劣的弱势群体的生活并没有多大改善。相对成功的另一个项目是让65岁以上的退休人群获得资金补助。补助不多，但是能让老年人维持温饱，并且更受家人尊重。"与你同在"的"大众保险"（Seguro Popular）策略也取得了成效，它主要为那些不在国家医疗保障覆盖范围以内的人解决健康问题。

文化生活

福克斯总统发起了"2001—2006年全国教育计划"，大大地补充了以前塞迪略政权所制定的教育政策，培养人才面对激烈的全球竞争。该计划与同期"国家发展计划"（Programa al Plan Nacional de Desarrollo）挂钩，主要目标是把教育与国家的生产联系起来，加强以求职和提高生产率为导向的技术和数字现代化教育。政府加强"知识社会"的创建，力求让墨西哥学生沉浸在这样的社会氛围里面。然而此举取得的成效却有限，六年后，墨西哥教育指标的国际排位和美洲排名基本没有提高。

除此之外，国家还支持高等教育，支持国家研究人员体系（Sistema Nacional de Investigadores）和国家创作者体系（Sistema nacional de Creadores）。但是墨西哥在科学和高等教育方面的拨款仍然不足，连GDP的1%都没有达到，是经济合作与发展组织（Organización para la Cooperación y el Desarrollo Económicos, OCDE）成员国中对这方面拨款最少的国家。最成功的是其教育奖学金计划，数千名贫困学生受益于此并得以接受高中和高等教育。值得注意的是，之前所说的并不是一个教育改革而是一个新计划。这是因为福克斯总统同意与墨西哥强大的教师工会领袖埃尔巴·埃斯特·戈迪略一同逐渐改变国内教育状况。这个拥有超过 100 万个教师的工会是拉丁美洲最大的工会组织，曾经是革命制度党的联盟，后来改为与国家行动党联盟。因此，为了维持联盟关系的稳定，国家行动党只能选择推行成效甚微的渐进式变革。

在其他文化方面还有关于文化普及的讨论，为此还制订了全民文化计划（Programa Nacional de Cultura）。这实际上是将艺术家保护私有化的行动，国家不再资助艺术活动。尽管执政党仍试图与墨西哥艺术界建立一种亲密的关系，也支持墨西哥各种艺术的发展，但是很少有独立的墨西哥知识分子支持福克斯及其政党，而是更倾向于支持左派。文化政策是从革命制度党向国家行动党转型时期变动最小的制度之一了。1988 年，前总统萨利纳斯创办了全国文化艺术委员会（Consejo Nacional Para la Cultura y las Artes，Conaculta）及其艺术推广机构国家艺术文化基金会（Fondo Nacional Para la Cultura y las Artes，Fonca），以解放墨西哥艺术创作及推动其现代化，吸引大量的艺术家和创作者，从而推动其政府合法化。直到 2006 年，全国文化艺术理事会和国家艺术文化基金会并没有在结构和功能方面发生很大的改变，连负责的公职人员都没怎么变化。由此可见，墨西哥文化政策有很强的连续性。

在这六年里有大量资金用于文化基础设施建设，新增设了多达 1,100 所艺术中心、学校和图书馆。最重要的大型基础设施要数拉美最大的图书馆之一的"何塞·华斯康西罗"超级图书馆。但与此同时，各种艺术创作者获得的资源却减少了，因而墨西哥艺术创作受到了很大的影响。此外，墨西哥没有抢在自由贸易协定全面运作之前修改文化产业自由化条件，加上经济地位上的不平等，因而在与北美文化产业的竞争中完败。而加拿大将包含其文化特性的电影、出版书籍和工艺品等文化的活动排除在条约外。墨西哥没有办法做到这一点，导致其独立的文化产业也因此而减少。

总的来说，墨西哥第一个以反对党身份上台的政府取得的政绩并没有达到国家的预期。好的一方面是，墨西哥的经济和政治平稳发展，长期的社会事业得以维持，众人预测的危机没有发生。福克斯的最大成就可以总结在"平衡"一词中。但是，这种平衡也导致国家发展缓慢，政治改革、扶贫政策效果甚微。此外政府也没有对社会机构和传统的行业联盟进行整治。这些联盟确实巩固了政府的执政地位，但是同时也阻碍了政府进行根本性的改革。

第二个国家行动党的主席：
费利佩·卡尔德龙统治下的六年（2006—2012）

选举政策改革加上之前反对派新党的六年执政经历增加了公民和政党的参与热情。尽管墨西哥达到公共财政的宏观经济平衡，但是民主变革和经济发展缓慢，新的一代依旧没有获得足够的就业机会，不平等现象以及扶贫问题没有得到有效的解决。与此同时，左派的政治力量开始崛起，福克斯和国家行动党支持率下降。国家行动党推选费利佩·卡尔德龙·希诺霍萨作为共和国总统的候选人。与务实的福克斯不同，费利佩是一位国家行动党老资格军人。左翼党派民主革命党推举洛佩斯·奥布拉多尔竞选总统，革命制度党推举罗伯托·马德拉佐·平塔多。

政治生活

2006年7月的选举表明，民主革命党代替革命制度党占据国家第二大政党的地位，而革命制度党则跌至第三位，国家行动党依旧保持领先地位。卡尔德龙赢得选举成为墨西哥新一任总统。但是卡尔德龙只以 0.56% 的微弱优势取胜，因此民主革命党谴责其选举舞弊，要求重新计票，但最终还是没有重计。9月，卡尔德龙被任命为共和国总统。尽管造假的指责从来没有被证实，卡尔德龙执政的六年来政治局势一直受此困扰。卡尔德龙在任期内，墨西哥政治生活产生了三大影响：第一，左右翼党派又开始了长期的对抗，即国家行动党和民主革命党之间的拉锯战；另一方面，他将洛佩斯·奥布拉多尔提名为反对派的最高领导人；第三方面，卡尔德龙促成革命制度党与国家行动党结盟以对抗左派的反对力量，有助于通过改革和推动各种政府的决策。而之前革命制度党在每次左右翼之争中都积极反对它认为能够改善墨西哥政治环境的实质性决策，以此来向执政党展示其强大的权力。

2006 年 9 月 5 日，联邦选举法庭宣布费利佩·卡尔德龙在选举中获胜；12 月 1 日，他在众议院举行就职典礼。这是墨西哥有史以来最具争议性的一次总统选举，左派拒绝承认选举结果，就职典礼在公共军事武装力量的维持下进行。卡尔德龙的执政权力因缺乏合法性而受到限制。社会对政府丧失信心，但还不至于危及墨西哥政府及其行政机构的执行力。

从政治角度来看，墨西哥政治局势自选举以来一直很紧张。尽管如此，墨西哥后来在选举改革和公共行政方面取得了重大进展。其中最重要的有以下几个方面：2007 年进行了一次选举改革，联邦选举协会（Instituto Federal Electoral, IFE）里的所有工作人员都被换掉了，修改了各党派参与选举的规则，减少竞选游说过程的开支，设立了用于媒体宣传上的资金上限，以防他们形成独立的竞选力量。后来在 2012 年又进行了一场新的政治改革，允许独立的候选人角逐总统之位，也就是说他们不一定要获得政党提名来参加竞选。

然而，重要的制度变革还是没有实现。这些制度改革被讨论了很多年，并且对墨西哥政治体系现代化，实现民主过渡和改变旧政府的权力体系至关重要。政府特别阻挡了三项变革：一是市长和立法委员连任的可能；二是为了整合立法机关，裁员至100名联邦代表和32名参议员——因此直到现在，上议院和下议院分别有128名参议员和500名代表；第三是在总统选举中如果候选人没能获得多于51%的选票，则需要进行第二轮投票，以避免少数政府的产生。在某种意义上，当时的政治改革是不完整的，甚至引发了新的问题，因为如果执政者不需要进行第二轮投票就可以进行连任，那么政府更容易落入少数人的手里，失去合法性和执政力。

值得注意的是，六年来政府的法律法规进行了很多现代化改造，发布了多达30个《1917年宪法》的修正案。还制定了新的反贪污法律，其中《公务员反贪污联邦法》（Ley Federal Anticorrupción en Contrataciones Públicas）最值得注意。尽管墨西哥公共行政管理机构的贪污问题根深蒂固，但是政府努力打击这种现象。此外政府极力简化官僚主义以提升政府和民营企业的竞争力，去除及简化2841道市民或者企业家需要在政府办公室办理的程序；还制定了联邦、州和市政府三个级别的公共行政机构的强制性透明法律规则。

这些年来，墨西哥政治生活最重要的特点是赋予政党权力。为了维持墨西哥政治制度的平衡，消除公众因2006年选举对政府合法性产生的质疑，自选举改革以来，各党派都大幅增加了投入选举的预算和津贴。党派数量明显增加，相互之间协商结盟，却忽略了跟民间社会的沟通，只顾着在政治体系中获得更高的地位。

经济生活

尽管2006年底的选举造成了政治危机,但共和国新政府接手的时候墨西哥经济状况还是不错的。当年国内生产总值(GDP)增长5.2%,创多年来新高。新政府的挑战不仅在于如何维持高水平GDP,还在于如何在原有基础上有所提高。新政府六年来严格调控许多宏观经济变量,但是GDP依旧低于2006年的水平。有外部因素的影响,如2008年和2009年期间房地产资本投机引发的国际金融危机,这些危机影响了墨西哥对其主要市场美国的供应;也有内部原因——墨西哥工厂生产力低下,缺乏生产设备创新。

我们可以从两个方面来更好地理解卡尔德隆政府的经济战略。一方面政府出台经济政策,着眼于在短期内大范围控制变量,如控制通货膨胀,控制支付国际债务的限额,控制比索兑美元的汇率以减缓货币贬值速度,大量储备外汇以减少央行的调控。墨西哥当时的经济政策可以算得上是成功的,毕竟当时经济危机对其他世界主要经济体都造成了不小的冲击,墨西哥主要贸易伙伴还减少了对其商品的需求。墨西哥制造业出口部门趋向多元化,部分分支机构略有增长,渐渐减小对石油出口所得收入的依赖。

但是,其他长期经济政策却失败了,尤其是那些提高生产力和技术创新方面的政策。墨西哥工厂的生产率依旧偏低,不仅低于欧美等主要贸易伙伴,还低于其亚洲贸易伙伴,诸如中国、韩国和日本等国家。甚至还低于其非首选合作伙伴,比如说智利。虽然智利的制造规模小于墨西哥,但是生产力却是墨西哥的两倍。从那时起,墨西哥的大部分制造工厂都依赖于技术及知识进口而不是选择自己进行研发。

自20世纪80年代实行新自由主义贸易以来,墨西哥利用它和美国毗邻的地理位置优势，买入了各种科技技术。然而大部分新兴产业和企业及大型服务行业都是外资企业，由北美国家注资。特别是那些大型连锁企业和控股公司，它们赚取了大部分利润，研发或者进口自己的新技术，完全没兴趣投资墨西哥的研发或者购买墨西哥生产的技术。因此，虽然墨西哥的经济和贸易实现了自由化，不断吸引新的外资投资，但是这种不独立的发展限制了墨西哥建立自己的科技基础。当然这也不是唯一的原因。

国家无法全面现代化普通教育体系和与"研究与发展"（Investigación y Desarrollo，I+D）相关的研究体系和子系统。研究的重点更多的是通过大学教育来培养专业干部，而对提高生产力的培训却非常有限。想要让"研究与发展"项目有效作用于墨西哥经济产出十分困难，不仅是由于墨西哥缺乏相关基础设施、科研政策及前沿研究知识，而且最富于创新、最高效、最有竞争力的企业都是外资企业，他们已经提前签订了研发团队以获得前沿科技手段，因此并没有兴趣投资墨西哥的科研或者专利研究。

事实上，对于这些外资企业来说，投资墨西哥科研甚至是与自己的利益背道而驰的，因为他们的许多子公司都致力于生产和销售自己的技术产品。墨西哥应该增加投资建立自己的技术基地，制定优惠政策推动学术界进行研发。然而，由于资源匮乏和国家对制定有效科研政策并不感兴趣，墨西哥政府无法为推动国家生产力做出必要的投资和改变。尽管国家为科学拨出的科研费用也不少，但是总金额在国民生产总值的比值其实还是低于往届政府，远低于1%，远低于经合组织认为发展中国家应投入的最低限度。

墨西哥企业和国家生产部门生产力低下的原因不仅限于国家缺乏竞争力，缺乏前沿科技或者是缺乏高级劳动力。当时贷款的利率极高，主要给墨西哥公司放贷的"墨西哥创业基金会"

(México Emprende），其利率上涨了 40%；"中小企业基金"（Fondo Pyme），其利率上涨了 10 倍以上。在六年时间里，共有 51,520 家公司成立，但其中 98% 是中小型企业，提供就业机会有限，工作的条件也不高。因此在六年里，尽管共新增了 240 万个就业机会，但仍有 250 万墨西哥人处于失业状态。因而，尽管政府出台了新的税收政策，成功降低外债，控制通胀以及货币贬值，然而墨西哥的经济发展依旧无法满足人民的需求。

2007 年，墨西哥的国内生产总值增长率为 3.3%，2008 年下降 1.5%，2009 年受国际次贷危机影响国内生产总值下降至 -6%，2010 年恢复至 5.5% 但在 2011 年再次回落至 3.9%，2012 年卡尔德龙以国内生产总值增长率 3.9% 结束任期。尽管 GDP 增势良好，但整体经济年均增长率仅为 1.9%。墨西哥人均收入下降，贫困人口比例再次上升，2010 年达到 46.1%，接近人口的一半。尽管之后贫困人口有小幅下降，2012 年贫困人口还是高达 45.5%。如果将贫困人口和缺乏必要生活物资的弱势群体加起来，那么这部分人口比例将高达 80.2%，也就是说只有 19.8% 的墨西哥人认为自己既不贫穷也不缺乏必要物资。

墨西哥国内市场发展受人民较低的购买力限制，仍然落后于其主要贸易伙伴的水平。因此，就业岗位有限，工资水平也不高，人民的生活水平、消费水平都不高。如果没有一个活跃的国内市场，大部分墨西哥公司就无法提供更多的就业岗位，人民的生活水平就很难提上去，即便在 2012 年卡尔德龙任期结束的时候，墨西哥经济秩序稳定，国库外汇储备高，通货膨胀率低，货币贬值在控制中。

值得庆幸的是 2010 年，墨西哥在西班牙新经济论坛（Nueva Economía Forum）获得"经济发展与社会凝聚力新经济奖"（Premio Nueva Economía al Desarrollo Económico y la Cohesión Social）。2013 年，在世界银行评估的 185 个适宜进行商务活动的

国家排名中墨西哥排名上升了5位，从第53名上升到第48名。但是另一方面，墨西哥的经济发展继续依赖于出口部门和外资企业的增长。另外，由于国内市场缺乏活力，其经济发展难以加速，所以尽管墨西哥是当时世界上最具活力的20个经济体之一，但贫困人口并没有显著减少，失业率也依旧偏高。

社会生活

由于人民缺乏就业机会，贫困人口百分比居高不下，实际贫困人口人数增加，国家加大了社会政策方案的覆盖范围。由社会发展秘书处（Secretaría de Desarrollo Social，Sedesol）负责开展的为期六年的项目继续被称为"机遇"（Oportunidades），计划覆盖500万户赤贫家庭，但是由于2008—2009年的次贷危机，最终还是覆盖了600万个家庭。2010年，墨西哥已经有1.12亿居民，6年后贫困人口总数从480万人增加到5,200万人。卫生、住房、教育等社会保障指标有所提高，受惠人群增加；但人口就业、工资收入和购买力方面都出现了倒退，粮食短缺问题也进一步恶化。

社会在各种矛盾冲突中艰难前行，一方面人权上升到宪法级别，2011年3月增加了国家人权委员会（Comisión Nacional de los Derechos Humanos）的权力和独立性，另一方面国内反人权暴力及袭击次数上升至前所未有的水平。暴力事件一年比一年多，墨西哥成了臭名昭著的不安全社会。贩毒团伙的数量越来越多，他们不断生产、运输、分销和销售大麻、可卡因和甲基苯丙胺等毒品。他们瞄准美国日益增长的毒品市场，积累了大量金钱和资本贿赂边界两边警察。

政府不断铲除犯罪团伙领导人，毒贩群体规模变小，但数量增多，且更具侵略性。帮派之间为了争夺非法活动的控制权导致街头暴力事件频发。贫困且失业的年轻人很容易加入到犯罪分子的团伙中，一些城市和地区变得特别不安全。犯罪组织越来越强大，甚至开始挑战国家在部分领域合法使用暴力的权力。虽然毒品贩运和犯罪活动在全国范围内都有，但是主要在八个州最活跃，分别是南部的格雷罗州、韦拉克鲁斯州和莫雷洛斯州，西部的米却肯州，中部的墨西哥州，北部的塔毛利帕斯州、齐瓦瓦州和锡那罗亚州。我们还必须提到北下加利福尼亚州和新莱昂州这两个边界州。在墨西哥的另外22个州，暴力事件很少发生。

墨西哥贩毒集团通过以毒品换武器的方式增强了武力，此外他们还拥有雄厚的财力不断贿赂当局。整个警察和司法系统越发腐败，打击有组织犯罪的力度越来越小。为此，卡尔德隆只能动用海军来对付犯罪团伙。但是这种打击方式的成本很高，因为尽管海军打击效果比警察好，但是他们接受培训的目的并不是协助警方工作。结果，暴力事件的数量呈螺旋式上升，造成数千人死亡。向犯罪团伙宣战是必然的，但是政府却没有制定出有效的战略，由此就一直没有解决如何协调地方政府和警察有效支援市政府和州政府的主要问题。

墨西哥国家地理与统计研究所数据表明（Inegi，2015a），2007—2012年墨西哥死亡人数高达121,613人。政府实施军事战略没有降低暴力事件发生率和死亡人数，另外，军营也不够容纳所有军队，因为用于训练特种部队的地方被海军占据了。自2000年以来，有组织犯罪造成的暴力和腐败问题连同贫困问题成为该国一系列重大社会问题。这些问题还影响到国民的日常生活等其他领域：受波及的企业倒闭，受影响的人们从原本的社区和城市迁移到其他市或者美国，造成了大规模的人口迁徙。2012年，墨西哥申请赴美的人数全球最多，申请人数多达200万。

文化生活

作为国家文化计划（Programa Nacional de Cultura）的一部

分，政府推动文化机构发展，鼓励人民消费传统和现代文化产品来直接支持创作者和艺术家，这是自福克斯政府以来为人熟知的文化政策特点。前卫艺术创作与美术，甚至音乐、舞蹈、手工艺等流行文化基本上都是由私人企业和基金会掌握的，当然还有独立的创作者和艺术家。全国文化艺术委员会（Consejo Nacional Para la Cultura y las Artes，Conaculta）沿用自 90 年代创立以来的政策——授予少量奖学金给著名的创作者和有艺术天赋的年轻人，为艺术基础设施建设、重塑和维护提供强有力的预算支持。

政府拨款改造博物馆，建立新的艺术空间和修缮墨西哥著名艺术家博物馆，如鲁菲诺·塔马约画廊、西凯罗斯博物馆等。墨西哥广播和电视频道 11 台和 22 台覆盖范围更广了，同时政府重新控制了这两个频道。国家行动党通过加大投资扩大了基础设施覆盖范围，为人们提供文化消费条件，但是对艺术创作者及其创作过程中的支持力度很小。尽管有国家创作者制度（Sistema Nacional de Creadores，SNC）以及国家艺术文化基金会（Fondo Nacional Para la Cultura y las Artes，Fonca）保护创作者权益，但是拨给艺术创作的财政预算资金依旧没有显著增长，远低于拨给文化基础设施的资金。但是总体而言，拨给文化建设方面的预算增加了，2006 年至 2012 年间从 61.21 亿比索增至 156.62 亿比索，其中大部分资金流入建筑行业。

但是在任何一个国家，文化所展现的生活维度远远超过政治或者政府倡议表现的生活形式，墨西哥也不例外。在流行文化领域，墨西哥在这些年里取得了一些成就——2010 年获得环球小姐选美第一名 2012 年伦敦奥运会墨西哥足球队第一次夺冠；还打破了一些吉尼斯纪录，比如 2011 年"僵尸游行"吸引了近 1 万人，打破了最多人同时跳迈克尔·杰克逊《颤栗》专辑舞蹈的记录，等等。可见，墨西哥一直是个乐观的民族，无论世道好坏，都保持积极的心态。

墨西哥人民的文化生活蓬勃发展，文化消费占据至关重要的地位。2012年"墨西哥文化消费调查"的数据显示，墨西哥在不丧失其文化根基的情况下，积极主动融入全球社会。2010年至2012年，墨西哥居民从1.12亿上升至1.14亿。2010年，有62%的墨西哥人参与过户外公共性质的文化活动。只有12%的墨西哥人参加了正式的文化课程和讲习班，课程种类丰富，包括舞蹈、音乐、绘画、文学、国际象棋、手工艺等。29%的墨西哥人更喜欢跟家人或朋友外出娱乐，参加公共场所举办的文化表演活动。40%的墨西哥人参加过室内音乐、舞蹈或戏剧等艺术表演活动。

在墨西哥，传统与现代生活有千丝万缕的联系。60%的墨西哥人参加过至少一个国家传统节日庆典、古老的宗教节日或地区娱乐活动。更有趣的是，在21世纪，仍有13%的墨西哥人掌握传统技艺，使用当地材料制作装饰和饰品等手工产品。这些产品或拿去销售或自己留着使用。与此同时，在2012年，有46%的墨西哥人至少有一次因文化需求上网，诸如阅读或下载图书、音乐、杂志、电影、视频等，共计有超过100亿次文化方面的互联网访问。受经济发展水平限制，人们并不总是能够负担得起一些文化产品，但人们总能找到方法解决问题，因为有37%的墨西哥人表示能够通过公共途径找到低价购买文化产品的方式。

第六章

新自由主义与政权更替：革命制度党回归和恩里克·培尼亚·涅托政府（2016—2018）

革命制度党重夺政权

  与之前相比，墨西哥小心翼翼地越过了六年危机，尽管政坛呈现出国家行动党、民主革命党和革命制度党三足鼎立的政治格局。经济上尽管加强了出口制造业的发展和财政纪律的管理，且把全国贫困率压在了 50% 以下，但就业机会不足、社会保障覆盖面不广且国内市场剥削劳动力情况严重致使当下社会民不聊生，半数人口处于贫困状态。这也是国家所面临的一大困境。

  有组织犯罪行为以及国家与贩毒团伙的战争导致危险和暴力事件不断增加，这引起了公众的强烈不满，而且很大程度上使得革命制度党成为 2012 年总统大选的赢家并重夺政权。国家行动党推选出了墨西哥有史以来第一位女候选人何塞菲娜·巴斯克斯·莫塔，民主革命党则让左派知名度最高的领导安德烈斯·曼努埃尔·洛佩斯·奥布拉多参与大选，而革命制度党的候选人则是恩里克·佩尼亚·涅托。选举过程和以往一样出现违规现象并遭到投诉，但最终结果不变——革命制度党赢得大选，恩里克·佩尼亚·涅托出任 2012—2018 年墨西哥总统。

第六章 新自由主义与政权更替：革命制度党回归和恩里克·培尼亚·涅托政府（2016—2018）

《墨西哥协定》

大选过后，执政党及其新领导者的首要任务便是调和政治力量。2013年，国家的三个主要党派共同签署《墨西哥协定》成为当年的新亮点。该协议的特别之处在于规定了国家的政治力量由这三个大政党主导，明确表示了三党联合支持众议院和参议院改革的意愿，同时还赋予新总统一定的决定权，为日后推进新政打下了基础，有利于选举过程的透明化、现代化和民主化。

这是革命制度党政府的第一个政治成就。毕竟，在国家行动党执政的12年中，让三个政党坐下来谈判并同意一起进行社会结构改革根本是不可能的事情。协约签署的第二天，即2012年12月2日，新总统佩尼亚·涅托上台。但之后，他的政治工作不再像这次一样顺利了。他的工作重心有三：提高国家综合实力，推动政治经济的民主化，提高公共政策制定过程中公民的参与度。2012年选举过程中的冲突对峙、有组织犯罪事件的增加以及日益增加的公民参与度的重要性促使三方达成协议，因为他们也想要在决策机构中获得一席之地。但是，所有的结构性改革都是次要的，国家行动党成了第一个进行深层次政治改革的主要推动者。

政治改革

2013年12月15日，经过各政党一致同意，政治体制改革正式通过了众议院和参议院的投票表决。主要变化集中在政治选举问题上，且在这一系列变革之中，有五项重新定义了国家的政治和选举过程的作用及其立法过程。

第一个同时也是最引人注目的是，众议员和参议员的连任期限延长至12年。在国家的众议院、州市议会等各区域政府机关，都是每三年选举一次。而国家级别的参议院和总统的选举都是每六年选举一次。改革之后，众议员最多可以连任 4 个任期，而参议员最多可连任 2 个任期且二者最多都有 12 年的时限。这是一项非常重要的举措。墨西哥革命的时候，人们高举"选举有效，拒绝连任"的旗帜反对同一政党和领导人的长期统治。"反连任"在 20 世纪革命民族主义思潮和墨西哥的政治文化中是一个十分重要的概念。然而这个概念的影响渐渐变弱，接受"连任"改革的人的诊断是：国家还需要专业的和更有经验的立法者的加入才能使得政治体系更加专业化。

第二项重要改革是市政长官及市长的重新选举。这些官职的选举曾经都是每三年一次，但改革后他们最多能连任 6 年。国家重蹈覆辙，只有一个党派长期掌握国家领导权的局面再次成为政坛的危机。但也有人认为，为了国家管理的专业化，值得冒这个险。由此，大会一致赞成所有职位的连任并将在 2018 年开始实行。

第三项则与打击犯罪活动有关。当局设立了一个总检察署和两个特别检察机构，其中一个负责打击选举舞弊行为，另一个为反腐败机关。这个检察署将取代国家最高警察机构——墨西哥总检察署（Procuraduría General de la República）并计划于 2018 年起开始运作。

第四项是将当时的选举机构，即联邦选举协会，替换为国家选举机构（Instituto Nacional Electoral）。后者比前者拥有更多的权力、成员和财政预算。这项举措的新颖之处在于通过撤销每个单位的选举委员会的权力，来集中地控制全国范围内的选举进程。

第五项是革新选举进程的规章制度，这不只影响到选举方面，同样也影响了政府新的治理方式。选举从 12 月 1 日改到了 10 月 1 日，那么相比于之前，抗议的时间也就缩短了 2 个月。同

第六章　新自由主义与政权更替：革命制度党回归和恩里克·培尼亚·涅托政府（2016—2018）

样，国会的换届也从原来的 9 月 1 日提前至 8 月 1 日，选举正式开始的时间也从 7 月 1 日提前到 6 月 1 日。

在这一系列改革中，值得一提的是所有选举职位的候选人遵循性别平等的要求。从 2018 年起，所有党派的公职人员、参议员、众议员、市政最高领导及其议会的所有人员编制中男女的人数应当相等。这一改革至关重要，因为它在政治领域追求真正的性别平等，积极地面对性别歧视问题，维护了平权运动的进行。另外需要提到的是，虽然左派的民主革命党没有做出表率，但革命制度党和国家行动党一致支持本次政改，这种政党之间建立起的合作关系也是难能可贵的。

这些政改是佩尼亚·涅托政府所取得的最坚实的政治成果。在《墨西哥协议》的框架下，许多结构性改革得以在政府议会的推动下继续发展。然而，改革的有效性非常有限，有些甚至适得其反，契约在几年内便被打破和遗忘了。除了革命制度党和国家行动党日渐疏远之外，还有其他一些变化。左派分裂后，第四大政党登上政治舞台并逐渐壮大，在两次大选中失利的洛佩斯·奥布拉多发起了国家再生运动（Movimiento de Regeneración Nacional，MORENA）。这是一个比民主革命党更加"左"倾的政党，且其权力集中在最高领导人身上。

结构改革

佩尼亚·涅托在投票表决后的前两年进行了几次结构性改革。首先是能源部门的改革，特别是对碳氢化合物能源和电力的改革——允许私有资产和外资注入国家的石油开采项目，公开向国内外企业在石油天然气丰富的海陆领域招标。二是支撑经济发展的金融改革，扩大民间信贷覆盖面，用国家公款推动发展银行业。三是通信业的改革，减少市场垄断现象，允许外商全额投资，并促进电话、宽带和各种数字服务的现代化。四是劳动改革，灵活调整并运用劳动合同和劳动法。五是财政改革，扩大税收征收。这五个领域的改革旨在改善国家的经济。第六项改革是为了改善教育条件和状况。接下来简要介绍这六项改革在头几年的进展和情况。

能源改革

最重要的无疑是能源改革，旨在使发电来源多样化并改善现有技术。墨西哥目前正在推广风能和太阳能，引进新技术来生产和使用电力，同时探究生物燃料的应用。最重要的革新与石油和碳氢化合物有关。2013年12月11日，参议院以95票赞成、28票反对通过了能源改革，次日众议院以354票赞成、134票反对通过，并于12月20日正式颁布该法律。2013年的石油平均日产量为250万桶，改革计划2018年增加到300万桶，到2025年则将增加到350万桶。同样的，改革施行后预估2018年天然气平均日产量将从原来的14万立方米增加到2.2亿立方米，到2015年将增加到2.9亿立方米。

如今墨西哥的法律允许国内外的私资和外资通过公开的国际招标程序和长期的租借权投入到石油和天然气的直接开采项目（包括薄矿层和油井等）中。墨西哥是20世纪以来世界上最大的石油生产国之一，而自21世纪初起，墨西哥的石油产量急剧下降。虽然在墨西哥湾深水区及海滩和陆地上的油井附近的小型油田都有巨大的石油和天然气储量，但国家既没有技术也没有资本，因此改革的最主要目的就是吸引外资和国外技术去开采这些深水区。而这一点恰恰是遭社会严重抨击的地方，因为石油资源属于国家，所以石油的私有化被视为对共同利益的侵害。

支持改革的人认为，能源改革至少还有以下好处：降低电力、煤气、汽油和食品的价格；所探明的石油和天然气储量将翻倍；在现有的基础上增加石油和天然气产量；2018年创造50万

第六章　新自由主义与政权更替：革命制度党回归和恩里克·培尼亚·涅托政府（2016—2018）

个工作岗位，到 2025 年将创造 250 万个工作岗位；经济方面，2018 年将增长 1%，2025 年将再增加 2%。

另一方面，除了那些与国家民族主义相关的或真或假的批评外，批评者还指出，尽管石油的开采量还将增加，但现有的 140 亿桶储油将在 10 年内耗尽，而墨西哥根本不可能在这段时间内完成向替代能源或新能源的转型，如此下去墨西哥将失去这一能源优势。与此同时，大部分的石油生产链将转移至国外，因而国内资本也将大大减少。国家石油公司 Pemex 的税率减少得不够充分，这让其很难与大型的外国私企竞争。简而言之，这项改革并不能确保会有大量的新就业机会，而且还将让国家错失创造特别发展项目和动用石油基金的机会。最后，私有化不能让人们获得廉价的能源，这将阻碍国家经济的发展。

改革四年后发生的两件大事影响了人们对能源改革的优劣性评估。首先是石油的国际价格长期下跌，甚至跌至 40 美元一桶，一直到 2017 年末都没有一点起色。第二个是因为油价的崩盘，自 2005 年，国内外资本对墨西哥政府的能源改革和 Pemex 的新政不感兴趣。因此人们还未能对这项改革所带来的好处和风险做出一个客观的评估，同样，石油私有化到底能走多远也是一个待解决的问题。然而，有些国家实现石油私有化后，起初的短期内会有收益，但就中长期来说会对国家发展产生负面影响。

金融改革

2013 年 9 月开始的金融改革的重点是实现四个目标。首先是促进国家开发银行（Banca de Desarrollo）的发展，即国家应收回金融主动权，以推动大型发展项目的进行和一些社会主体的发展，例如那些由于风险水平低或盈利能力较差而不能获得私人信贷的单位。在国家企业部门中占 97% 的微、小型企业往往无法顺利获得信贷，这造成其商业竞争力低下并成为一大弱点。一个不够坚实的国家开发银行也无法支持贫穷的社会从福利项目过渡到生产性项目。但是国家经济增长率和油价的下滑却一直阻碍国家开发银行的发展。

其次是在信贷和处理外汇方面为私资银行建立更大的法律确定性。

再次，加强现有金融部门的稳健性。如今墨西哥已经将现代银行系统数字化，而且几乎全面普及，所以这两个目标就目前来说都已实现。

最后，刺激银行行业的竞争并在其中催生更多的行业竞争者。尽管金融机构和大银行的垄断现象并没有减少，但银行间的竞争力逐步提高，从而给消费者带来积极影响。

通信改革

第三项是通信行业的改革。2013年6月11日《联邦电信和广播法》开始生效。尽管四年来经历了许多挫折，但这是一次结构性改革并改善了国家通信的情况。这项改革试图使通信设备现代化，诸如从模拟系统改为数据系统，建立宽带，步入2.5代移动通信技术，让移动电话、互联网、电视、无线电以及各种电子卫星和通信手段得以更好的发展。在这个过程中遇到了不少障碍，但结果是相当积极的。通过数字技术，几乎所有的频谱和基础设施都脱离了模拟系统。由此，墨西哥成为拉丁美洲第一个在2015年年底完成"数字中断"（apagón digital）的国家。

第二个有所进展的是在立法和监管方面加强了对传播权和消费者个人资料的维护，其中包括对"携号转网"的加强管理，电话用户在更换电信服务运营商时，可以保留原有的号码，这种技术世界上至今没有几个国家可以做到。作为公司和消费者之间的仲裁者，联邦电信委员会（Instituto Federal de Telecomunicaciones）虽被指责支持政府的垄断决策，但它在数字化进程中起到

第六章 新自由主义与政权更替：革命制度党回归和恩里克·培尼亚·涅托政府（2016—2018）

一定的平衡协调作用，例如，它在维护言论自由和获取各种信息的权力方面做出了重要贡献，特别是在互联网和社交网络上。

在 2014 年 3 月和 4 月所颁布的二级法令中已经涵括了以上的变革。该项法令主要有两个方面：第一个方面主要是降低价格、扩大宽带覆盖面和互联互通范围，这些都对消费者有利。第二个方面则不太受欢迎，因为特许公司根据当局的要求可以阻止、禁止甚至取消一些服务，并且可以自行获取客户的设备、位置及其他信息。人们认为政府试图通过限制网络的内容、减少公众发声的机会和交流的自由以降低间谍活动的风险。由于民间社会、各大政党和国际社会一致反对，这项二级法令仍有待商榷，但并未完全取消。

比起改革前，墨西哥的通信行业变得更加开放和现代化，且行业内竞争加剧，但它仍在很大程度上受到垄断的控制，这也是全球通信行业难以避免的。一系列促进自由竞争的方案指向了一些应受管制的主要经济行为体，如 Telmex、Telnor、Telcel、América Móvil、Grupo Carso 和 Grupo Inbursa。这六大电信企业都在墨西哥巨头卡洛斯·斯利姆的旗下，其中有几家在拉美甚至世界上的其他国家中也是赫赫有名。而在广播电视领域，阿兹卡拉家族控制的 Televisa 集团及其附属公司是企业龙头。

在 21 世纪，电信业仍然是最具扩张性、经济实力增长性以及政治和社会影响力的领域之一，这里催生了许多强大而富有的企业，同时也是政治生活和新社会交往的领域。墨西哥的通信业急速发展——2017 年年中，全国人口达 1.2 亿多，而其中有 7000 万是互联网用户且拥有自己的电子设备。这意味着除了 6 岁以下的儿童，全国有 63% 以上的人每天都上网，而且人们在互联网上花费的时间已经远远超过了看电视和听广播的时间。

在墨西哥，互联网的主要用途集中在社交网络（87%）和发送电子邮件（78%）上。最常用的社交网络有 5 个：Facebook

(95%)、WhatsApp（93%）、YouTube（72%）、Twitter（72%），和 Instagram（59%）。80% 的用户通过智能手机访问社交网络。互联网的作用不止于社交，它还促进了经济的发展——大约有 50% 的用户在 2017 年通过互联网进行了经济交易。但最引人注目的是，墨西哥的互联网用户中有 60% 对 2017 年的政治信息感兴趣，其中 97% 通过社交网络，80% 通过新闻网站对此进行了搜索，且主要的政治话题关乎竞选提案（87%）、人物和候选人（77%），还有 71% 的人对腐败和透明度的信息感兴趣（El Economista, 2017）[①]。我们可以看到，社交网络对墨西哥的政治生活和竞选活动的影响已超过了其他媒体，并且影响越来越大。这个国家已经处于政治生活的数字化时代并开启了商业的数字化发展。

劳工改革

第四个改革对墨西哥劳工方面具有深刻影响，而且比前三项更具争议。在墨西哥，工人、雇主和劳资关系主要受到 1917 年颁布的《政治宪法》第 123 条和《联邦劳动法》的约束。该宪法条款的劳工改革于 2012 年 11 月 30 日颁布，当时费利佩·卡尔德龙在位，但距佩尼亚·涅托上任只有两天。相比之前，新条款有大篇幅的改动，并且改变了《联邦劳动法》维护工人权益的精神，它更侧重于提高竞争力和劳动合同制度的现代化。

有一种说法是，很大程度上资本并不能创造更多的就业机会，因为法律本身限制了工人的福利政策和对合同的过度控制。在全球化背景下国家所面临的问题是：为了创造更多的就业机会，应如何提高墨西哥的国际竞争力，并通过维持低廉的劳动力

---

① 引自 economista.com.mx/industrias/2017/05/18/7/datos-sobre-usuarios-internet-mexico-2017（参考日期：2017.8.14）。

第六章 新自由主义与政权更替：革命制度党回归和恩里克·培尼亚·涅托政府（2016—2018）

价格来吸引外资而又不损害工人的权益。这个问题至今仍是限制墨西哥发展的主要因素之一。

现行的《联邦劳动法》共有362处修正，主要围绕劳动合同做出一些调整，包括简化合同签署程序、允许以小时为单位进行雇佣和支付、支持各种服务的外包链、允许无限次短期合同的签发合同等重要条款。此外，积极的措施还包括：加强对童工现象的管理，在墨西哥，雇佣14岁以下的童工被视为非法行为；支持残疾人平等就业；提倡职场上的性别平等，加大职场骚扰的惩罚力度；放宽职工获取住房贷款的条件；通过立法减少劳资冲突。

此外，2016年总统府还提出了新的法律法规来规范1500个工会的管理和运作，为其法律有效性和集体工作协议的管控和运作提供更有利的条件，规定工会强制性或非强制性的成员资格，以及保障工会会费的合理使用。经过漫长的辩论，这些有关劳工的新法律于2017年2月开始实施。其中最为突出的便是解散负责解决国内劳资纠纷的调解仲裁委员会（Juntas de Conciliación y Arbitraje），并代之以由司法权力机关掌管的劳动法院（Tribunales Laborales）。

改革的支持者指出，此次劳工改革的结果利大于弊。当时劳动力市场增长的速度比经济发展的速度快许多——2013年、2014年和2015年的就业人数分别增长了2.9%、4.3%和3.7%，而相对应的经济发展只增长了1.3%、2.3%和2.5%。有28万个工作中心被并入向工人发放贷款的组织中。到2016年中，已多产生了80万个工作岗位。另外，这些年来在联邦管辖区内没有出现一次罢工，这也是前所未有的成就。

而没有在新法律中受益的人则表示，改革的成果并不如所说的那么好，因为这些就业岗位的大部分是本来就有的，法律的颁布只是让它们规范合法化。而且，新的劳动法中承认临时合同、按小时计算工资和外包工作等措施，让劳动更加没有保障，减少了固定正规的就业岗位的产生，造成下岗现象增加，而且降低了雇工的实际工资。也就是说，新法律旨在增加就业机会，却以牺牲工人的社会保障为代价。改革给工会带来的积极影响主要是打击工会中的腐败现象并给予工会成员更多自由发展空间，但另一方面又造成更加频繁的劳工冲突、出现更多官僚主义、增加劳动法院的开支，同时还降低其效率。除此之外，政府加强对工会的管制也被视为一个倒退的行为。

现在就要判断出劳工改革对整个经济的长期影响为时尚早，但职工们已经开始厌倦了。新法律的灵活性的确让一些与全球化和数字化办公相关的新型工作得以生存，例如家庭办公、远程办公等，这类工作主要通过互联网和计算机设备来完成。在墨西哥发展起来的还有"呼叫中心"。办公形式逐渐现代化，但也不容忽视"外包工程"、按小时计算工资和临时合同所催生的许多不稳定工作所产生的不利影响，因为这让大部分新的年轻工作者没有稳定且有保障的工作。就业仍然是墨西哥当今社会所面临的一大难题与挑战，毕竟在这其中凝集了这个国家现在与未来的社会、政治和经济问题。因此，我们有必要更仔细地观察当前的状况和特点。

截至 2017 年 8 月，墨西哥有 74% 的人口年龄不小于 15 岁。其中的 60% 拥有实际工作或者在前一个月找过工作，也就是说，有超过 5400 万人构成了经济活动人口（Población Económicamente Activa，PEA）。96% 以上的人在职，且有 3%～4% 的人，即不到 200 万人处于无业或失业状态。若分析从 2015 年 1 月到 2017 年 7 月这段时间（劳工改革的两年半）内人们在墨西哥的就业情况，可以说局势稍有好转——2015 年 1 月不小于 15 岁的墨西哥人的 PEA 是 58.8%，而 2017 年 6 月的是 59.3%，即 PEA 上涨了 0.5%。但是在职率同期从 95.4% 涨到了

第六章　新自由主义与政权更替：革命制度党回归和恩里克·培尼亚·涅托政府（2016—2018）

96.7%，比 PEA 涨得更快；失业率也从 4.5% 降到了 3.2%（ENOE，2017）。这些数据显示，部分劳工改革的目标正在逐渐落实，正如就业岗位数目，尽管这可能与其他原因所带动起来的经济局势的好转有关，例如更多外资的注入和油价回升等。

与此同时，我们可以观察到关于就业和职工的一些突出的社会特点与现象。最显著的莫过于工作人员编制的老年化。职工的平均年龄将近 40 岁，这就说明年轻一代融入劳动力市场的节奏缓慢，且年轻人失业率高的现象仍是社会的主要问题之一。人们的平均学历水平为高中，学习经历大约为 9 年。大部分人识字且接受过教育，但是都不够专业。人们每周一般工作 42 个小时，但是薪资水平非常低，每小时大概 36 比索（相当于 2017 年 6 月的 2 美元）。也就是说，墨西哥一份正规工作的平均月薪约为 336 美元（Inegi，2017）。另外，如今第三产业的发展在墨西哥也十分显著，特别是在城市里，有 60% 的人致力于第三产业中各个类型和销售的服务行业。有 25% 的人服务于工业和制造业，而只有 12% 的人从事农业、畜牧业和渔业。毕竟墨西哥已是一个城市化社会，大部分人口都集中在不同规模的城市里并且主要在服务行业工作。

最后，值得一提的是，城市中的非正规工作率仍然很高，在 30%～40% 之间波动，尽管总体来说已经下降了 26%。但在一些城市里该比率超过了 60%，而在其他地区却远不及这个水平。超高的非正规工作率无疑与国家贫困、缺少社会安全保障、工作不稳定和生活质量低下相关。种种这些导致工作人口的平均收入低下和年轻人的高失业率。这就解释了为什么在全球化影响下墨西哥的经济虽有所发展，但仍有几乎一半的人口还难以摆脱贫困，以及青年失业现象如何加剧社会犯罪等问题。

财政改革

第五项改革是财政改革。在过去十年的国际化进程中,墨西哥和其他拉美国家的税收负担明显增加,因此其占 GDP 的比例也逐年增长。由于拉美地区抛开了贸易保护主义且开始了国际贸易,财政改革就显得十分必要了。正如墨西哥,由于对所有进出口商品和活动都降低了赋税要求,所以国家必须对内征收更多税金才能弥补损失。就这样,拉丁美洲 19 个国家的平均税收从 20% 上升到 24%。通过结构性的调整,国家实现了对薪金和各种收入等直接税收的增加。换句话说,公民、职工、公司和业主将被征收更多税金。同样的,增值税水平也进一步抬高。

2013 年底,国会经过激烈讨论后颁布了一项财政改革并于 2014 年开始实施。这项改革在原有的基础上新增了一些条例,将更多的人群纳入赋税体系并提高了税收负担的比例和产品消费税。结果自然有好有坏。一方面,国家的税收收入逐年增加。另一方面,改革动摇了微、小型企业的根基,导致数千家企业因负担不起新的税金而最终倒闭。

许多微、小型企业家退出市场,有的则转向了大城市的非正规行业。这样的形势迫使国家每年都得重新修订改革条例,或取消或调整或增加新税费。大中型企业已经能够将其财务控制现代化和数字化,他们通常缴纳更多的税收,其服务成本更高,而这些资金成本最终会转由消费者支付。国家逐渐加大改革力度,但大多数微小企业家、专业人员以及普通职工的薪资都因此而下降。在拉美国家中,墨西哥税收收入占 GDP 比例仍然是最低的。像古巴、阿根廷和巴西这几个国家的税收都占了本国 GDP 的 35% 以上,但墨西哥只有 11%~12%。

经合组织成员国通过税收达到其国内生产总值的 33%。而增值税,即国内直接对产品的消费征税在墨西哥占到比较大的比

第六章 新自由主义与政权更替：革命制度党回归和恩里克·培尼亚·涅托政府（2016—2018）

例。相比于经合组织成员国 15.5% 的平均税率，墨西哥的增值税税率达到了 16%，远远超过了拉美国家的平均水平（10%）并在拉美区域排行第六。尽管如此，墨西哥的税收仍然较少。那么，墨西哥政府是如何维持其开支的呢？答案是石油。由于能源改革允许石油开采生产项目的私有化，所以对石油和国有石油公司 Pemex 的征税十分之高，尽管税率随着每年油价的改变而改变，但大致都占全国财政收入的 20%～30%。所以说，问题并不在于税率高低，而在于税收的低收取率。

造成这种现象的原因有多个。税收的低收取率来自各种产品的增值消费税和某些群体的所得税，而被征收税费的往往是弱势群体或基本产品。当然，纳税的还包括强大的财团和政治团体，但因腐败问题造成了大规模的逃税现象。另外，40% 的人口贫困现象和大规模的从事非正规行业的群体中也出现了一些漏税的情况。在墨西哥，人们越来越意识到纳税的必要性，但大家都期待纳税之后国家能为社会做出一定的反馈。意思是说，如果国家能优化公共卫生服务、教育和安全等社会环境，特别是有针对性地打击腐败和逃税现象，那么，企业家、职工乃至全社会其实都有意愿缴纳更多的税收。

墨西哥企业

谈到税收问题，我们不得不来聊聊墨西哥的企业情况。墨西哥的正规企业是国家经济的骨干，但由微、小企业和独立工作群体构成的非正规行业也是国家经济的重要活动组成。后者更多是为了解决谋生问题而不是积累财富，但它在危机时期的确对国家经济起到缓冲作用。在墨西哥的城市地带，全球化产品和服务已经能很好地融入市场并在贸易网络中促成了许多中间交易活动和国际贸易，"由下至上的全球化"（globalización desde abajo）（Alba et al., 2015）由此形成。从这个意义上讲，非正规行业具有十足的弹性，它可以在全球化的框架下在大城市发展，且在国家的北部和中西部地区发展得比南部和东部要好。特别是在墨西哥城、蒙特雷、瓜达拉哈拉和蒂华纳，非正规行业尤其活跃，其经济单位和工人的规模大约占全国市场的30%～40%。

那么，墨西哥有多少企业呢？大规模非正规行业以及许多游离在正规与非正规行业之间的公司的存在让人很难对此做出准确的评估，而数据只能让我们无限靠近那个准确值。若直接统计街道上的各类场所，则可估计全国共有5,039,911家企业（Instituto Nacional de Estadística，2016）。其中超过40%的企业，即210.9万家企业从事零售业，还有另外15%为其他小型服务商。但这些企业的规模有多大？

另外一个只统计了当地企业和场所的数据显示全国共有4,048,543家企业，3,952,422家为微型企业，这些企业的员工一般不多于5人；79,257家是小型企业（员工不多于10人），且只有16,754家是中型企业（员工11～50人）。占97.6%的微型企业提供了全国75.4%的就业岗位，而占2%的小型企业和占0.4%的中型企业相应地提供了全国13.5%和11.1%的就业机会（Instituto Nacional de Estadística，2015b）。

2017年8月报道称，墨西哥最稳定、正规的企业共有696,159家，其中90%归属于商业和服务业，其余的10%为制造业。大部分企业（640,372家）最大的规模只有10人，有42,856家只有11名职工，9,160家的规模为51～259人，且只有3,771家企业拥有大于250人的规模（Secretaría de Economía，2017）。这个数据来源只专注于正规且有一定规模的公司，没有覆盖到现有的所有企业，所以没有太大参考价值。由此可见，尽管墨西哥企业竞争十分激烈且逐渐趋于全球化，同时也有许多像Cemex水泥公司、Bimbo面包公司、Telcel电信公司和商业大亨卡洛斯·斯利姆的多家企业等国家化公司的存在，但事实是中小企业占据了墨西哥商业领域的大部分空间。

教育改革

最后一项是教育改革,通过这项改革,我们能了解到墨西哥当前的教育状况。为了提升教育质量并赶上经合组织的国际标准,2013年2月26日国家颁布了一项教育改革,修改了《宪法》第三条有关教育的条款并将这一领域纳入国会的掌管范围内。实质上是提议赋予国会更多对一般教育程序进行统筹的权力,同时设立通用的专业教学法和国家教育评估机构。换句话说,改革主要是针对教师群体。

自革命以来至2000年,墨西哥的教师群体一直是重要的政治参与者以及政府的重要盟友。其委员会是墨西哥乃至全拉美最大的联盟,现已有超过100万名教师成员。所以教师这一群体在国家政坛是很有分量的。改革实施后情况有所改变,国家从小学到高中的教育质量开始有所改善。工联主义和教师政治化是全球化背景下墨西哥的教育竞争力减弱的两个重要因素,除此之外,其他因素也起到了决定性的作用,例如教育方案设计不贴合国家人力资源和文化、在科技教学上投资比重少、盲目追求国际标准而不考虑国家的实际需求以及没有及时调整国家教育政策等。

这项改革从一开始就多少涉及一些政治和劳工的内容,并且将教育现代化放在了首要位置。在这充满冲突的四年中,更多是在墨西哥城、瓦哈卡和格雷罗州的某些地区中,改革取消了教师工会的权力,且其主要工作便是重新评估和衡量教师的职业生涯。但在价值观念、教学过程与方法、基础设施的改善和数字变革等其他方面还需要更深刻、更彻底的改革,才能让墨西哥的青少年跟得上时代的步伐。

墨西哥在教育方面取得了令人瞩目的进展,特别是在教育覆盖面和基础教育扩展方面。2015年,3~24岁学龄人口为4,700

万，其中的 32,575,518 人都受过教育。也就是说，国家教育体制已经涵盖了需受教育的 68% 的人口。目前，有 63% 的 3~5 岁的儿童正在接受学前教育，96.4% 的 6~14 岁的儿童正在上小学（6 年）和初中（3 年），44% 的 15~24 岁青少年在接受中高等教育。在 2000—2015 年间，墨西哥的教育体系有三项重要的进展：中高等教育的覆盖率从 32.8% 上升到 44%，提升了约 11.3%；15 岁以上的人口的文盲率从 9.5% 下降到 5.5%；15 年以上人口的平均受教育年限从 7.8 年提高到了 9.6 年。

墨西哥的国家基础教育中共有 25,980,148 名学生，其中有 4,804,065 人小于 6 岁并正在接受学前教育，14,351,037 人正接受小学教育，6,825,046 人正在念中学。中高等教育中共有 4,813,165 名学生，其中 72,334 人为技术专业学生，4,740,831 人正在念高中。有 1,782,205 人注册登记了高等教育，其中 34,625 人就读于师范学校，1,634,184 人是高等院校和技术学校的学生，全国只有 113,396 名在读研究生（Instituto Nacional de Estadística，2015a，2017）。总共有超过 3,250 万人接受教育。2017 年，全国只有超过四分之一的人在学校内就读。

第七章

近代墨西哥以及未来的挑战

人 口

2010年,墨西哥人口总数为124,336,539人。2015年3月,这个数据为119,530,753人,预测2017年8月人口总数为123,364,426人(CONAPO,2017)。值得注意的是,墨西哥人口一直不断下降,直到1970年才停止下降趋势开始稳步上升:1990年到2000年的墨西哥人口增长率是1.9%,2000年到2010年是1.4%,2010年到2015年保持在1.4%。在墨西哥人中,男性占48.6%,女性占51.4%。尽管墨西哥女婴的死亡率相对较高,但是女性的平均寿命相对较长,平均78.9岁,而男性平均寿命是73.1岁(WHO,2017;Instituto Nacional de Estadística,2017)。墨西哥继续享受过去几十年的人口红利,2015年的人口平均年龄为27岁。因此,墨西哥人口仍旧比较年轻,对就业和职业培训的需求比较高。而我们之前提到过的有正式工作的经济活动人口平均年龄为39岁,可见失业人群主要还是年轻人。这也是墨西哥需要解决的一大难题。

墨西哥青年

联合国或联合国开发计划署等国际组织将"年轻人"定义

为年龄在 15 至 24 岁之间的人群，墨西哥最高统计控制机构国家地理与统计研究所采用的也是这个标准。然而，由于墨西哥进入劳动力市场的多数人仍需要学习进修才能够申请公共政治岗位，许多官方调查都将年轻人的范围扩大到 15 至 29 岁，本书也将采用这个标准。2015 年，墨西哥青年占全国人口 25.6%，其中 9% 为 15～19 岁，20～24 岁的为 8.9%，25～29 岁为 7.7%。

根据最近一系列从青年人口中抽取男女代表进行的问卷调查的结果显示（Enhpccm, 2010; Imjuve, 2011; Encucum, 2012; Instituto Nacional de Estadística, 2014），墨西哥的年轻人群大致呈现以下特点。就业方面，56% 的人有工作，其余的人既没有工作也没有工作经验。其中一半的待业青年仍在学习，而 20% 的男青年和 24% 女青年既不学习也不工作；20 岁到 30 岁的人群对工作的需求最大；25% 的女性是家庭主妇，48% 仍在学习，平均受教育年限为 9.8 年，也就是说达到墨西哥中等教育水平。

60% 的年轻人为单身状态，通常和父母一起生活，其余的已婚或者和伴侣同居。然而，52% 的人平均在 17 岁已经拥有性生活，通常是和男朋友或女朋友或者与朋友获得第一次性经验。至于性行为，无论是单身还是有固定伴侣，男女在 15～30 岁之间的行为几乎相同，没有性别之分。与父母一代相比，墨西哥年轻人将婚前性行为视作约会和寻找伴侣的一部分。婚姻不再是开始性生活的象征性仪式。

虽然不是每个人都可以学习，但是无论是否学生，人们都倾向于认为是学习而非尽早工作更能促进社会流动。那么学习的动力是什么呢？普遍是为了找到工作和获得更体面的收入而不是选择特定的专业。确实有部分人既不学习也不工作，但是也有许多其他墨西哥人边工作边读书。年轻的墨西哥人进入劳动力市场的时间偏早，平均年龄为 18 岁，当然还有相当多的未成年人劳动者。

墨西哥儿童和青年在 18 岁之前与家庭保持着紧密的联系。在 18 岁之前，父母和老师对孩子形成自己观点和品味的主要影响是在性态度、政治偏好和对毒品和酒精的态度等方面。而成年人在电子产品消费、时尚、音乐和娱乐方面对孩子几乎没有什么影响力。18 岁前孩子的主要陪伴者为父母，18～29 岁陪伴主要来自朋友和伴侣，而 29 岁以后主要是伴侣。然而现在有很多年轻人都存在沟通障碍问题，有 25% 的 15～29 岁的年轻人倾向于把自己的问题或者自己的喜好憋在心里，既不跟长辈讲，也不跟自己的同龄人说。

墨西哥年轻人与政治

在政治方面，有 40% 的年轻人认为情况很复杂，有 60% 认为很简单。超过半数的年轻人不满意墨西哥的民主表现，76% 的年轻人认为墨西哥政党没有尽到完善民主的职责。从数据上我们也能看出来，与几十年前的政党相比，最近的执政党确实少有建树，但不可否认的是他们的确破除了部分总统制政体。

在 68% 的年轻人看来，总统的地位是与政党同等重要的，只有 45% 的人认为公民在某种程度上对政治是有影响的。也就是说，大多数墨西哥青年都认为墨西哥实质上仍然是一个总统制国家，尽管事实并不是这样的。也许这就是 85% 的年轻人表示对政治并不感兴趣、96% 没有参加政党、91% 也不参加社会组织或公民组织的原因。正如全球其他国家的青年一样，墨西哥青年的政治热情似乎并不高，但是他们在社交媒体上的参与热情高涨，自发参加社会运动。难道墨西哥青年真的对政治不感兴趣吗？还是说由于政党缺乏公信力，墨西哥的现代政治生活已经延伸到其他网络平台了？其实在全球化的 21 世纪，许多国家都出现了这种现象，社交媒体平台成为青年政治参与程度最高的地方。

女人与家庭

我在之前提到过,墨西哥有一半以上的人口是女性。近30年来,随着墨西哥在全球化的道路上越来越深入,两性关系发生了很大的变化,主要反映在家庭中。实际上半个世纪以前,家庭的人口组成就开始转变了。1965年,墨西哥家庭平均有7个孩子和9名家庭成员;1990年,减少到3个孩子和5个家庭成员;2015年有2.2名儿童和3.9名家庭成员。2017年,典型的墨西哥家庭将会变为核心型,由母亲、父亲和两个孩子组成。有一半是双亲家庭(50.9%),四分之一(26.5%)是单亲家庭。在这些单亲家庭中,有94%是单亲妈妈家庭,只有6%是单亲爸爸家庭。也就是说,有四分之一的墨西哥家庭是由一名女性来把持的。其余32.6%是独居家庭或者是多代同堂甚至和亲戚或朋友一起住(CONAPO,2017;INEGI,2015a)。

女性就业

越来越多的女性离开家庭进入全国各地的劳动力市场。目前,女性在经济活动人口和就业人口所占比例均为38.1%(分别为27,401,100经济活动人口和2,000,000,000就业人口),而男性在这两个指标中占61.9%(分别为33,404,800经济活动人口和32,330,000就业人口)。换句话说,在墨西哥,每10个工作岗位中就有4个是女性,6个是男性。在城市就业的女性比农村多,去掉零头的话约有900万名女性在服务业就业,500万从事贸易行业,只有300万名女性从事制造业,因为从事这一行业的女性工资最低且最没有保障(STPS,2017)。

随着越来越多的妇女进入劳动市场,她们的生活水平也越来越高，社会地位也不断提高，尽管她们的收入普遍比男性少30%，升职速度也较慢，还要面对频繁的公共场所性骚扰等问题。有孩子的女性劳动人员处境最为艰辛。15岁以上有孩子的女性经济参与程度为44.1%，其中97.9%的女性还得承担家务。其中72%的工作女性是单身母亲，72%的女性离异，68%的女性分居（Inegi，2015a；CONAPO，2017）。10名有子女的女性中有7名在工作或在找工作。为女性劳动者争取公平待遇是墨西哥最重要的公共和社会政治难题之一。

性暴力和性别平等

随着墨西哥妇女在公共生活中的地位逐步上升，其主要社会力量不仅获得了更大的自主权以及经济独立，还对大男子主义传统发起挑战，加剧社会性别关系紧张局势。值得强调的是，家庭暴力一直是墨西哥着力解决的问题之一。因此，应该指出的是，性别暴力是墨西哥目前正在努力解决的问题之一。政府出台公共政策打击性别暴力，同时还有许多民间女权组织维护女性权益。国家积极从性别角度出发寻求新的法律适用范围，着力提高司法部门和警方对该问题的敏感度。

只需列举一组数据就能够说明墨西哥家庭暴力的严重性：超过60%的墨西哥妇女认为自己曾遭受过某种形式的暴力，50%表示受过精神虐待，40%曾遭遇性侵。虽然这通常仅是口头调查，但高达34%的女性曾报案遭受身体暴力，30%的人在工作中遭受歧视（Endireh，2017）。尽管在世界其他国家情况可能更糟糕，但打击对妇女的暴力行为是墨西哥公共政策的优先事项。自从1953年10月17日女性获得选举权以来，墨西哥在保护女性权利这方面已经取得了很大的进步，但性别平等依旧是墨西哥社会和政治议程中最重要和最迫切的问题之一，民间社会、政党和公共行政仍在为社会达到性别平等不断努力。

老年人

在过去 30 年，墨西哥一直在享受过去几十年的高出生率积累起来的人口红利。同时，墨西哥人口的特点也与青年问题有关，教育和就业问题尤为突出，正如其他发展中国家一样。这种情况逐渐开始改变，老年人的数量正在增加。就国际标准而言，例如世界卫生组织（WHO，2015）将 60 岁以上的人群划分为老年人。但是由于许多国家平均寿命更长，老年人的年龄线正在重新划定中。而就医疗、公共卫生方面而言，墨西哥通常将 60 岁以上的人群归为需要保护的弱势群体里；然而在公共政策、劳动法律以及退休权利方面，75 岁以上的人群才被归为老年人。

如果我们用国际上接受的标准将 60 岁以上的人归作老人，那么，墨西哥社会老龄化的趋势明显已经开始加速。在 2000 年到 2015 年之间，60 岁以上人群在全国范围内上升了 76%。2000 年，60 岁以上的人有 690 万；2010 年有 924.42 万，占人口的 8.7%；在 2015 年，他们已经占据了超过 10% 的墨西哥人口，达到 1392.8 万人。像世界上大多数国家一样，墨西哥的老年人人口比例一直在刷出新高。预测表明，老年人将是墨西哥 2050 年之前增长最快的人口群体，到那时候老年人口预测会达到 3650 万，占总人口的四分之一（Instituto Nacional de Estadística，2015a；ENOE，2017；CONAPO，2017）。

老龄化同时也表明墨西哥区域之间差异较大的特点。首都墨西哥城的老年人人口是克雷塔罗的两倍，克雷塔罗之所以拥有全国最低的老年人比例，跟它独特的聚居地和迁徙历史有关。总体来说，墨西哥 32 个州里面有 19 个州的老年人比例都将在 2030 年前翻倍。人口的老龄化不仅仅是墨西哥面临的挑战，而且是全球都面临的一大难题。不仅包括老年人医疗护理和易患病治疗方面的问题，还有可能由于缺乏系统完善的退休机制，影响社会活力，影响家庭对老年人和病人的照顾，影响个体对自由时间的支配，甚至影响经济。

与贫穷和不平等现象作抗争

与大多数现代国家一样，墨西哥自建国以来一直没有摆脱贫困问题。西班牙征服阿兹特克帝国和三个世纪的殖民历史给墨西哥遗留下社会不平等的问题，社会建立特权阶级，相互之间攀关系，还不断掠夺下层人民的利益。这些特征流传下来，在19世纪的独立战争和20世纪的革命中仍有体现，它们既不符合时代发展规律也不利于墨西哥发展国家的竞争力。在当今科技世界里，贫困人口已经不再是剥削社会的根基，而是创造社会财富的阻碍和国家发展必须面对的难题。

在殖民时期，墨西哥的穷人主要是当地人民和受剥削的美洲土著。他们是真正意义上的一穷二白。殖民者不仅压低他们生存的经济基础，还贬低了他们的社会政治结构和文化，导致殖民时期结束后几百年间大部分人口一直处于贫穷状态。然而在19世纪，随着殖民程度的加深以及独立运动的推进，当地人和欧洲人通婚生下的美斯蒂索人也开始增加。原住民成为通婚、文化同化以及初期城镇化的推动者。墨西哥1910年的革命结束之后，贫困问题确实有减缓迹象。1930年，墨西哥有70%～80%的贫困人口，该比例从那时开始下降，尽管下降的速度极慢。

墨西哥在过去30年加大了扶贫力度，但是贫困人口比例的下降的速度依旧达不到预期。进入21世纪以来，由于城市化的原因，大多数穷人居住在城市里，而且大多不是土著居民而是混血儿。墨西哥应用新自由主义发展模式以进一步加入全球化的大潮中，其经济的确因此有所增长，有一些领域的发展对国家来说意义非常重要，但是同时也加剧了社会分化以及地区之间、行业之间的不平等现象。政府开始意识到仅仅依靠市场调控是无助于减贫的，因此便开始对此进行干预，出台不同的社会政策。这些政策的特点是突出重点对象而不是普遍扶助，每六年进行一次革新，重点完善基础设施，从福利型制度转为直接提供现金扶助，向特定群体提供贷款。

由于扶贫政策范围的缩小（不再为所有墨西哥人提供失业保险、养老、医疗和补贴的基本公共服务），六年一改的政策变动，资源缺乏，以及按照经济模型制定而非瞄准贫困问题的社会政策，墨西哥的贫困率下降速度越发缓慢，低于其他所有的经合组织成员国的下降率。在过去的 30 年里，墨西哥的社会福利项目一直在更名：1988 年至 1994 年的国家扶持方案（Solidaridad），1995 年至 2000 年的改善教育、公共健康和饮食的进步计划（Progreso），2000 年至 2006 年代替福利救济制度的能力培养计划——"与你同在"计划（Contigo），2007 到 2012 年的"机遇"（Oportunidades）以及"生活更好"（Vivir Mejor）计划，都是 2012 年至 2018 年的"富足"（Prospera）计划和其他三个分别负责给予老年人经济支持、建设社区食堂和为户主提供人寿保险的项目的前身。除此之外，墨西哥政府出台社会发展基本法（Ley General de Desarrollo Social，LGDS），将评定和对抗贫困上升到法定义务层面。

在墨西哥有两种测量贫困程度的方式。第一种是划分贫困线，根据家庭收入情况将贫困人口分为三个等级：第一条线是温饱线（pobreza alimentaria），在温饱线以下的家庭缺乏获得足够粮食的必要收入；第二条线是能力发展线（pobreza de capacidades），指的是能够获得足够的食物但是负担不起教育以及医疗健康花销；第三条是固定资产线（pobreza de patrimonio），指的是那些能够负担得起前面所提到过的项目但是无力支付住房、衣物以及交通方面的开销。通过以上三条线来评估贫困状况，墨西哥在1990年至2010年略有进步：处于温饱线以下的家庭从21%下降到19%，在能力发展线以下的人口从30%下降到28%，而处于固定资产线以下的人口比例从53%下降到52%。也就是说，按照墨西哥人口的收入来分类的话，略微超过50%的墨西哥人处于贫困状态，有五分之一的人面临粮食短缺的问题。

但这一测量标准还是不够全面。自2008年，国家采用了一种新的贫困衡量方式——多维短缺（pobreza multidimensional）。原因是墨西哥家庭和许多拉美地区的家庭一样，大部分都不是通过从商来获得经济收入的，然而很多被划分为达到小康水平的家庭经济来源并不是直接收入，而是国家给予的补助。然而多维短缺标准使用的是全国家庭收入与支出调查（Encuesta Nacional de Ingreso y Gasto）提供的数据。这份调查数据从2006年开始收集，一共涵盖六种短缺种类和划分两种贫困类型。六种短缺类型分别是：教育，医疗卫生，社会保障，住房空间，住房服务以及食物；而两种贫困人口则根据收入来划分，分别是中度贫困和赤贫两个级别。根据这个衡量标准得出来的近几年墨西哥贫困状况如下：

2008年，贫困人口占墨西哥人口总数的44.5%，2012年上升到45.5%，2014年再次上升到46.2%。2008年，在所有的贫困人口中，33.9%处于中度贫困状态，10.6%处于极度贫困状态。2012年分别升至35.7%和11.7%。2014年，中度贫困人口比例再次上升至36.7%，当然这跟极端贫困人口比例下降至9.5%有一定的关系。2008年，非贫困但缺乏六项指标中某几项的人口约占37.5%，2012年这个数据下降至34.7%，2014年继续下降至33.3%。2008年温饱户为18%，2012年上升到

19.8%，2014年上升到20.5%。总的来说，在2014年有5530万贫困人口，其中有1140万人处于极度贫困状态。尽管两种测量方法之间没有可比性，但是最终的数据显示墨西哥大约有50%的贫困人口（若按多维短缺指标测量，最终数据则约为46%），非贫困弱势群体大约占30%，剩下的20%人口享有良好的社会经济条件。贫困依旧是墨西哥亟待解决的问题。

从过去50年的数据来看，墨西哥贫困人口总体是在减少的，代际社会流动性加强。这跟国家一直实施到1982年的保护主义发展模式和新经济主义模式有关。人口平均寿命延长，生活质量、医疗服务质量和教育质量普遍提高。墨西哥新一代的年轻人普遍比他们的父辈、祖辈生活得更好。如果我们仅着眼于分析墨西哥在过去30年采用的发展模式变化，可以看出经济显著增长，变得更加多元化以及更有竞争力，整体的消费水平显著上升。

相比之下，社会政策方面的进步就没有那么明显了。主要的进步体现在三个方面：饥饿和赤贫状况的缓解；住房供应和服务改善缓和了基础设施供应不足的问题；人口受教育平均年数增长。而相对没有那么明显的进步主要在于设立"大众保险"扩大了受惠人群数量，但医疗服务的质量依旧不尽如人意。人民依旧缺乏社会、就业方面的保障，实际工资购买力方面社会政策进展也较缓慢。也就是说，墨西哥的确减少了贫困人口数量，但是同时也令他们的生活状况更脆弱不稳定。从中长期来看，墨西哥的贫困人口数量呈现下降趋势，尽管由于生活的不稳定性，他们很容易再度陷入贫困状况，使取得的成果再次清零。

另一方面，社会流动性在过去的30年里的确增加了。就收入和消费两个指标看来，全球化确实对墨西哥中产阶级规模的扩大有积极影响。社会的确是取得了进步，但是成果相对脆弱。对国际市场的依赖性比较强，因而墨西哥的经济很容易因全球经济的变化而波动，也很容易发生经济倒退。我们至今仍不知道墨西哥活跃的社会流动能够依靠收入的改善持续多久，但是可以确定的是只有很少的一部分人被涵盖进社会流动趋势里面；我们也不知道墨西哥是否有能力惠及更广泛的群众，毕竟目前大多数人消费的科技产品仍然比较低级，而且年轻人的就业难题还没有解决。

墨西哥的发展使得收入集中化，因此也加剧了社会和地区贫富差异。这种发展带来的影响是资源分配极不平衡，在社会上的少数人手里和六七个大城市中聚集大量资源，而分给农村和中等城市的资源则少得可怜；墨西哥的中部和北部贫困状况改善，而南部和东南部则依旧在苦苦挣扎。墨西哥的确成功地将贫困人口减到 50%，但是解决另一半的贫困问题依旧是一个挑战。如果我们从全局出发，不看区域城镇之间的差异，只看 1990 年至 2010 年间全国平均水平变化趋势，社会不平等现象的确有所缓和。

通过用基尼系数衡量的社会凝聚力，观察极端贫困人口和非贫困弱势人口之间的收入比率、社会网络亲密程度等指标，我们可以得出该指数在近 20 年里从 0.562 下降到 0.500（越靠近 0 不平等程度越小，越靠近 1 越不平等）。但是下降趋势很快就被扭转了：2012 年，该指数缓缓下降至 0.498，后来又重新在 2014 年攀升至 0.503（Enihg, 1992, 2000, 2017; Coneval, 2014, 2017）。近几十年来基尼指数的下降离不开出口部门制造业的发展的多样化，原材料和基本产品以及石油价格上升至最高点，促进了正式和非正式就业，惠及供应链末端人群，从而缓和了不平等现象。

但是后来国际市场对基本产品的需求在 2012 年达到巅峰后便开始下滑了，墨西哥的原油价格也随之下滑，北美市场对墨西哥制造品的需求也减小了，墨西哥平稳发展的局面也就结束了。20 年来墨西哥不断追赶经合组织成员国的发展速度，如今差距似乎再度拉开。若不加强扶贫机构的建设，2012年出现的贫困人口增长苗头有可能会继续发展下去，补助性的社会政策可能会减少，培养技能性的政策可能会增加，收入再分配制度短时间内可能也不会改变。总而言之，墨西哥不同时期的发展趋势总是和拉美其他国家保持着不同程度的相似度，都在和贫穷抗争，不断经历繁荣—萧条周期并持续对抗社会不平等问题（Bértola & Williamson，2016；Campos-Vázquez，2016；Duryea，2016；Cornia，2014）。

21世纪墨西哥人的民族身份认同

自建国以来，墨西哥就一直拥有多元的文化。5个世纪的历史不足以抹去原住民的存在，反而是在墨西哥开始通婚、文化同化以及城市化进程之后，原住民的数量显著减少了。原住民不仅住在农村地区，半个世纪以前，大部分原住民都迁到城市里居住了。自500年前西班牙征服阿兹特克帝国至21世纪，共有65种印第安语系的语言文化保留了下来，这65种语言中有20种现在正面临灭绝的危险，其他语言的使用者的绝对数量有所增加，尽管相对数量由于人口增加的原因有所下降。

尽管墨西哥土著语言使用者占人口比例由7.1%下降至6.7%，但总数增加——2000年至2010年间使用人数从6,044,547人上升至6,695,228人。在2015年，使用者的数目上升到7,382,758人。纳瓦特尔语的使用者最多，共有1,725,620人，紧接着是玛雅语，主要在尤卡坦半岛上使用，约有725,620个使用者。在这65种语言里面有20种是源自玛雅语的，也就是说他们都来自同一个语系。墨西哥东南部有五个州仍在使用这些语言。说土著语言的墨西哥人中，有三分之一即大约250万人仍在使用这20种玛雅语族中的其中一种语言。除了尤卡坦玛雅语之外，还有泽套语和索西语都有相当一部分的使用者，主要分布在恰帕斯州，各有约 50 万使用者。

自 1992 年以来，墨西哥开始注重维护其传统文化根源，并修改宪法将本国定位为一个多文化和多民族的国家。2002 年，政府颁布《土著基本法》（Ley General de Derechos Indígenas），认定 65 种土著语言为墨西哥官方语言，享有与西班牙语一样的语言权利。尽管墨西哥拥有拉丁美洲最多的美洲原始人语系语言使用者，其使用者占总人口比例却不是最高的。危地马拉有 52.8% 土著语言使用者，秘鲁有 35%，甚至连厄瓜多尔都高过墨西哥，有 10% 的人口使用土著语。尽管如此，土著根源仍然是墨西哥国家认同和文化的核心。墨西哥身份混杂着印第安文化以及 16～18 世纪的西班牙文化。19 世纪的独立战争和 20 世纪的革命时期，印第安文化重新被强调，甚至超越了西班牙文化形成了主流政治意识。

作为一个印欧混血民族，在墨西哥现代革命中，民族主义者利用其土著历史来创作并传播一个民族身份，以此将不同地区和不同的内部文化团结起来。一个墨西哥人应该拥有土著人标志性的反抗精神，并且保留神秘的土著身份将他和过去联系在一起。但是在 21 世纪，当政府再度强调土著文化的重要性时，他们首要强调的是多元的文化和语言，而不只是着眼于保护其中的某一种语言文化。语言不可否认是文化里最强大、坚韧的识别标志，但是它只能让我们识别出人口里最小的一部分可以被认作土著的墨西哥人。而其他更普遍的标识则更强调美洲原始人文化遗产而不是土著人和欧洲混血的事实，这种标识超过了那些墨西哥民族主义者划定的范围，并且根据这个标准制作的遗传图谱显示，那些有美洲原始人血统的墨西哥人和亚洲的联系比跟欧洲的联系更紧密。

不过遗传学也只是给我们提供一种线索罢了，更重要的是关注那些已经不说土著语但是认同自己土著身份的墨西哥人。最近几年来，墨西哥愈发注重其土著文化根源，年青一代乐于在公共场合承认自己属于美洲土著群体并对此感到骄傲。表示出认同某一土著文化但不会说其语言的人比语言使用者的比例增长得更多。2010 年有 14.9% 的墨西哥人自认为是土著人，比会说土著语言的人高出一倍。2015 年，这个比例甚至上升了三倍，有 25,694,928 人自认为美洲土著人，占人口总数 21.5%。

移民与跨境汇款

墨西哥与美国之间的边界长 3000 多千米，两国之间的人口流动已有数百年的历史。而且美国南部有大片土地在 19 世纪之前都属于墨西哥，像德克萨斯州和加利福尼亚州这样的地区，那里有许多墨西哥人世世代代生存在那里，比许多那里的美国人生活的时间都长。第二次世界大战期间，美国政府启动了一个项目，引进墨西哥的农民到美国耕作，以替补被送上战场的劳动力。二战结束之后，有不少墨西哥人继续以非法途径穿过边境到美国打短工，有务农的也有到城市工作的。几十年下来，墨西哥工人和美国商人之间逐渐建立起特定的移民路线以及社交和劳工网络。

美国的墨西哥临时移民越来越多，特别是从 20 世纪 70 年代开始发展成一个明显的社会现象。随着墨西哥逐步加入全球化大潮，1994 年《北美自由贸易协定》生效，美墨边境管制有所放松，就愈发加剧这个势头了。两国之间薪水差异极大，加上美国对低技术含量工人需求庞大，在最近 25 年里，移民到美国的墨西哥人数成倍增长。因此，墨西哥在很长时间内都是世界移民人数最多的国家（2013 年有 1300 万移民），后来第一移民大国成了印度（有 1600 万人从印度移民出去），还有其他的移民大国——

中国和俄罗斯等。

2016 年共有 12,027,000 名墨西哥人在国外生活,其中有 1170 万人在美国。值得注意的是,和许多人想的不一样,有一半的移民都是受过专业培训的人士、专家、学生或者企业家,另一半是没有技术技能的劳工。大约有 600 万人属于非法移民,大部分都是低技能的工人,其余的都是有合法居留权的工人、专业人员和学生。与此同时,美国登记在案的 1100 万到 1200 万非法移民里面有一半是墨西哥人。唐纳德·特朗普总统上台之后,施行强硬政策,承诺将所有非法移民都驱逐出境,还规划建设长达 3000 千米的边境墙。不过其实在 2015—2016 年奥巴马执政期间,墨西哥非法移民数量就已经开始下降了。估计单单这几年内就减少了 50 万无证墨西哥移民。

这对墨西哥的好处不仅在于降低剩余劳动力对经济的压力,近 20 年大量赴美工作的工人给家里汇钱,因此墨西哥接收了大量的美元境外汇款。2016 年,合法与非法工人一共给他们在墨西哥的家人汇了 269.7 亿美元,金额总量超越 2007 年的 260.59 亿美元并创下历史新高。在这里值得强调一下背景信息以突出其重要性。2016 年,汽车出口为墨西哥产生了最多的美元外汇储备,金额达到 1133.16 亿美元;第二是农业食品出口,出口价值达到 280.01 亿美元;跨境汇款则排在第三位;第四位是旅游行业,产生 191.85 亿美元外储;第五是石油出口,价值 187.43 亿美元。墨西哥中部与西部的米却肯州、哈利斯科州和瓜纳华托州是移民大州,接受了约三分之一的境外汇款,而东南部的各州则一直很少人加入移民大潮。

50% 的境外汇款来自加利福尼亚州、得克萨斯州和伊利诺伊州。随着比索兑美元不断贬值,境外汇款变得越发有利可图。比墨西哥接受了更多的境外汇款的国家分别为:2016 年印度接受了 721.78 亿美元,中国接收了 639.78 亿美元,菲律宾接受了

295.6亿美元。很明显，特朗普的移民政策其实是一种选举策略而不是减少墨西哥移民给美国经济造成的损失。一个世纪以来的移民都是这样操作的，而且墨西哥劳动力比美国劳动力廉价得多，美国南部的农业因此也获益不少。如果特朗普真的收紧移民政策，着手去建边境墙，墨西哥的经济肯定会因此受创。但是在那天来临之前，双方应该都对"特朗普政策"是否能够落实到行动上保持怀疑态度。

一次新的艰难旅程：打击暴力与有组织犯罪

墨西哥最近几年的犯罪率持续居高，即便是革命制度党再度掌权都没能很好地控制有组织犯罪。值得注意的是自从2007年费利佩·卡尔德龙执政以来，政府就没有对国内安全政策和打击犯罪策略做出很大的改动，以至于在近十年以来打击有组织犯罪和贩毒集团的重任基本都落在警方和海军身上了。打击策略总是一成不变：直接攻击犯罪团伙活动区域以及在公共场合直接展开对抗，因而总是伤及无辜市民。

警方解决了许多贩毒集团的头目，结果却导致犯罪集团数目倍增。大集团分裂成小团体，引发更多暴力事件。从警方执法过程中存活下来的贩毒分子变得更加凶残。他们会卷土重来，组成新的团伙，迁移到新的领域与其他的经销商和生产商争夺对区域和市场的控制。举个例子，自从绰号为"矮子古兹曼"的大毒枭华金·古兹曼·洛埃拉被引渡到美国之后，其之前掌控的"锡那罗亚贩毒集团"群龙无首，"新代哈利斯科"贩毒集团从西部墨西哥迁移到北部美墨接壤的地方与其争夺市场。双方之间的对抗冲突极其暴力，然而这只是无数例子中的一个罢了。

调查、逮捕和打击贩毒团伙的困难增加了政府军与犯罪分子以及犯罪团伙之间的摩擦与对抗。尽管政府调动警方和海军巡逻街道的确将许多犯罪分子赶出了城市公共空间，但是同时也增加了对抗的暴力程度和伤亡人数。恩里克·佩尼亚·涅托上任后的四年内，也就是 2012 年 12 月到 2017 年 1 月这段时间里，共有 90649 人因有组织犯罪被处死或暴毙，与前任总统费利佩·卡尔德龙执政期间相同时间内死亡的人数相近。不过并不是整个国家都这么不安全，只是有 10 个州暴力现象相对严重。在这四年里最严重的五个州分别是墨西哥州、格雷罗州、齐瓦瓦州、哈利斯科州和锡那罗亚州。

有组织犯罪的主要活动是生产毒品或将毒品运到美国去。最常见的毒品种类是大麻、可卡因以及甲基苯丙胺。在北美国家有大量的毒品消费者，尽管政府大力打击毒品犯罪，通过美国犯罪网络获得毒品依旧不是难事，因此将毒品转手给美国贩毒集团对于墨西哥的毒枭来说是一桩回报十分丰厚的生意，可以赚上几十亿美元。毒品交易同时还加剧了两国政府官员贪污的情况。在美国一些地区毒品被合法化，然而这并没有解决任何问题，反而还增加了毒品交易的吸引力。

由于美国贩毒团伙通过非法出售高功率武器购入毒品，墨西哥贩毒团伙的武器装备不断增加。墨西哥警方在边境的镇压和打击暴力活动并没有减少毒品交易的次数，反而还增加了死亡人数和加剧了国家安全问题。除了直接打击毒品交易之外，政府还严格控制银行和金融体系的洗钱活动，尤其是跟美国挂钩的交易；此外，墨西哥还在考虑大麻生产合法化的可能性。美国方面也应该更加严厉地控制其国内毒品分销活动和打击美国军火商非法出售武器跟墨西哥毒贩的交易。如果这些措施不执行到位的话，墨西哥难以在短时间内有效应对有组织犯罪问题。

第八章

当代墨西哥：展望未来

经济增长

自 20 世纪 80 年代以来，墨西哥发生了巨大的变化，最显著的莫过于经济的疾速发展。墨西哥的经济和财政收入都高度依赖于石油。现在石油是第五大收入来源，石油出口额达到 190 亿美元，远不及 2016 年制造业，制造业出口额高达 1500 亿美元。来自国外的汇款额超过 230 亿美元，旅游业则贡献了 200 亿美元。自从加入经合组织，墨西哥经济的增长和多元化发展令人瞩目。当然，这还要归功于《北美自由贸易协议》和十几个与其他 46 个国家签署的贸易协定，以及对国际贸易和外资的开放。

根据经合组织 2017 年的国内生产总值测算，墨西哥成为世界排名第 11 大经济体（OCDE，2017）。其中贡献突出的产业有汽车出口、平板电视、数字产品和零件以及农产品。1999 年起，国家生产力急剧下降；在全球范围内，2009 年起至 2016 年各生产要素的生产力才逐渐恢复（OCDE，2016，2017；Secretaría de Economía，2017）。尽管结构性改革的影响力十分有限，但它迅速提高了能源行业中的天然气、石油和电力生产力，加快了通讯业的数字化并扩大了媒体的开放程度，还推动了金融业的现代化和国际化发展。

面对国际油价的下滑、国际贸易强度的普遍下降以及美国紧缩的货币政策，贸易开放、结构性改革和比索贬值让墨西哥终于在 2016 年开始稳步发展。另一方面，墨西哥主要靠国内市场而非外贸维持经济的发展。油价上涨和吸引外资注入石油产业尽管会在不久的将来带来一定的风险，但依然可能对墨西哥短期经济发展产生不少积极影响。当今国际市场的原材料价格低迷，国际贸易也正逐渐萎缩。因为北美贸易占墨西哥对外贸易总数的 3/4，所以《北美自由贸易协定》的修订可能会导致外国直接投资（inversión extranjera directa，FDI）的减少，同时通过影响市场需求导致贸易失衡。

总之，整个国家的经济增长在过去的十年中是积极显著的。但是，全国 3/4 的人正从事那些与出口不相干的产业，如面对国内市场的农业、畜牧业、服务业、零售业和其他小型工业。也就是说，全国的生产节奏依旧十分缓慢，像传统农业一类的产业生存状况堪忧。由此，在六大都会与农村地区和中型城镇之间产生了巨大的空间和地域差异——北部和中部的增长较为明显，南部和东南部的增长则比较缓慢。2004 年至 2014 年间，墨西哥最大的五个州的人均 GDP 相比最小的五个州高了 25%，这显示了国家经济增长和区域的巨大差距和区域不平等现象的加剧（Instituto Nacional de Estadística, 2016）。

墨西哥的竞争力

在 2017 年最吸引国际、国内企业投资和发展的潜力评估中，墨西哥在世界 197 个国家和地区中位列第 47 名（World Bank, 2017; OCDE, 2016）。墨西哥依旧是拉丁美洲和加勒比地区中表现最优秀的国家。在该排名中，紧接着的拉丁美洲国家是排名第 53 位的哥伦比亚、第 54 名的秘鲁和第 62 名的哥斯达黎加。该评估主要测评各个类型的企业的影响因素，但主要针对最为脆弱的中小企业进行。他们对11个具有竞争力的领域进行分析并将其在197个国家和地区中进行排位。墨西哥在开展业务方面排名第93，在处理建设报批方面排名第83，在获取电力方面排第98，在资产登记方面排第101，在信贷获取方面排第5，在投资者保护方面排第53，在纳税方面排第114，在边境交易方面排第61，在履行合同方面排第40，在处理破产程序方面排第30。由此可见，墨西哥最大的优势就是容易获得信贷。

通过与其他地区的比较可以看到，最有投资潜力的地方是新西兰，其次是新加坡、丹麦、中国香港和中国大陆。值得注意的是，评估的标准不是地区规模大小，而是投资机遇的大小。尽管墨西哥各方面水平参差不齐，但足以成为一个富有吸引力的潜力国。与经合组织成员的高指标相比，墨西哥还差得太多，但作为世界上最有活力的新兴经济体之一，墨西哥的总经济发展水平已经攀升到世界第11位，同时还成为世界第4最富投资机遇的国家（Baker Mckenzie，2017；Moore Stephens，2017）。

社会发展所面临的挑战

近20年来墨西哥虽在经济上取得了不少成绩，但其社会发展进程缓慢，在扶贫方面也鲜有成就。地区差异逐渐拉大，社会阶层之间的不平等现象加剧。生产活动之间、区域之间、收入群体之间、性别之间以及各文化之间都存在不平等现象。居于最高位的10%的人口的平均收入至少要比最底层的10%的人口高出20倍，要知道在所有经合组织成员国中，这个数字的平均值为9.6倍。国家相对贫穷率（收入低于社会平均收入的一半的人所占比率）为21%，而经合组织相应的平均值为11%（OCDE，2016，2017）。墨西哥北部的薪资平均值几乎是南部的两倍。

此外，1%的人口获得了国家收入的21%；就职的女性比例比男性要少，大概为 16%～30%；土著人的贫穷率要比其他的高 4 倍。通过对比国家 4 位首富的资产和极端贫困的状况，我们可以对此有一个大致的概念：4 位首富分别是卡洛斯·斯利姆（拥有资产 770 亿美元）、赫尔曼·拉雷亚（139 亿美元）、阿尔贝托·贝利雷斯（104 亿美元）和卡多·萨利纳斯·普戈（80 亿美元）——他们 4 人的总资产相当于国家 GDP 的 9.8%，而 2002 年时，他们的公司总资产只占 2%（Esquivel, 2015）。显然，在这经济飞速发展的 15 年中，国家收入越来越集中，不平等现象也愈发严重。这也是为什么非正规经营行业在市场中持续活跃的原因；由于地区与城市因素的不同，其占比为 30%～50% 不等。

在世界上最不平等国家的名单上墨西哥位列第 25。尤其是与经合组织中的 35 个成员国以及 5 个重点合作伙伴国家（中国、巴西、南非、印度和印度尼西亚）相比时，其严重的不平等现象显得尤为突出。若对比国家基尼指数，墨西哥的情况稍微好一点。美洲范围内排名最落后的是同属经合组织的智利（0.465）、墨西哥（0.459）和美国（0.394）。正如我们所见，贫富差异大不是指社会大多数人的贫穷，而是指社会收益的分配不均。这种现象在世界各国算是常见的，经合组织成员国也不例外——自 2000 年至 2013 年，国家收入不平等现象正以每年 1.5% 的水平增长（OCDE, 2016）。但值得一提的是，在这段时间内，墨西哥的失业率并不高，而且 2017 年的数据显示，墨西哥国民对其生活质量的满意程度也十分高。

经济上，墨西哥在中长期内的投资和增长状况也较为可观。2017 年和 2018 年北美自由贸易协定的重新谈判将在短期内对北美的经济活动制造一定的障碍，但长期来看，这对现存的企业联系和业务密度并不会产生大幅度的影响，尤其是和美国共拥 3000 千米长边境线的墨西哥，其经济在多年以前便融入美国的经济发展中了。即便有唐纳德·特朗普的反墨西哥政策和建筑隔离墙等煽动性意图的持续干扰，也很难阻止北美经济活动的发展与融合。

另一方面，如果由洛佩斯·奥布拉多领导的左派政党国家再生运动党（MORENA）赢得2018年大选，那么国家的执政和协调党派的方式也将会有所改变，但是通过党派选举竞争的权力分配、民主规范和围绕体制化进行的权力斗争让国家宪法和政治体系很难有大的变动。若是由其他重要的传统党派（即右派的国家行动党、中左派的革命制度党和左派的民主革命党）执政的话，政策变动只会更少而不会更多，因为在21世纪的今天，政党已经不再强调其真正的意识形态了。

墨西哥在未来面临的最大挑战还有社会和文化方面的问题——为扶贫制定更加有效的政策、提高教育教学质量、在质上而非量上提升公共卫生服务的效率。减少性别不平等和性暴力现象，这一点不仅要在法律上有成文规定，更要纠正和规范人们的价值观和行为。特别关注老年人和边缘化群体（尤其是土著）的利益。国家还需要逐步建立体制化和结构化的两大长期的支柱以树立起社会政策，这既是为所有老年人服务的退休福利制度，也是为全社会的职业生涯所提供的一份保障。否则，未来墨西哥面对贫富不均及其他社会不平等问题时将寸步难行。墨西哥的改革充满矛盾且不断激化，但也不乏进步与成就。今日的墨西哥比过去更进了一步，尽管在现代化进程中牺牲了不少社会组织与团体，但改革最好还是勇往直前而非停滞不前，毕竟要阻止的是不平等现象，而不是社会的发展。

墨西哥文化的鼎盛世纪

流行文化

从波菲里奥执政时期到1920年武装革命时期结束，墨西哥的流行文化一直都比较贴近人们的生活方式和传统社会的消费习惯。其原因有二：第一，当时80%的人口都生活在农村或土著社区里，全年与节气相关的节庆或天主教的圣人仪式和节日庆典成为人们的休闲和聚会时光的主要内容。当然，这些节日活动也因地域的不同而有所差异，特别是每个土著部落，他们都有自己专属的节日和庆祝方式；如今在调和主义的大环境下，旧美洲印第安文明和天主教会文明交相辉映，但食物、服装、舞蹈、音乐等传统都有一定的区别。因此，墨西哥至今都保有丰富多元的文明文化。

美斯蒂索农村社会的庆祝方式则比较趋一化，他们所举办的庆典和娱乐活动是传统土著文化与西班牙通过天主教传播而扎根于墨西哥的流行文化相交融的表现。因而在全年的宗教庆典的集市上随处可见舞蹈、音乐、斗牛、斗鸡、博弈游戏、特色美食和甜品，热闹至极。当时的城市人口仍占少数，他们的流行文化也已烙上了自己的印记，有属于自己的风格与氛围；他们聚集在自己的街区和教堂里，也将自己的真诚的祝福献给自己的小社群。

在墨西哥，大众阶级和美斯蒂索城市无产阶级的文化常比农村和土著文明的文化变化得更快。但从20世纪50年代开始，农村的流行文化也开始和城市流行文化一样有所转变。"墨西哥奇迹"增加了大众阶层的收入，改变了人们的消费模式，实现了农村向城市的大规模、爆发性迁移，从20世纪70年代起，大部分人已经在城市里生活。电视、广播和电影文化影响了人们的审美价值观,墨西哥开始迈入全球化消费新时代。21世纪的数字革命中,智能手机和互联网的广泛推广使得流行文化盛行。许多城市和地区将现代数字技术与现代文化相融合,传承当地文化精髓和特性并一次次地惊艳世界的想象。

墨西哥文学

在西班牙语文学世界中,从新西班牙统治时期便开始发展的墨西哥文学可谓广泛而丰富。尽管第一部印刷机在1539年便被带到墨西哥来,但直到独立时期,书籍出版才被普及。当时严格控制文字的出版和发行,所以那个时代的印刷物现已所剩无几。所幸,我们至今还存有17世纪时胡安·鲁伊斯代·阿拉尔孔的巴洛克风格戏剧、首位女权主义者索尔·胡安娜·伊内斯·德·拉·克鲁斯的短诗,以及卡洛斯·迪·锡古恩萨辐·贡戈拉的长诗。18世纪殖民时期末期,以弗朗西斯科·费尔南德斯·德·利萨尔迪的流浪汉小说最为出色。到了19世纪上半叶的独立时期出现了历史小说和风俗流派作品,例如胡斯托·塞拉·奥赖利的七部曲《海盗》(*El Filibustero*, 1841),曼努埃尔·帕伊诺的故事集《魔鬼的别针》(*El Fistol del Diablo*, 1845)等。19世纪下半叶至1920年为法国自然主义的鼎盛时期。随后,围绕墨西哥乡村话题的特色小说崛起,在自然主义的影响下逐渐发展。

从某种程度上讲,墨西哥自然主义文学其实是土著文学,该流派代表作家为伊格纳西奥·曼努埃尔·阿尔塔米拉诺,代表作是1870出版的处女作《仁慈》(*Clemencia*)和1871年的《山上的圣诞节》(*Navidad en las Montañas*),其另一部优秀小说《蓝眼人》(*El Zarco*)作为他的遗作于1901年出版。他的老师们——伊格纳西奥·拉米雷斯[著有《巫师》(*El Nigromante*)]和吉列尔莫·普列托也都是历史上十分重要的文人。另一位土著文学的重要作家是在19世纪下半叶出版了四部小说的埃里吉奥·安科纳。费德里科·甘博亚的小说《圣女桑塔》(Santa) 于 1903 年出版。这是第一部抛开农村人设和景象不谈的小说,由此开启了墨西哥都市文学的新篇章。小说革命再次将文学带入人们的视线范围内——首先是马里亚诺·阿苏拉的《在底层的人们》(Los de Abajo, 1915),往后到 20 世纪 40 年代中期,代表作分别有马丁·路易斯·古兹曼的《领袖的影子》(La Sombra del Caudillo, 1929),何塞·米格尔·罗梅罗的作品和拉斐尔·穆尼奥斯的《让我们追随潘乔·维亚》(Vámonos con Pancho Villa, 1932)。奥古斯丁·亚涅斯的小说《山雨欲来》(Al Filo del Agua, 1947) 的出版标志着小说革命的结束,但也是墨西哥现代小说文学的开始。

实际上,自波菲里奥执政时期到革命时期初期涌现了不少由诗人发起的文学运动,如阿马多·内尔沃、曼努埃尔·古铁雷斯·纳赫拉、拉蒙·洛佩斯·贝拉尔德以及何塞·胡安·塔布达(1871—1945) 所倡导的现代派文学运动。比较突出的还有由阿特纳奥斯(El Ateneo) 小组延伸写作的散文和诗歌,以及墨西哥文学的四大文豪兼政治、科学家——阿方索·雷耶斯、安东尼奥·卡索、何塞·巴斯孔塞洛斯和佩德罗·恩里克斯·乌雷尼亚的作品。

另一方面,20 年代出现以曼努埃尔·马普莱斯·阿尔塞和阿奎莱斯·贝拉为首的尖锐派运动(Estridentismo)。而历史上十分重要的现代文学运动(1928—1940) 则于 20 世纪 30 年代兴起,它拉近了全国文学与世界文学新潮流之间的距离;它与革命文学、马克思主义文学所倡导的美学相对立,并在一定程度上是尖锐派文学的对立流派。这场运动的著名人物有泽维尔·维劳鲁舍、卡洛斯·佩利瑟、萨尔瓦多·诺沃和何塞·戈罗斯蒂萨。值得一提的是,何塞·戈罗斯蒂萨的《没有终极的死亡》(Muerte sin Fin, 1939) 的发行是青年文学开始的重要标志。这些年来也出现了不少诸如批评文学的不同种类的文章，其中作为标杆作品的便是墨西哥著名的文学大师阿方索·雷耶斯在其青年时代写的《阿纳霍艾克高地的视野》(Visión de Anáhuac, 1917)。

随着胡安·鲁尔福的小说《燃烧的平原》(El llano en Llamas, 1953)和《佩德罗·巴拉莫》(Pedro Páramo, 1955)以及胡安·何塞·阿雷奥拉的《寓言集》(Confabulario, 1952)和《动物集》(Bestiario, 1959)的出现，新的风格和文学思潮涌起。二者脱离了之前的墨西哥自然主义、土著主义和革命主义的文学色彩和聚焦话题而富有自己的文学特色，是"50年代"(generación de medio siglo)的突出代表。罗萨里奥·卡斯特利亚诺斯、埃米利奥·卡巴利多、海梅·萨宾纳斯和埃琳娜加罗也属于这个流派。20世纪60年代起，几种文学流派在文坛共生共存并推动墨西哥现代文学一代代的发展。20世纪60年代出现了由城市叛逆青年主导的"浪潮"文学运动（La Onda），代表人物有何塞·阿古斯丁和巴门尼德·加西亚·萨尔达尼亚；同期还有无政府主义者和虚无主义者主导的"现实以下主义"运动（Infrarrealismo）。说得通俗一点，他们想将官方文学"爆头"。

然而，这两个运动并没有持续太久。没有人被"爆头"，墨西哥文学依旧在正轨上行走。自20世纪60年代以来，20世纪50年代的作家们的地位已经被新的一批作家所取代，至今已无一人在世。新生代作家中最为突出的当属卡洛斯·富恩特斯（《良知》, Las Buenas Conciencias, 1959）、萨尔瓦多·埃利桑多（《法拉博夫》, Farabeuf, 1965）、胡安·加西亚·庞塞（《沙滩上的家》, La Casa en la Playa, 1966）、卡洛斯·蒙西瓦斯（《失落的爱》, Amor Perdido, 1977）、何塞埃米利奥·帕切科（《沙漠中的战斗》, 1981）、费尔南多·拜尼特兹（《墨西哥的印第安人》, Los Indios de México, 1989）和塞尔吉奥·皮托尔（《婚姻生活》, La Vida Conyungal, 1991）。新生代杰出作家则当属胡安·

比略罗（《证人》，*El Testigo*，2004），还有打破传统厌女症文学束缚的瓜达卢佩·内特尔（《冬天后》，*Después del Invierno*，2014）以及马尔瓦·弗洛雷斯（诗歌《加拉帕戈斯群岛》，*Galápagos*，2016）。另外，每年都会颁发伊莱亚斯·楠迪诺奖和阿瓜斯卡连特斯艺术诗歌奖给全国最优秀的青年诗人。

但墨西哥文坛最为杰出的作家非奥克塔维奥·帕斯莫属。他的散文和汇编本使他成为20世纪最重要的作家和文人之一，在西语世界他拥有举足轻重的地位。他的散文产出量极高，其作为《孤独的迷宫》（*El Laberinto de la Soledad*）的后续的《后记》（*Posdata*，1970）和《是索尔·胡安娜·伊内斯·德·拉·克鲁斯还是信仰的陷阱？》（*Sor Juana Inés de la Cruz o las Trampas de la Fe*，1982））也引起社会的一片哗然。帕斯是有史以来最伟大的拉美诗人之一，也是1990年的诺贝尔文学奖得主。他的诗歌《太阳石》（*Piedra de Sol*，1957）和何塞·戈罗斯蒂萨的《没有终极的死亡》（*Muerte sin fin*，1939）都是20世纪墨西哥文学的绝佳典范。

21世纪目睹了墨西哥日益蓬勃发展的文学运动，同时也是土著语文学发展的巅峰时期。人们重新审视评估这类文学并且钻研几种主要土著语言，30年前便开始改进和完善这些语言的现代语法和词汇词典，由此出现了第一代拥有科学学识的土著人。如今第二代的青少年已经开始进行文学创作。他们擅长写诗歌和故事，当然也不乏编年史和小说。至于人们常说的语言，通常其文献也比较多，特别是墨西哥中部的纳瓦特尔语，瓦哈卡的米兹特克语和萨波蒂克语，尤卡坦半岛、坎佩切州和克雷塔罗州的玛雅语，恰帕斯州的玛雅泽套语和玛雅索西语。虽然鲜有人去接触其他少数语言的文学，但也有不少文学方面的能人志士。土著语文学未来的发展将是一个不可说透的谜，但无疑将继续在文坛迸发新的生机与活力。

墨西哥艺术

绘画在墨西哥是一门古老的艺术。前西班牙统治时期的陶瓷画和壁画历经三个世纪的殖民时期后，宗教、肖像和日常生活场景便成为了主要的三个绘画题材。19世纪有不少诸如赫米内基多·巴斯托斯、Pelegrín Clavé等杰出的风景派画家，还有波菲里奥时期的何塞·玛丽亚·维拉泽科，他将现代派画风引进墨西哥的风景画中。19世纪末，还出现了许多该领域中的佼佼者，例如现代土著主义画家萨图尼诺·赫兰（1887—1918），绘有三联画《火山的传说》（*La Leyenda de los Volcanes*）；墨西哥标志性建筑独立天使雕塑（El ángel de la Independencia）的建筑师安东尼奥·里瓦斯·梅尔卡多；雕塑家耶稣·孔特雷拉斯，其代表作"Malgre tous"屹立在墨西哥城的阿拉米达大道上。武装革命运动激起了美学领域的巨大变化并引发了"艺术大爆炸"，许多墨西哥画家在20世纪的这段时期大批涌现。不少画家在革命前就已经开始了工作，比如华金·克劳塞尔（1866—1935），其精致的作品主要受法国印象派的影响。他是卡米耶·毕沙罗的朋友，也是作家埃米尔·左拉的联络人；他还与怪才赫拉尔多·穆里略（人称"老鹰博士"）有交情往来，后者在壁画等各种画风和流派中广泛涉猎，但其最得意的作品还是墨西哥谷的火山风景画。

墨西哥艺术在革命的推动下全面革新，特别是在壁画等大幅面绘画上发生了巨大变革。墨西哥的壁画在革命的制度化下作为国家的结晶发展了起来。壁画家们从画画的支架爬到各种公共和私人建筑的墙壁边，试图抹去前西班牙统治时期、意大利和其他流派的壁画的痕迹从而添上新时代的标志。这是共产主义者试图将艺术与大众的需求联系起来的一次尝试。当时的壁画三杰当属迭戈·里维拉、何塞·克莱门特·奥罗斯科、大卫·阿尔法罗·西凯罗斯。另外也不乏新一代的杰出画家，例如鲁菲诺·塔马约、罗伯托·蒙特内格罗、豪尔赫·冈萨雷斯·卡马雷纳和费尔南多·卡斯特罗·帕切科等。

壁画运动的兴起让所有建筑的墙壁在1920年至1960年的近半个世纪以内填满了各色绘画,并催生了墨西哥绘画院校。该院校大体上秉持国家民族主义和土著主义的本质并教授革命性、社会主义和土著文明主题的绘画。但并不是所有人都成为壁画家;像玛丽亚·伊斯基耶多、劳尔·安吉亚诺、雕刻家莱奥波尔多·门德斯、米格尔·科瓦鲁比亚斯之类的艺术家还是以传统艺术流派的作品而闻名;更有甚者,像弗里达·卡罗、阿道弗·贝斯特·莫加德则标新立异,他们围绕更加私人和内在的主题进行创作。然而新生代艺术家们坦言,这类艺术和墨西哥的革命文学和小说一样与政府和国家历史存在太多的交集,所以在20世纪50年代末发起了一场暴力破坏运动,这正是所谓的"破裂的一代"(*la generación de la ruptura*)。

20世纪50～80年代,"破裂的一代"将目光重新投向欧美的新先锋艺术流派。艺术界元老级的人物马塞尔·杜尚开始对墨西哥20世纪的先锋艺术产生潜移默化的影响,当然还有抽象表现主义的"眼镜蛇"艺术群(grupo CoBrA):德·库宁、马克·罗斯科、杰克逊·波洛克和弗朗兹·克莱恩。利希滕斯坦、安迪·沃霍尔和大卫·霍克尼的流行艺术和新现实主义,以及爱德华·霍普的超现实主义也在其中做出了贡献。20世纪90年代起,弗朗西斯·培根的新表现主义、弗洛伊德的低俗现实主义和后来的伊夫·克莱因新流派开始崭露头角。但还有一些画家继续将"破裂"元素融入自己的作品中,例如曼努埃尔·费尔格雷斯、阿尔贝托·希罗内利亚、莉利亚·卡里略、维森特·罗霍、罗杰·冯·冈滕、费尔南多·加西亚·庞塞、加布里埃尔·拉米雷斯、弗朗西斯科·科萨斯和阿诺尔多·科恩。此外,像胡安·索里亚诺、弗朗西斯科·托莱多,以及拉斐尔、佩德罗·科罗内尔和何塞·路易斯·奎瓦斯三兄弟及其他许多画家在墨西哥当代绘画界也有一席之地。

约有一半的著名画家至今仍然在世，比如费尔格雷斯、维森特·罗霍、罗杰·冯·冈滕、阿诺尔多·科恩和弗朗西斯科·托莱多。加布里埃尔·奥罗斯科和丹尼尔·勒萨马是随后比较突出的艺术家，还有新生代青年艺术创造者马塞拉·阿马斯、马里奥·德·维加、努里亚·蒙铁尔和豪尔赫·萨托雷。

自"破裂的一代"的一番喧闹后，墨西哥的雕塑、建筑、摄影和电影文化也向世界打开了大门。如今的墨西哥艺术是全球化的、不循规蹈矩且时刻变化的。艺术家往往要比院校多得多；比起未来的发展，人们对过去的影响更津津乐道；当今更青睐风格和语言的灵活运用，而非固守形式上的教条和规矩。从这个意义上讲，墨西哥文化已经彻底融入世界，虽日渐丧失国家特色，却赢得了世界的认可。

第九章

中墨关系：你需要知道的16件事

1. 关于"发现美洲新大陆",有一个备受争议且少有人信服的命题,被称作"1421假说"。据称,在哥伦布和麦哲伦环球旅行之前,中国的郑和就已率先带领其"宝船舰队"发现了美洲大陆。对此最有力的证据是一张美洲地图。然而,有人对此提出质疑,认为这张地图不过是18世纪的复制品罢了,因为上面出现的错误跟许多旧的欧洲地图是一样的。直到现在这个假说的可信度依旧不高,但是我认为有必要在这里提及,因为这个假设总是不断地被人提出来①。

2. 中墨两国的文化纽带可以追溯到很久之前,比所谓的15世纪中国航海家发现美洲大陆还早。双方的历史联系也有铁证可依,1564年西班牙国王费利佩二世将米格尔·洛佩斯·德莱加斯皮派往菲律宾,留下如下记录:"……为了开展此次航行,我命令你带领两艘船以及挑选优秀的船员去探索西方群岛(Islas del Poniente)和摩鹿加群岛(今称马鲁古群岛),一定要带上当

---

① "1421假说"首次出现在由加文·孟席斯撰写的《1421:中国发现世界》(*el año en que China descubre el mundo*) 一书里,2003年由巴塞罗那Grijalbo出版社出版。还可以参考恩里克·杜塞尔撰写的《1421—1800:中国,质疑欧洲中心主义的理由》[*La China*(1421-1800). (*Razones para cuestionar el eurocentrismo*)] 一文,enriquedussel. com/txt/china-dussel. pdf。参考日期:2017.9.1。

地的香料以便回到新西班牙的时候对香料进行鉴定和试验,同时也能证明这次远征……"① 1565 年德莱加斯皮远征回来之后,一条名为"归程"(Tornaviaje)的新路线就被开发出来了,后来许多船只都沿着这条安全的路线往返于墨西哥和远东之间。其中值得注意的是接下来的这一份文件,有两件关于中国的事情,其中之一是:1564 年 11 月 17 日,国王下令从距墨西哥 100 里的圣诞节岛港口(Puerto de la Natividad)派出一支由两艘船和两艘巡逻艇(Pataysos*)组成的舰队开往南海以探索盛产香料的菲律宾群岛……②

3. 正如上文引用文献标题所示,被派遣到东方和菲律宾的探险队是由墨西哥出发的,它搭建起中墨之间长达百年关系的桥梁。当然,在那时候墨西哥还没建国,仍然是新西班牙的属地,但是确实是墨西哥人建造了那些船,完成了那次航行,这些都在同一封信件中有提及。1565 年定下了"归程"路线之后,就出现了商贩团体在墨西哥和东方之间频繁往复。出现了"中国来的船"(la Nao de China)还有"马尼拉来的大帆船"(el Galeón de Manila),当时马尼拉可是香料、金属、纺织品、草药、商品和奴隶交易的中心。当然也有大量商品来自中国,因而才会出现

---

① 费利佩二世写给新西班牙贝拉斯科的总督的信,位于今天墨西哥城。由拉斐尔·伯纳尔引用,《墨西哥:菲律宾探险》(*México en Filipinas*),墨西哥:墨西哥国立自治大学-IIH,1965:48。

② 米格尔·萨尔瓦多·巴伦西亚写的信的副本。该信讲述了墨西哥人乘坐着当初国王下令在墨西哥造的船航行并在探险过程中的伟大发现的故事。信里还讲述了其他奇妙的事情,对整个基督教都有大有裨益:值得一读,巴塞罗那,1566 出版,作者 Pau Cortey,菲律宾烟草总公司图书馆存有零散的复印件。由西班牙巴塞罗那,安德烈斯·何内斯特洛夫撒编。载《1564:远征菲律宾》,墨西哥:诺瓦洛出版社,1975。
* Pataysos 是 15 和 16 世纪加利西亚语里面的侦查型轻型军舰,伴随大船只航行,也被称为巡逻舰。

"来自中国的大船"。由此,墨西哥在很长一段时间内也深受中国物质文化的影响,诸如陶瓷、丝绸、镶嵌砖、象牙制品、剪纸,甚至连墨西哥的时尚都受到中国商品的影响。除此之外,菲律宾也有派往利马总督领地的舰队。这样一来,中国、马尼拉和菲律宾就形成了亚洲文化对美洲影响的三大主要来源了。

4. 贸易持续了整个殖民时期,在 250 年间从中国来的船不停地在马尼拉和阿卡普尔科的港口之间航行。在墨西哥的港口装好货之后,载满中国商品的船便开往西班牙,甚至还会到达其他欧洲港口。因而亚洲的文化不断融入墨西哥文化中,甚至还传到了欧洲。"随着帆船的到达,在墨西哥再也没有人养蚕织丝绸了,棉纺织业的发展也受到了严重的阻碍。中国的棉布还有墨西哥农民穿了几个世纪的'白布'都比在新西班牙生产出来的布便宜得多。受从中国进口的布料影响,墨西哥传统服饰上出现了大片的刺绣。这些都是东方文化对墨西哥文化影响的表现。除此之外,这些船还给墨西哥带来大量的香料,墨西哥人得以改良其烹饪方法以及创造更多甜品的种类。香料成了生活中不可缺少的一部分,人们每天早上都得喝一杯'肉桂茶'。墨西哥通过与马尼拉的交易发展起了自己的火药产业,普埃布拉通过模仿中国的瓷器改良了塔拉维拉瓷器,除此之外中国来的船还运来了纸,引进了斗鸡;而来自马尼拉的船则运来了上等的芒果。因此我们在庆祝守护神日的时候,我们用中国的剪纸作装饰,观看当地的舞蹈,还有斗鸡看,享用鲜美多汁的水果,这些都是马尼拉大帆船给我们送来的啊。"[1]

5. 亚洲的影响力渗透到所有社会阶层,甚至连原住民都受

---

[1] 伯纳尔:《菲律宾的墨西哥》1965 年,第 85 页。

到影响；亚洲文化不仅影响墨西哥的烹饪方式，还影响到纺织业、陶瓷业；比如瓦哈卡州特万特佩克地峡地区特有的一种瓷器"Xicalpestles"，沿海米斯特克的纺织品"enredo"（De la Torre，2015），米却肯州的原住民布雷见洽（purépechas）吸收新的上漆技术来制作其工艺品，格雷罗州的科斯塔奇卡地区同样受到亚洲文化的影响。后来，人类学家吉雷·贝尔特兰根据菲律宾人的说法将这些影响变化意义都记录了下来。

6. 殖民时期的结束和新西班牙以及墨西哥的独立终止了与亚洲之间的贸易往来，至少通过"中国来的船"这种有序的方式进行的贸易是结束了。墨西哥和中国的关系冷却了下来，只剩下个别商人和旅行者不定期地来往于两地。这样的状态一直持续到波菲里奥·迪亚斯上台。直到1880到1910年间，两国之间才再度建立起稳固的关系。1881年墨西哥人马蒂亚斯·罗梅罗开始为建立外交关系进行筹备商议，直到1899年才签订了《友好、通商、航行条约》。除此之外还有大量的中国移民工人从美国迁徙到墨西哥。当然不只中国移民大量涌入墨西哥，19世纪下半叶，拉丁美洲接收了大量来自世界各国的移民。大部分的中国移民都去了美国，如加利福尼亚州等地的太平洋沿岸城市，然后成为铁路工人。而当时在波菲里奥统治下的墨西哥经济也十分繁荣，因而也吸引了大量移民前来就业，分布在建筑行业、农业还有城市商业活动中，比如开杂货店、餐馆以及洗衣店。中国移民大多都在广州上船，然后被运到旧金山，上岸后一般受聘于中国公司或者中国的中介。

7. 波菲里奥统治末期中国移民明显减少了许多，但是在1910到1930年间还是有许多中国人不断移民到墨西哥。但是这批移民较之前更独立自主，主要是小型企业家，定居在美墨边境，因此在革命年间受到的冲击非常大。后来墨西哥禁止接收从亚洲来的移民，因此相应地，从中国移民到墨西哥的人也减少了。但是任何时期都有例外，对于移民来说充满活力的墨西哥城一直都有极大的吸引力。

8. 从1912年中华民国成立到后来1949年毛泽东宣布中华人民共和国成立，在此期间中墨一直保持友好关系并不断进行小规模非正式的贸易。1972年墨西哥总统路易斯·埃切维里亚·阿尔瓦雷斯受邀前往中国，墨西哥合众国与中华人民共和国正式建立现代外交关系。40多年来，两国不断加强双方贸易往来和外交关系，相互介绍自己所拥有的千年历史文化，取得的成果有目共睹。两国之间的贸易逐渐围绕特定的产品展开，尤其是纺织品；也有手工艺和流行艺术走出国门，跨越太平洋。墨西哥国立自治大学和墨西哥学院建立学术机构来开展对中国和墨西哥华人的开拓性研究。但是直到20世纪末，两国的交流还是相对较弱，增长缓慢。

9. 1982年，中国制定了第四部宪法，并在随后的1988年、1993年、1999年特别是2004年做了修订。这部宪法令中国更深入地参与到全球经济当中，推动贸易自由化。2001年，中国加入了管理多达97%的国际经济和153个国家的世界贸易组织（WTO），2003年以"主要合作伙伴"的身份加入经济合作发展组织。随着商业开放的推进，中国的经济活动越来越活跃，在国际贸易中地位越来越高，与墨西哥的经济往来也倍增。

10. 20世纪七八十年代，中国将墨西哥纳入其经济发展战略中。1994年《北美自由贸易协定》生效之后，双方的交流进一步增加。1990年至2010年，两国外贸取得骄人成绩，年均增长

37.6%，尽管当时墨西哥年均赤字增长高达41%。2009年，中国成为世界最大出口国，2010年成为第一进口国和世界第二大经济体。1994年至2000年间，墨西哥对中国贸易逆差从4.57亿美元上涨到20亿美元，2013年上升至548.54亿美元，2016年更是达到641.09亿美元。2003年，中国成为继美国之后墨西哥第二大贸易伙伴；仅仅十年时间，中墨两国2013年间的贸易价值就超过了墨西哥跟整个欧洲的贸易总量。2015年，中墨两国交易总额约为800亿，尽管墨西哥只是出口了价值100亿的商品。

11. 尽管墨西哥长期处于贸易收支逆差地位，对于规模不断扩大的墨西哥出口商来说中国以及亚洲市场依旧是充满机会的宝地。美国市场对墨西哥的需求比亚洲的需求大得多，此外墨西哥对美国贸易处于顺差地位，2016年盈余占贸易差额的12%。尽管如此，中国市场还是给墨西哥出口商提供了许多增长的机会，尤其是当下特朗普当政，收紧了对墨西哥出口商的贸易政策并修改了《北美自由贸易协定》，中国对于墨西哥的战略意义更加重大。

12. 尽管中墨交流日益密切且中国已成为墨西哥第二大商业合作伙伴，2015年的时候中墨之间的贸易活动依然只占墨西哥总体经济活动的9%。回溯近几十年墨西哥外贸发展我们可看出，20世纪90年代以来墨西哥出口商品中有35%到40%都是低附加值产品，剩下的60%到65%为原材料。而从中国进口的商品则基本上都是制成品，高达90%都是中间货物和资本。

13. 由于中国在国际市场上积累了大量的外汇储备，每年都有大量的资金在其他国家进行直接投资。2000年至2014年间，中国在拉丁美洲直接投资增长了2000%，成为智利、秘鲁和巴西的主要贸易伙伴和主要投资者。目前中国在拉美和加勒比地区的投资额甚至比世界银行和美洲开发银行（IDB）的投资额加起来都多。但是，以2014年为例，中国在墨西哥的投资只占了总额的1.33%；而中国从2000年起一直到2013年之间在墨西哥的直接投资更是只占其在拉丁美洲投资总额的0.1%，远远少于美国在墨西哥的直接投资。

14. 随着中墨贸易往来增加，移民墨西哥的中国人也逐渐增加。2000年仅有2001个中国人成为墨西哥公民，2010年这个数字增加到10,700人，成为墨西哥人口增加最快的外国移民群体之一。而这个数据只是计算了常住在墨西哥的中国人人数而已，要是算上在墨西哥短期居住的中国人，这个数字就大很多了。墨西哥的居留证分为永久、短期和学生证三种。2000年，只有508个中国人申请墨西哥居留证；2013年，这个数字攀升至14,000人，创历年最高纪录；2015年一共批了8000张居留证；在2010年至2015年间一共有5万中国居民申请居留证，其中的一半是去工作的，三分之一是去学习的。2013年，前往墨西哥工作的人比2010年翻了一倍，一共给2312名中国人发放了永久居留证，和同年申请墨西哥永久居留证的美国人数相近，后者有2526人提出申请。

15. 比较保守的统计数据显示，1990年在墨西哥长期居住的中国人共有1240人，占所有永久移民的外国人（原国籍为美国的人除外）的0.9%。2000年这个数据为1847人，占1.1%；2010年上升为7486人，占3.3%；2015年有8860人，约占3.3%[1]。如

---

[1] 这一比例不包括在美国出生的人，2015年出生在美国的墨西哥居民为739,168人，占出生在国外的墨西哥居民73.4%。www.conapo.gob.mx/es/omi/inmigrantes_residentes_en_mexico_por_region_de_nacimiento_2015_grafico.consultado el 1 de septiembre 2017.

果假设2015年出生在国外的墨西哥居民为100万人，那么中国人只占据很小的比例，但是如果考虑在国外出生的墨西哥人在2000年至2015年间数字翻了一倍，那么中国移民增长速度就很快了，同样时间内中国人已增长了3倍。

16. 随着中国不断地国际化，中国在全球范围内推广汉语教学。中国国家汉语国际推广领导小组办公室在2004年开始运作，在120个国家建立了500多个孔子学院和700多个孔子课堂。墨西哥也与中国签订了协议，自2006年开始设立孔子学院：2007年在尤卡坦建立第一所孔子学院，2008年在齐瓦瓦州建立了一所，在新莱昂州设立了一所，后来在墨西哥城设立了两所，一共是五所孔子学院。在十年的运作中，共有4100名学生曾在孔子学院学习，单是2017年就已经有超过1000名学生注册了。如今，坎佩切和坎昆的大学里也开设了孔子课堂。墨西哥最大的孔子学院设立在墨西哥国立自治大学，它与北京大学签署了合作协议。而尤卡坦自治大学的孔子学院则通过汉办与中山大学签署了合作协议，它被汉办列为拉美地区乃至全世界最佳孔子学院之一。

20 世纪以来的墨西哥大事记

1910 年　墨西哥大革命爆发。导火索为弗朗西斯科·马德罗对抗大选舞弊。原波菲里奥·迪亚斯政权崩塌。

1911 年　波菲里奥·迪亚斯流亡国外。马德罗打着"选票有效，反对连任"的口号当选墨西哥总统。

1913 年　马德罗在"十日悲剧"军事政变中遇害。

1913—1917 年　以贝努斯蒂亚诺·卡兰萨、弗朗西斯科·维拉、埃米利亚诺·萨帕塔和阿尔瓦罗·奥布雷贡为首的几支主要军队引领革命战争。

1917 年　表决通过《墨西哥合众国宪法》，以该宪法为基础的修正法沿用至今。该宪法确立墨西哥是一个联邦共和制国家，规范了工人阶层的权利义务，开始落实土地分配，明确了国家财产所有权。同年，贝努斯蒂亚诺·卡兰萨出任国家总统一职，重新激起了一些政党的不满。

1919 年　墨西哥大革命的农民领军人物埃米利亚诺·萨帕塔逝世，其座右铭为"土地属于农民"。

1920 年　推动 1917 年《宪法》确立的贝努斯蒂亚诺·卡兰萨逝世。

1923 年　北部军队的重将弗朗西斯科·维拉去世；其带领的军队曾占领到哥伦布镇，是唯一一支入侵美国领土的军队。

1920—1928 年　强硬领袖阿尔瓦罗·奥布雷贡将军担任国家总统。他在 1928 年遇刺。

1928—1934 年　这段时间为最高领袖时期（Maximato）。奥布雷贡的继任者普鲁塔尔科·埃利亚斯·卡列斯掌控国家政坛。

1929 年　卡列斯将不同派别的权力斗争制度化，并建立了一个主导国家的政党，即国家革命党（PNR）。

1934—1940 年　拉萨罗·卡德纳斯·德尔里奥被任命为共和国总统，全力推动土地改革，将数百万公顷的土地分配给全国的农民和土著。

1938 年　卡德纳斯征用了外企的所有石油并将其国有化，创立了最大的国有企业墨西哥石油公司（Pemex）。

1938 年　卡德纳斯将国家革命党改组为墨西哥革命党（PRM），并将工农总局及工会企业化。

1939 年　国家行动党（PAN）成立，中右的反对派由此集结起来。

1939—1940 年　西班牙第二共和国政府垮台，墨西哥和卡德纳斯政府接收了数千名来自西班牙共和国的流亡者。

1940—1946 年　在墨西哥革命党和卡德纳斯的支持下，曼努埃尔·阿维拉·卡马乔赢得总统选举，被任命为总统。墨西哥政坛立场整体从左派过渡为中间派。第二次世界大战期间，墨西哥对外供应大量货物，造就了国家经济的繁荣景象。

1946 年　墨西哥革命党变换了权力基础，愈发靠近中间派立场。后来更名为革命制度党（PRI），成为国家主要政党。

1946—1952 年　米格尔·阿莱曼·巴尔德斯担任革命制度党的首领。"墨西哥奇迹"自此开始；直至 1970 年，国家基于"进口替代工业化"政策的经济模式使得墨西哥的经济以前所未有的速率增长。

1952—1958 年　阿道尔弗·鲁伊斯·科尔蒂内斯受革命制度党提名当选总统。整个时期的发展模式被称为"稳定发展"（1946—1970），"进口替代工业化"政策在这段期间得到进一步巩固加强。

1958—1964 年　阿道尔弗·洛佩斯·马特奥斯由执政党革命制度党提名当选为墨西哥总统，保持国家经济发展模式，年增长率高达 6%。同时反对派政党初露苗头，国家对个别反叛活动进行镇压。

1964—1970 年　古斯塔沃·迪亚斯·奥尔达斯被执政党革命制度党提名，当选国家总统。经济方面"墨西哥奇迹"一直持续到 1970 年，直到"稳定发展"的发展模式不再适用。

1968 年　国家镇压了在墨西哥城特拉特洛尔科的三文化广

场发生的"十月学生运动"。同年墨西哥举办奥运会。

1970—1976 年　路易斯·埃切维里亚·阿尔瓦雷斯受革命制度党提名,当选国家总统。为了恢复合法性,他引导国家实行"共享发展"模式——以大力扩强发展国有企业、民众更多参与分配为特征。该模式一直沿用至 1982 年。国家经济地位提升,因国际银行的美元债务激发的冲突愈演愈烈。

1970 年　正式开采巨型海上油田坎塔雷尔(Cantarell)。

1973 年　第一次国际石油危机使得桶油价格和墨西哥货币的外汇价格飙升。

1976—1982 年　何塞·洛佩斯·波蒂略受革命制度党提名当选国家总统。石油价格上涨,产量倍增。墨西哥成为一个石油国家,但外债也年复一年地增加。国家主动干预经济活动,成为企业的直接雇主。

1982 年　墨西哥"债务危机"爆发。和所有的拉丁美洲国家一样,墨西哥负担过多的外债,国家经济在接下来的"损失十年"期间受到严重阻碍。私有资本纷纷撤资,墨西哥政府不得不向世界银行贷款。政府与企业家公开对抗,"共享发展"模式结束。

1982—1988 年　米格尔·德拉马德里受革命制度党提名,当选国家总统。国家经济危机持续六年之久,国家经济停滞不前,货币大幅贬值。

1987年　墨西哥加入《关贸总协定》并结束了贸易保护主义政策。

1988—1994年　卡洛斯·萨利纳斯·戈塔里受革命制度党提名，当选国家总统。国家发展模式全面变更，逐渐向私有化模式转变，倾向新自由主义、全球化，奉行市场经济，主张对外资开放。

1988年　革命制度党分裂，一些政治家离开革命制度党；民族主义者和国家主义者联合起来与墨西哥左派对峙。

1989年　原革命制度党的一些政治人物和几个左派势力组成了墨西哥第三大党民主革命党（PRD）。

1990年　墨西哥进行改革，首次将政府权力分配给不同政党。

1992年　墨西哥与加拿大和美国签署《北美自由贸易协定》。

1994年　在副指挥马尔科斯的指挥下，玛雅土著（农民）同萨帕塔民族解放军在墨西哥南部发动起义。同年，《北美自由贸易协定》正式实行，墨西哥加入经济合作与发展组织。国家总统候选人路易斯·费尔南多·科洛西奥遇害。革命制度党党内发生政治分裂。

1994—2000年　埃内斯托·塞迪略受革命制度党提名当选国家总统，他深化发展新自由主义模式，加强墨西哥在全球市场的参与程度。同时经济危机愈发严重，政坛局势紧张，革命制度党和政府逐渐丧失合法性。六年期间，贩毒和有组织犯罪暴力现象激增。

1994年　墨西哥遭遇被称作"十二月错误"的大规模资本外逃，陷入经济危机，持续三年货币贬值和经济衰退。

2000—2006年　比森特·福克斯由国家行动党提名并赢得大选，成为国家总统。这是革命制度党执政70年来第一次在大选上落败。

2000年　墨西哥开始实行政党轮流执政的政治制度。各政党势力增强。

2002年　墨西哥深化了政治和选举改革，分散下放国家权力。

2004年　墨西哥继续深化新自由主义模式，进一步融入全球化浪潮中。

2006年　贩毒和有组织犯罪的暴力程度增加。

2006—2012年　费利佩·卡尔德龙被国家行动党提名参与大选，在与左派候选人洛佩斯·奥布拉多尔的竞争中以0.56%的微弱优势取胜，但被指责选举舞弊。

2008年　墨西哥采用军事化手段打击贩毒组织和有组织犯罪，由此，2006—2012年的六年期间暴力事件增加了至少50%

（此前的两个六年统治期间，即 1994—2006 年，交战导致了 8 万人死亡，但在这个六年期间，有 12 万人被杀害）。

2009 年　次贷危机波及墨西哥。

2011 年　墨西哥经济对石油依赖度明显降低，成为制成品出口大国。

2012 年　新自由主义模式进一步深化，贫困人口大大减少，经济略有好转。

2012—2018 年　恩里克·培尼亚·涅托代表革命制度党在公开选举中成功当选国家总统。国家行动党没落，民主革命党崛起，一跃成为国家第二政治力量。

2014—2016 年　墨西哥实施四项结构性改革：能源方面，吸引外资，扩大石油开采；财政方面，增加税收的税基和税额；劳工方面，增强就业岗位的灵动性，也引发了工作的不稳定性；教育方面，改革原有的教育政策并实施师资考核和评定。

2017 年　贩毒和有组织犯罪暴力事件增加。特朗普政府单方面重审并威胁撤销《北美自由贸易协议》。墨西哥经济增长和就业情况低迷。

2018 年　总统和革命制度党的执政失去合法性。各政治力量互相和解，倡导各政党共同引导下的民主。呼吁全国选举。

建议阅读书目

[1] 克劳德·巴塔永. 墨西哥现代发展空间. 墨西哥：美洲信托/经济文化基金会/墨西哥学院，1997.

[2] 胡安·布罗姆. 墨西哥历史概述（第4版更新）. 巴塞罗那：格里哈博出版社，2017.

[3] 豪尔赫·卡斯塔尼达. 未来还是过去：墨西哥人的奥秘. 墨西哥：阿吉拉尔出版社，2011.

[4] 恩里克·杜塞尔·彼得斯. 中墨关系：2016—2018年度执行情况和提案. 墨西哥：墨西哥国立自治大学，墨西哥驻中国商会，中墨研究中心，拉丁美洲和加勒比大学联盟，2016.

[5] 巴勃罗·埃斯卡兰特·冈萨尔沃，等. 墨西哥新极简史. 墨西哥：墨西哥学院，2016.

[6] 米格尔·费尔南德斯·菲利克斯，蒂莫西·鲁布. 画说革命：1910—1950墨西哥现代艺术. 墨西哥：艺术宫博物馆/费城：费城美术馆，2016.

[7] 艾莉西亚·希龙，奥里利亚·巴尔加斯，吉列尔莫·普利多. 中国与墨西哥：一次从人文和社会科学角度出发的文化对话. 墨西哥：墨西哥国立自治大学，2015.

[8] 桑德拉·昆茨·菲克尔. 1519—2010：墨西哥经济极简史. 墨西哥：墨西哥学院，2012.

[9] 卡洛斯·梅尔·塞拉. 所以我们就这样了. 墨西哥：辩论出版社，2011.

[10] 卡洛斯·蒙塞维斯. 二十世纪墨西哥文化极简史. 墨西哥：墨西哥学院，2010.

［11］墨西哥艺术宫博物馆. 现代文学运动及其历史. 墨西哥：国家美术学院, 2016.

［12］曼努埃尔·奥尔多利卡, 让·弗朗索瓦·普吕多姆. 墨西哥的严峻问题. 四卷缩略版. 墨西哥：墨西哥学院, 2012.

［13］奥克塔维奥·帕斯. 孤独的迷宫. 1950 年第一版. 墨西哥：经济文化基金会, 1991.

［14］费尔南多·塞拉诺·米加伦. 墨西哥宪法极简史. 墨西哥：墨西哥学院, 2013.

［15］索利斯·帕特里克. 21 世纪初墨西哥的社会分层和阶级流动. 墨西哥：埃斯皮诺·依格雷西亚斯研究中心, 墨西哥学院, 2016：297 – 366.

［16］何塞·渥登伯格. 墨西哥民主转型极简史. 墨西哥：墨西哥学院, 2012.